Erfolgreich strategisch anlegen

DAS PRAXISBUCH

Andreas Lipkow

ANDREAS LIPKOW

DAS PRAXISBUCH

ERFOLGREICH STRATEGISCH ANLEGEN

Ihr unkomplizierter Weg zum Börsenerfolg

Börsenbuchverlag

Gestaltung Cover: Daniela Freitag
Gestaltung, Satz und Herstellung: Karla Sachs
Vorlektorat: Nadine Wiget
Korrektorat: Sebastian Politz
Druck: CPI books GmbH, Leck, Germany

ISBN 978-3-68932-022-5

Bibliografische Information der Deutschen Nationalbibliothek:
Die Deutsche Nationalbibliothek verzeichnet diese Publikation in der Deutschen Nationalbibliografie; detaillierte bibliografische Daten sind im Internet über <http://dnb.d-nb.de> abrufbar.

BÖRSEN MEDIEN
AKTIENGESELLSCHAFT

Postfach 1449 • 95305 Kulmbach
Tel: +49 9221 9051-0 • Fax: +49 9221 9051-4444
E-Mail: info@plassen-buchverlage.de
www.boersenbuchverlag.de
www.facebook.com/plassenverlag
www.instagram.com/plassen_buchverlage

Dieses Buch ist meiner Freundin, meinen Kindern und all
jenen gewidmet, die nie aufhören, Fragen zu stellen
und nach Antworten zu suchen.

INHALT

PROLOG

Willkommen zurück, liebe Leserinnen und Leser, zu einer weiteren Reise durch die faszinierende Welt des Investierens und Tradings an den internationalen Finanzmärkten. Wenn Sie dieses Buch in Ihren Händen halten, haben Sie wahrscheinlich auch schon mein erstes Buch „Erfolgreich strategisch anlegen" gesehen oder sogar gelesen. Die ersten Schritte auf Ihrem Weg zu einem erfolgreichen Marktteilnehmer sind Sie bereits gegangen, indem Sie sich mit den Grundlagen des Investierens und Tradens vertraut gemacht haben. Herzlichen Glückwunsch dazu!

In „Einfach strategisch anlegen" habe ich Ihnen die Fundamente gezeigt, mit denen Sie Verständnis für die komplexen Mechanismen der Finanzmärkte entwickeln können. In dem Buch habe ich über Assetklassen gesprochen, die Psychologie des Investierens und Tradings reflektiert und Ihnen Werkzeuge an die Hand gegeben, mit denen Sie Ihre ersten Schritte als Anleger und Trader machen können. Im Anschluss daran haben mich viele Zuschriften erreicht und auch durch persönliche Gespräche auf Anlegermessen und Lesungen wurde der Wunsch nach einem vertiefenden Buch zu den Themen Trading und Investieren an mich herangetragen.

Ich habe mir im Vorfeld überlegt, ob es überhaupt möglich ist, ein gemeinsames Buch für Trader und Investoren zu den jeweiligen Strategien zu schreiben. Wenn Sie sich die Listen an Börsenbüchern ansehen, werden Sie schnell eine strikte Trennung dieser Themen feststellen. Aus meiner Sicht zu Unrecht, denn was die beiden Marktteilnehmertypen angeht, trennt diese lediglich der Anlage- beziehungsweise der Trading-Horizont voneinander. Ansonsten sollten sich beide ausführlich sowohl mit Risiko- und Money-Management als auch mit Strategien zum richtigen Marktein- und Marktaustritt beschäftigen. Fazit: Ja, es ist möglich, und ich stelle es in diesem Buch unter Beweis.

Somit setzen wir die gemeinsame Reise fort und steigen in diesem Buch wesentlich tiefer und dezidierter in die Welt des Tradens und Anlegens ein. Wir werden uns nicht mehr nur mit den Grundlagen begnügen, sondern Ihre Kenntnisse und Fähigkeiten vertiefen. Wir werden uns mit Strategien beschäftigen, die sowohl für Anfänger als auch für Profis geeignet und umsetzbar sind und sich auf die verschiedenen Marktphasen beziehen. Denn egal auf welchem Stand Sie sich befinden, es gibt immer Raum für Wachstum und Weiterentwicklung.

Sie werden in den kommenden Kapiteln eine Vielzahl von Strategien kennenlernen, die Ihnen helfen werden, Ihre Ziele als Investor oder Trader zu erreichen: Von langfristigen Anlagestrategien für ruhige Gemüter bis hin zu kurzfristigen Trading-Techniken für diejenigen, die den Adrenalinkick suchen – dieses Buch bietet für jeden etwas.

Doch bevor wir uns gemeinsam in die Details stürzen, möchte ich Sie zu einem Moment der Selbstreflexion einladen. Denken Sie darüber nach, warum Sie sich für das Investieren und Trading interessieren. Was sind Ihre Ziele? Was treibt Sie an? Denn nur wenn Sie Ihre Ziele klar vor Augen haben, können Sie den richtigen Weg wählen, um sie zu erreichen. Dazu kann es hilfreich sein, sich noch einmal den Fragen aus dem Buch „Erfolgreich strategisch anlegen" zu widmen und zu ermitteln, ob Sie eher ein Anleger oder ein Trader sind.

Machen Sie sich bereit für eine aufregende Reise voller Wissen, Entdeckungen und Hilfestellungen. Ihr Abenteuer in der Finanzwelt des Tradings und Investierens beginnt jetzt!

I

GRUNDLAGEN DES INVESTIERENS UND TRADINGS FÜR ANFÄNGER

1. Einführung in die Finanzmärkte

Ich werde noch einmal die wichtigsten Informationen zu den Finanzmärkten kurz zusammenfassen. Vielleicht ist es schon eine Weile her, dass Sie mein erstes Buch gelesen haben, oder Sie haben sich erst mit dem Kauf dieses Buchs dazu entschlossen, sich mit den Themen Trading und Anlegen zu beschäftigen.

Wir sollten zumindest einen Basiswissensstand zu den Finanzmärkten haben. Sollten Sie jedoch schon fit in diesem Thema sein, können Sie dieses Kapitel natürlich auch überfliegen und sich am Ende der bezugnehmenden Checkliste annehmen.

Willkommen zu Ihrem ersten Schritt in die faszinierende Welt der Finanzmärkte. In diesem Kapitel werde ich Ihnen eine grundlegende Einführung in die Finanzmärkte geben. Ich werde Ihnen kurz aufzeigen, was Finanzmärkte sind, wie sie funktionieren und welche grundlegenden Systematiken sowohl für Anfänger als auch für Fortgeschrittene wichtig sind.

Was sind Finanzmärkte?

Finanzmärkte sind Plattformen, auf denen der Handel mit finanziellen Vermögenswerten wie Aktien, Anleihen, Devisen, Rohstoffen und Derivaten stattfindet. Diese Märkte dienen als Treffpunkte für Anleger, Trader, Unternehmen und Regierungen, die Kapital beschaffen, investieren oder absichern möchten. Der Wandel an den Finanzmärkten hat sich in den letzten Jahrzehnten in einem enormen Tempo vollzogen. Dabei nimmt die zunehmende Technologisierung einen wichtigen Part ein.

Während vor drei Jahrzehnten noch Menschen über das Börsenparkett gelaufen sind und miteinander Handelsgeschäfte vollzogen haben, wird heute alles über digitale Kanäle abgewickelt. Teilweise wird an den Devisen- und Anleihemärkten noch zu den Telefonen gegriffen, doch auch in diesen Märkten gewinnen die digitalen Handelswege zunehmend die Oberhand.

Funktionen der Finanzmärkte

Die Finanzmärkte erfüllen bereits seit mehreren Hundert Jahren eine Vielzahl von Funktionen. Diese haben sich trotz des digitalen Wandels kaum geändert. Lediglich die Geschwindigkeit und der spekulative Charakter haben zugenommen. Die wichtigsten Funktionen sind:

- Kapitalbereitstellung: Finanzmärkte ermöglichen es Unternehmen, Organisationen und Staaten, Kapital von Investoren zu beschaffen, indem sie Aktien oder Anleihen ausgeben. Dieser sogenannte Primärmarkt bildet das Herzstück aller Handelsaktivitäten.
- Preisbildung: Durch Angebot und Nachfrage werden Preise für finanzielle Vermögenswerte festgelegt. Zusätzlich spielt die Zeitpriorität eine wichtige Rolle. Kommen mehrere

Orders zum selben Ausführungspreis an den Finanzmarkt, hat der zuerst eingetroffene Handelsauftrag die Priorität zur Ausführung. Die daraus resultierenden Preisinformationen üben einen großen Einfluss auf das Marktvertrauen aus und geben Auskunft über die wirtschaftliche Situation eines Underlyings.

- Risikomanagement: Terminmärkte haben in den letzten Jahrzehnten maßgeblich an Bedeutung gewonnen. Anleger und Unternehmen nutzen mehr und mehr die Chance, Risiken durch den Handel von Derivaten wie Optionen oder Futures abzusichern. Auch als zusätzliche Ertragsquelle spielen Derivate eine große Rolle in der modernen Portfoliotheorie.
- Liquidität: Finanzmärkte bieten die Möglichkeit, Vermögenswerte schnell und effizient zu handeln, da sie eine hohe Liquidität aufweisen. So verteilen sich circa 80 Prozent des Handelsvolumens in Aktien in Deutschland auf die DAX-40-Unternehmen. Die Liquidität sucht sich je nach Marktphase und Risikoneigung ihren Weg. In klassischen Bullenmärkten verteilt sich die Liquidität wesentlich stärker über die verschiedenen Märkte hinweg. In unsicheren Handelsphasen und Bärenmärkten ist oft eine starke Konzentration auf nur wenige Assetklassen oder Anlageformen zu beobachten.

Wesentliche Einflussfaktoren aus der Realwirtschaft spielen an den Finanzmärkten naturgemäß ebenfalls eine wichtige Rolle. Wer kennt nicht die Zeiten, in denen die Wirtschaftspresse ausschließlich über die Geld- und Zinsmarktpolitik der EZB oder der US-Notenbank berichtet? Wenn wirtschaftliche Indikatoren wie die Arbeitslosenquote und das Bruttoinlandsprodukt von Deutschland, der EWU (Europäische Währungsunion), Chinas oder der USA besprochen werden?

Die Finanzmärkte sind komplexe Netzwerke, die auf eine Vielzahl von Informationen und Signalen reagieren. Zu den wichtigsten Einflussfaktoren gehören die eingangs genannten wirtschaftlichen Indikatoren, die von Regierungen, Zentralbanken und statistischen Behörden veröffentlicht werden. Sie bieten einen Einblick in die Lage und die Richtung einer Volkswirtschaft und beeinflussen somit die Entscheidungen von Anlegern, Unternehmen und politischen Institutionen. In diesem Abschnitt beleuchte ich die bedeutendsten wirtschaftlichen Indikatoren, erkläre, wie sie gemessen und veröffentlicht werden, und zeige, wie ihre Auswirkungen auf die Märkte interpretiert werden können.

Dazu sollten Sie zuerst wissen, was wirtschaftliche Indikatoren sind und warum sie so wichtig sind.

Wirtschaftliche Indikatoren sind quantitative Messgrößen, die die wirtschaftliche Aktivität, Stabilität und Leistung einer Volkswirtschaft widerspiegeln. Sie dienen als Werkzeug zur Bewertung der aktuellen Lage und als Prognoseinstrument für künftige Entwicklungen. Für die Finanzmärkte sind sie entscheidend, da sie:

- Trendanalyse ermöglichen: Anleger nutzen Indikatoren, um Wirtschaftstrends zu erkennen.
- Entscheidungen beeinflussen: Unternehmen und Investoren passen ihre Strategien an, basierend auf den Daten.
- Marktvolatilität auslösen können: Überraschende Werte bei wichtigen Indikatoren führen oft zu plötzlichen Preisbewegungen auf den Finanzmärkten.

Die Indikatoren werden grundsätzlich in drei Kategorien unterteilt:

- Frühindikatoren (Leading Indicators): Geben einen Hinweis auf zukünftige wirtschaftliche Entwicklungen, zum Beispiel Auftragseingänge oder Verbrauchervertrauen.

- Gegenwartsindikatoren (Coincident Indicators): Reflektieren den aktuellen Zustand der Wirtschaft, zum Beispiel die Industrieproduktion.
- Spätindikatoren (Lagging Indicators): Bestätigen Trends, die sich bereits entwickelt haben, zum Beispiel die Arbeitslosenquote.

Die wichtigsten wirtschaftlichen Indikatoren

Hier ein Überblick über die wichtigsten wirtschaftlichen Indikatoren:

Bruttoinlandsprodukt (BIP)

Das BIP misst den Gesamtwert aller Güter und Dienstleistungen, die in einer Volkswirtschaft in einem bestimmten Zeitraum produziert werden. Es ist der Hauptindikator für das Wirtschaftswachstum. Das BIP wird in realen (inflationsbereinigten) und nominalen Zahlen veröffentlicht. Es wird häufig auf vierteljährlicher Basis berechnet. In den meisten Ländern wird das BIP von nationalen Statistikämtern veröffentlicht, zum Beispiel vom US Bureau of Economic Analysis (BEA) oder von Eurostat.

Die Auswirkungen auf die Märkte lassen sich wie folgt darstellen: Ein starkes BIP-Wachstum signalisiert eine gesunde Wirtschaft und führt oft zu steigenden Aktienkursen. Schwaches Wachstum oder eine Rezession kann Aktienkurse belasten, während Anleihen oder defensive Anlagen profitieren.

Arbeitslosenquote

Dieser Indikator misst den Prozentsatz der arbeitsfähigen Bevölkerung, die aktiv nach Arbeit sucht, aber keine Beschäftigung findet. Berechnet wird die Arbeitslosenquote durch nationale Behörden wie das US Bureau of Labor Statistics (BLS) in den USA oder die Bundesagentur für Arbeit in Deutschland. In vielen Ländern werden Umfragen genutzt, um die Quote zu ermitteln. Die Veröffentlichung erfolgt meist monatlich, zum Beispiel am ersten Freitag des Monats in den USA. Es gibt auch wöchentliche Publikationen wie die Erstanträge auf Arbeitslosenunterstützung, die jeweils donnerstags herausgegeben werden.

Die Auswirkungen auf die Märkte sind entsprechend groß, je nachdem, wie weit die Daten von den vorherigen Schätzungen abweichen. Eine niedrige Arbeitslosigkeit wirkt positiv auf den Konsum und das Wirtschaftswachstum, was wiederum die Aktienmärkte stärkt. Eine hohe Arbeitslosigkeit kann dagegen zu einem Rückgang des Verbrauchervertrauens und niedrigeren Unternehmensgewinnen führen.

Inflation

Die Inflation misst die Veränderung des allgemeinen Preisniveaus von Waren und Dienstleistungen. Der Verbraucherpreisindex (VPI) und der Erzeugerpreisindex (EPI) sind die am häufigsten verwendeten Kennzahlen. Zentralbanken wie die Federal Reserve und die EZB achten auch auf die Kerninflation (ohne Energie und Lebensmittel). Die jeweiligen Daten werden monatlich von den jeweiligen nationalen Statistikbehörden publiziert.

Die Auswirkungen auf die Finanzmärkte hängen stark von dem jeweiligen Bias ab. Grundsätzlich gilt, dass eine hohe Inflation oft zu steigenden Zinsen führt, was Aktien und Anleihen belasten kann. Niedrige Inflation oder Deflation kann die Wirtschaft schwächen, da Unternehmen und Verbraucher Investitionen aufschieben und Unternehmen dadurch gezwungen sind, ihre Preise für die Waren und Dienstleistungen immer weiter abzusenken. Ein gutes Beispiel für solch eine Deflationsspirale ist die Preisentwicklung Japans von 1990 bis 2010.

Zinsentscheidungen

Zentralbanken wie die Federal Reserve oder die EZB setzen Leitzinsen fest, um Inflation zu kontrollieren und Wirtschaftswachstum zu fördern. Zinsentscheidungen hängen von einer Vielzahl von Daten ab, darunter Inflation, Arbeitslosenquote und Wirtschaftswachstum. In regelmäßigen Abständen von meist drei Monaten tagen die Notenbanken und beschließen während der Sitzungen die weitere Zinspolitik. Zinssenkungen unterstützen oft die Aktienmärkte und erhöhen die Liquidität an den Finanzmärkten. Zinsanhebungen können dagegen den Markt belasten, da die Finanzierungskosten für Unternehmen steigen und den Finanzmärkten Liquidität entzogen wird.

Verbrauchervertrauen

Das Verbrauchervertrauen misst die Stimmung der Konsumenten in Bezug auf die wirtschaftlichen Bedingungen und ihre finanziellen Aussichten. Indizes wie der Consumer Confidence Index (CCI) oder der University of Michigan Sentiment Index werden durch Umfragen ermittelt. Ein positives Verbrauchervertrauen signalisiert höhere Konsumausgaben, was den Aktienmarkt stützen kann. Ein negatives Verbrauchervertrauen hingegen kann zu niedrigeren Ausgaben und schwächerem Wachstum führen.

Kurz vor Veröffentlichung kann es an den Finanzmärkten entweder zu sehr ruhigen oder zu sehr volatilen Handelsphasen kommen. Je nach Nervositätsmaß liegen dann die Nerven der Marktteilnehmer buchstäblich blank. Wann werden die wichtigen Daten nun veröffentlicht und wie können diese interpretiert werden?

Die Veröffentlichung von wirtschaftlichen Indikatoren erfolgt über nationale und internationale Institutionen, häufig in regelmäßigen Abständen. Die Daten werden von Investoren, Analysten und Medien intensiv beobachtet und ihre Interpretation kann unterschiedlich ausfallen. Schließlich können die Daten auch überraschen und die betroffenen Märkte reagieren dann häufig stärker auf unerwartete Abweichungen von den Prognosen.

Die Einbeziehung von Fundamentaldaten hilft dabei, sich nicht zu stark von den eigenen Impulsen leiten zu lassen. Einzelne Indikatoren werden von den Marktteilnehmern selten isoliert betrachtet. Die Kombination aus verschiedenen, aber zusammenhängenden Indikatoren zeichnet ein vollständigeres Bild der Wirtschaft.

Achten Sie bei der Deutung der Fundamentalindikatoren auf langfristige Trends und vernachlässigen Sie die kurzfristig entstehende Volatilität. Während kurzfristige Marktbewegungen auf einzelne Daten zurückzuführen sein können, sind langfristige Trends oft das Ergebnis mehrerer Indikatoren und der daraus resultierenden kompletten Konjunkturbilder.

Als Privatanleger ist es unerlässlich, sich mit den wichtigsten Indikatoren und makroökonomischen Daten der jeweiligen Zeit auseinanderzusetzen. Dafür benötigen Sie weder ein Volkswirtschaftsstudium noch müssen Sie Vorbildung in BWL haben. Oft reicht es, die Termine der Publikationen zu kennen. Darum sollten Sie folgende Routinen in Ihr Agieren an den internationalen Finanzmärkten einbauen.

Nutzen Sie Wirtschaftskalender, um die Veröffentlichung wichtiger Daten im Blick zu behalten und regelmäßig zu überprüfen. Indikatoren von führenden Volkswirtschaften (zum Beispiel USA, China, EU) haben häufig große Auswirkungen auf die globalen Märkte. Daher sollten Sie Ihren Fokus eher auf die global großen und bedeutenden Datensätze legen. Denn nicht jeder Indikator ist für jede Anlageklasse gleich wichtig. Beispielsweise sind Zinsentscheidungen bedeutend für Anleihen, wohingegen das Verbrauchervertrauen für Einzelhandelsaktien relevant ist. Sie sollten an dieser Stelle ganz klar differenzieren.

Sie werden bei Ihrem Handeln an den internationalen Finanzmärkten schnell selbst erkennen, dass wirtschaftliche Indikatoren eine zentrale Rolle für die Bewertung und Prognose der Finanzmärkte spielen. Ihre Messung und Veröffentlichung geben wertvolle Einblicke in die Gesundheit der Wirtschaft und beeinflussen die Anlageentscheidungen erheblich. Ein fundiertes Verständnis dieser Indikatoren ist für jeden Anleger und Trader unverzichtbar, um die Dynamik der Märkte effektiv zu navigieren und fundierte Entscheidungen zu treffen. Zudem werden die globalen Finanzmärkte von einer Vielzahl an geopolitischen Ereignissen beeinflusst. Welche das sein und welche Auswirkungen diese haben können, stelle ich Ihnen im Folgenden kurz dar.

Ereignisse wie politische Unruhen, Handelskonflikte oder militärische Auseinandersetzungen können die Märkte stark beeinflussen und zu Volatilität führen. Anleger und Trader, die globale Märkte verstehen möchten, müssen die geopolitischen Risiken und Chancen in verschiedenen Regionen und Märkten berücksichtigen. Doch wie beeinflussen geopolitische Ereignisse die Finanzmärkte? Welche Märkte und Regionen sind für Anleger besonders relevant und welche Besonderheiten sind in diesen Märkten zu beachten? Darauf gehe ich im nächsten Abschnitt ein.

Zuerst einmal sollte die Frage beantwortet werden, wie sich geopolitische Ereignisse auf die Finanzmärkte auswirken. Sie können sowohl direkte als auch indirekte Auswirkungen haben. Die direkten Auswirkungen betreffen zum Beispiel die Rohstoffmärkte. Konflikte in rohstoffreichen Regionen, wie dem Nahen Osten, beeinflussen unmittelbar die Preise von Öl, Gas und Edelmetallen. Ein Beispiel ist der Anstieg des Ölpreises während des Irak-Kriegs im Jahr 2003.

Politische Instabilität führt häufig zu Kapitalflucht aus der betroffenen Region, was die lokale Währung schwächt. Gleichzeitig profitieren sogenannte „Safe Haven"-Währungen wie der US-Dollar, der Schweizer Franken oder der Japanische Yen. Regionale Unsicherheiten können Unternehmen belasten, die in den betroffenen Gebieten tätig sind. Internationale Investoren könnten aus den Märkten fliehen, was in der Folge zu einem Kursrückgang bei den jeweiligen Aktien führt.

Bei den indirekten Auswirkungen sind oft politische Aspekte wahrnehmbar, wie etwa Handelskonflikte. Denn zusätzliche oder höhere Zölle oder Sanktionen können Lieferketten stören und Unternehmensgewinne belasten. Dies zeigte sich beispielsweise während des Handelskonflikts zwischen den USA und China. Geopolitische Unsicherheiten können die Geldpolitik beeinflussen, wenn Zentralbanken die Zinsen senken oder Liquidität bereitstellen, um den Märkten Stabilität zu verleihen.

Geopolitische Risiken schüren aber insgesamt oft Angst, die zu Marktvolatilität führen kann. In solchen Zeiten ziehen Investoren in der Regel sichere Anlagen wie Staatsanleihen oder Gold vor. Ein gutes Bespiel waren die binnenpolitischen Spannungen in Südkorea im Dezember 2024. Infolge des Ausrufens des Kriegsrechts seitens des damals amtierenden südkoreanischen Premierministers sind viele institutionelle Investoren aus den Aktien von südkoreanischen Unternehmen ausgestiegen.

Die wichtigsten globalen Märkte

Die wichtigsten globalen Märkte und ihre Besonderheiten lassen sich regional gut darstellen. Darunter fallen in erster Linie:

Nordamerika

Die USA sind der größte Kapitalmarkt der Welt mit einer dominanten Rolle im Aktienmarkt (zum Beispiel S&P 500, Nasdaq) und als Emittent der Weltleitwährung (US-Dollar). Häufig haben geopolitische Entscheidungen der US-Regierung (etwa Sanktionen, Handelsabkommen) weitreichende globale Auswirkungen. Die amerikanische Notenbank (US Federal Reserve) spielt eine Schlüsselrolle bei der Stabilisierung der internationalen Finanzmärkte. Daraus resultierende potenzielle globale Handelskonflikte, binnenpolitische Polarisierungen und regulatorische Eingriffe seitens der US-Behörden können die Finanzmärkte nachhaltig beeinflussen.

Europa/EWU

Die EU ist ein bedeutender Markt für Anleihen, Aktien und Devisen. Länder wie Deutschland, Frankreich und das Vereinigte Königreich sind wirtschaftlich besonders relevant. Die Europäische Zentralbank (EZB) beeinflusst die Finanzmärkte stark durch ihre Zinspolitik. Politische Entwicklungen wie der Brexit haben direkte Auswirkungen auf den europäischen Finanzmarkt. Daraus resultierende politische Instabilität (zum Beispiel Populismus) stellt ein wahrnehmbares Risiko dar. Dieses politische Risiko war zuletzt während der Eurokrise in den Jahren 2010 bis 2014 erkennbar. Europa ist zudem sehr von Energieimporten abhängig und dadurch stark von Handelseinschränkungen beziehungsweise Handelsstreitigkeiten betroffen. Beispiele wie der Ukraine-Krieg und die Sabotage an den Nord-Stream-Pipelines im Jahr 2022 haben diese Abhängigkeit insbesondere für Deutschland aufgezeigt.

Asien

China, Japan, Indien und die „Tigerstaaten" (Südkorea, Singapur, Malaysia, Thailand) sind zentrale Akteure in der globalen Wirtschaft. China stellt durch seinen mit dem hohen Wirtschaftswachstum einhergehenden enormen Energiehunger einen wichtigen Treiber für Rohstoffe und Industrieproduktion dar. Die Regierung beeinflusst die Märkte stark durch staatliche Eingriffe. Japan ist führend in der Technologie und Automobilindustrie. Die Bank of Japan spielt eine wichtige Rolle bei der Steuerung des Yen im Verhältnis zum USD und Euro. Indien hat sich in den letzten Jahren durch politische Veränderungen und Restrukturierungen zu einem Powerhaus in Asien und einem wichtigen Wachstumstreiber mit Fokus auf Technologie, Finanzen und Energie entwickelt. Die Herausforderungen bleiben jedoch durch ein hohes Maß an Bürokratie und Überregulierung in vielen Bereichen der Wirtschaft bestehen.

Geopolitische Spannungen (zum Beispiel Taiwan-Konflikt, Grenzstreitigkeiten, Handelskonflikte), Handelsabhängigkeit und staatliche Eingriffe sind auch in Zukunft wesentliche Störfaktoren für die Entwicklungen der Volkswirtschaften in Asien.

Naher Osten

Gerade der Nahe Osten hat in den letzten Jahren gezeigt, dass er eine zentrale Region für die globalen Rohstoffmärkte ist, insbesondere für Öl und Gas. Märkte wie Saudi-Arabien, die Vereinigten Arabischen

Emirate und Katar entwickeln sich zunehmend diversifizierter, zum Beispiel durch den Fokus auf Tourismus und Finanzen. Die hohe Abhängigkeit von den fossilen Energieträgern ist aber immer noch gegeben und dadurch ist diese Region zugleich ein geopolitischer Seismograf. Politische Instabilität, militärische Konflikte und Abhängigkeit von Rohstoffexporten sorgen immer wieder für hohe Kursschwankungen an den internationalen Rohstoff- und Finanzmärkten.

Lateinamerika

Länder wie Brasilien, Mexiko und Argentinien sind wichtige Rohstoffexporteure und Schwellenmärkte des amerikanischen Kontinents und spielen eine wesentliche Rolle im wirtschaftlichen Zusammenspiel mit den USA. Die Chance der südamerikanischen Länder liegt in der Landwirtschaft, dem Bergbau und dem Energiesektor. Doch diese starke Rohstoffabhängigkeit kann sich auf die einzelnen Länder sowohl positiv als auch negativ auswirken. In den vergangenen Jahren haben politische Instabilität, Währungsvolatilität und ein oft hohes Maß an Korruption für Verunsicherung und Kursschwankungen an den Finanzmärkten in den betroffenen Ländern gesorgt.

Anleger haben eine Vielzahl an Möglichkeiten, um mit den erkannten geopolitischen Risiken der einzelnen Anlagegebiete und -klassen umgehen zu können. Darauf werde ich im weiteren Verlauf noch genauer eingehen, Ihnen jedoch bereits an dieser Stelle einige Hinweise geben.

Diversifikation

Anleger sollten ihr Portfolio geografisch diversifizieren, um das Risiko von regionalen geopolitischen Ereignissen zu minimieren. Investieren Sie in globale ETFs oder Fonds mit einer breiten regionale Abdeckung.

Fokussieren Sie sich auf „Safe Haven"-Anlagen. Darunter fallen Gold, Staatsanleihen und defensive Aktien (beispielsweise Konsumgüter oder Versorger), denn diese sind während anhaltender geopolitischer Krisen oft stabilere Anlagen.

Die Beobachtung von Frühindikatoren kann Ihnen helfen, geopolitische und konjunkturelle Risiken bereits im Vorfeld zu entdecken. Häufig lassen sich durch Nachrichten, Analysen und Frühindikatoren wie Credit Spreads oder Währungsbewegungen frühzeitig Risikoherde erkennen.

Bevorzugen Sie gerade zu Beginn Ihrer Investorenkarriere langfristige Perspektiven und Anlagehorizonte. Kurzfristige Marktbewegungen durch geopolitische Ereignisse sind oft von Spekulation getrieben. Ein langfristiger Fokus hilft Ihnen dabei, Panikverkäufe zu vermeiden und sich nicht von Ihren Emotionen leiten zu lassen.

Entscheidend ist das Risikomanagement. Der Einsatz von Absicherungsstrategien, etwa durch Optionen oder Futures, kann das Portfolio gegen plötzliche Volatilität und damit verbundene Kursverluste schützen.

Die aufgezeigten geopolitischen Ereignisse sind ein unvermeidlicher Bestandteil der globalen Finanzmärkte und stellen sowohl latente Risiken als auch nutzbare Chancen dar. Anleger, die diese Dynamik verstehen, können ihre Strategien besser anpassen und von den Auswirkungen profitieren. Dabei sollten sie stets die geopolitischen Entwicklungen beobachten, regionale Besonderheiten kennen und daraus ein individuell diversifiziertes Portfolio konzipieren. In einer immer stärker vernetzten Welt wird die Fähigkeit, geopolitische Risiken zu antizipieren und zu managen, zu einem zentralen Erfolgsfaktor für Anleger und Trader. Das sollte Ihnen nun bewusst geworden sein.

Teilnehmer an den Finanzmärkten

Die Finanzmärkte werden von zahlreichen Teilnehmern beeinflusst, darunter fallen Privatanleger, die als Einzelperson ihr persönliches Kapital investieren, um Rendite zu erzielen und finanzielle Ziele zu erreichen. Den wesentlich wichtigeren Anteil nehmen jedoch die institutionellen Investoren ein. Diese sind Finanzinstitute, Pensionsfonds, Investmentfonds und Hedgefonds, die im Auftrag ihrer Kunden große

Geldbeträge verwalten und in den Finanzmärkten handeln. Sie bewegen mit ihren Kapitalströmen die Kurse und Notierungen an den internationalen Finanzmärkten.

Doch auch die Unternehmen sollten nicht vergessen werden. Unternehmen, die Kapital aufnehmen, um ihr Wachstum zu finanzieren oder sich gegen Risiken abzusichern, stellen schließlich überhaupt erst die investierbaren Underlyings in Form von Aktien, Anleihen, Genussrechten und Derivaten dar.

Auch in diesem Bereich sind die Regierungen mit ihren Interaktionen mit den Finanzmärkten von entscheidender Bedeutung. Regierungen nutzen die Finanzmärkte, um Schulden aufzunehmen, Geld zu verwalten und Währungen zu stabilisieren. Der Staatsanleihemarkt ist um ein Vielfaches größer als der Markt der Unternehmensanleihen.

Natürlich nehmen auch die defensiven Teilnehmer wie Journalisten, Ratingagenturen und Advisor/Berater in Form von Wirtschaftsprüfern et cetera wichtige Rollen ein. Beispiele wie bei den Unternehmen Enron, WorldCom, Wirecard, Super Micro Computer und Atoss Software verdeutlichen dies.

Arten von Finanzmärkten

Es gibt verschiedene Arten von Finanzmärkten:

- Aktienmärkte: Hier werden Aktien von Unternehmen gehandelt, die Kapital von Investoren aufnehmen möchten.
- Anleihemärkte: Hier werden Anleihen von Regierungen und Unternehmen ausgegeben, um Kapital zu beschaffen, wobei Investoren Zinszahlungen erhalten.
- Devisenmärkte: Hier werden Währungen gehandelt, wobei Investoren auf Wechselkursänderungen spekulieren.
- Rohstoffmärkte: Hier werden Rohstoffe wie Gold, Öl und Getreide gehandelt, wobei physische oder derivative Verträge abgeschlossen werden können.

- Kryptomärkte: An diesen teilweise unregulierten Marktplätzen werden die Coins und Token von derzeit weit über 20.000 Kryptos handelbar gemacht.

Grundsätzlich lassen sich diese Finanzmärkte in regulierte und unregulierte Märkte einteilen. Speziell für Börsenneulinge stellen die regulierten Finanzmärkte erst einmal die bessere Wahl dar. Es gibt an den Finanzmärkten bereits genug Fallstricke, die beachtet werden sollten. Daher sollten nicht noch zusätzlich die Gefahren von unregulierten Handelsplätzen hinzukommen.

Die Rolle der Regulierung

Die Finanzmärkte werden von Regulierungsbehörden und Handelsaufsichtsstellen überwacht, um Transparenz, Integrität und Stabilität zu gewährleisten. Regulierungsbehörden setzen Regeln und Vorschriften durch, um den fairen Handel, den Anlegerschutz und die Verhinderung von Marktmanipulation sicherzustellen. Die Finanzmärkte werden zu einem Großteil von Gier und Angst gesteuert. In diesen Situationen tun manche Marktteilnehmer und Unternehmenslenker Dinge, die nicht unbedingt einem ethisch und moralisch korrekten Handeln entsprechen. Daher ist es gut, dass es Aufsichts- und Regulierungsbehörden wie die BaFin in Deutschland oder die SEC in den USA gibt. Ich werde in dem kommenden Abschnitt dieses Praxisbuchs noch tiefergehend auf die Grundantriebskräfte an den Finanzmärkten eingehen und einige Beispiele für deren Auswirkungen an den internationalen Finanzmärkten nennen.

Aber zuerst möchte ich Ihnen noch einen kurzen Überblick über die wichtigsten regulatorischen Rahmenbedingungen verschaffen und Ihnen zeigen, wie Sie als Trader oder Investor sicherstellen können, dass Sie diese auch einhalten. Denn in einer zunehmend globalisierten Welt, in der Investoren und Trader in vielen Märkten tätig sind, sind regulatorische Rahmenbedingungen entscheidend, um Marktintegrität, Anlegerschutz und Transparenz zu gewährleisten. Unterschiedliche Länder und Regionen haben ihre eigenen gesetzlichen und regulatorischen Vorschriften, die Investoren und Trader kennen müssen, um Rechtssicherheit gewährleisten und Risiken minimieren zu können.

Die regulatorischen Vorgaben haben das Ziel, folgende Aspekte zu gewährleisten:

- Marktintegrität: Die Sicherstellung fairer und transparenter Handelspraktiken.
- Anlegerschutz: Der Schutz vor Betrug, Insiderhandel und unlauteren Praktiken.
- Risikominimierung: Die Begrenzung systemischer Risiken, die die Stabilität von Finanzmärkten gefährden könnten.
- Transparenz: Die Förderung der Offenlegung relevanter Informationen, damit Investoren fundierte Entscheidungen treffen können.

Unterschiedliche Märkte setzen diese Ziele durch unterschiedliche Ansätze um, wobei sowohl die Marktstruktur als auch die Rechtskultur der jeweiligen Region eine Rolle spielen. Vor Gericht steht dann auch der Kleinanleger in der gleichen Rangordnung wie ein institutioneller Investor und das ist vielen Privatanlegern oftmals nicht bewusst.

Hier einige Beispiele von Regulierungsbehörden in ausgewählten Ländern:

- Vereinigte Staaten/SEC und CFTC: Die Securities and Exchange Commission (SEC) überwacht den Aktien- und Anleihemarkt und stellt sicher, dass Unternehmen und Marktteilnehmer ihre Finanzinformationen offenlegen. Sie bekämpft Insiderhandel und unlautere Praktiken. Die Commodity Futures Trading Commission (CFTC) ist für den Handel mit Rohstoff- und Finanzderivaten wie Futures und Optionen zuständig. Ziel ist die Förderung transparenter und wettbewerbsfähiger Märkte. An den US-Finanzmärkten gelten besondere Anforderungen an die Marktteilnehmer: So müssen sich die Trader an die Regulation T (Margin-Regeln) und Meldepflichten für Großhandelstransaktionen halten. Tun sie das nicht beziehungsweise halten sich die beauftragten Broker und Investmentbanken nicht an diese Vorgaben, drohen empfindliche Geldstrafen.

- Europäische Union: Die EU regelt die europäischen Finanzmärkte einheitlich durch die Markets in Financial Instruments Directive II (MiFID II), die 2018 in Kraft trat. Diese Richtlinie bietet zum einen strengere Vorgaben zur Offenlegung von Gebühren und Provisionen und zum anderen Schutzmaßnahmen für Kleinanleger, einschließlich Risikobewertungen und Transparenzvorschriften für den Handel mit Finanzinstrumenten.
- Nationale Aufsichtsbehörden wie die BaFin in Deutschland, die FCA in England oder die AMF in Frankreich setzen MiFID II auf lokaler Ebene in den jeweiligen Ländern um. Die Financial Conduct Authority (FCA) ist eine unabhängige Finanzmarktaufsichtsbehörde im Vereinigten Königreich. Zusammen mit der Bank of England mit ihrer Prudential Regulation Authority (PRA) ist sie als eine Nachfolgebehörde der Financial Services Authority (FSA) für die Finanzmarktaufsicht im Vereinigten Königreich zuständig. Sie reguliert mehr als 59.000 Firmen.
- Asien: Regulierung in Japan, China und Singapur: In Japan regelt die Financial Services Agency (FSA) die Finanzmärkte und setzt Richtlinien zur Offenlegung und zum Risikomanagement um. Japan verfolgt einen streng regulierten Ansatz, um Marktstabilität zu gewährleisten.

- In China überwacht die China Securities Regulatory Commission (CSRC) die Aktienmärkte. Zusätzlich regeln staatliche Kontrollen den Zugang zu chinesischen Finanzmärkten, insbesondere für ausländische Investoren. In Singapur hat die Monetary Authority of Singapore (MAS) den Stadtstaat zu einem wichtigen Finanzzentrum gemacht, indem sie strenge, aber flexible Regeln für den Derivate- und Aktienhandel eingeführt hat.
- Schwellenländer wie Indien, Brasilien und Südafrika: In Indien regelt die Securities and Exchange Board of India (SEBI) den Handel und setzt Regeln zur Vermeidung von Marktmissbrauch um. Ausländische Investoren benötigen eine Registrierung, um auf den indischen Märkten tätig zu werden.
- In Brasilien überwacht die Comissão de Valores Mobiliários (CVM) den Finanzmarkt, während die Anforderungen für ausländische Investoren oft komplex sind. In Südafrika reguliert die Financial Sector Conduct Authority (FSCA) den Aktienmarkt und setzt Standards für den Anlegerschutz.

Regulatorische Rahmenbedingungen definieren häufig spezifische Anforderungen. Dabei bin ich schon kurz auf die MiFid-II-Verordnung in der EWU eingegangen. Ansonsten haben die Regulierungen der einzelnen Länder folgende Aspekte gemeinsam:

- Meldepflichten: In vielen Ländern müssen Großinvestoren ihre Positionen offenlegen. In den USA ist zum Beispiel das Formular 13F für institutionelle Investoren Pflicht.
- Lizenzierung und Registrierung: Trader und Investoren benötigen in vielen Ländern spezifische Genehmigungen, vor allem wenn sie als institutionelle Anleger auftreten.

- Kapitalanforderungen: Margin-Konten und Hebelprodukte unterliegen in verschiedenen Märkten unterschiedlichen Anforderungen.
- Steuerliche Vorschriften: Kapitalertragsteuern und Transaktionsgebühren variieren je nach Land und können die Rendite erheblich beeinflussen.

Die Vorteile und Herausforderungen für Anleger dürften auf der Hand liegen. Nein, Sie benötigen kein Studium der Rechtswissenschaften, um sich als Teilnehmer an den Finanzmärkten betätigen zu können, aber es sollte Ihnen klar sein, dass es wichtige Regulierungen und Verordnungen gibt. Je mehr Ihnen dieser entscheidende Aspekt bewusst ist, desto weniger werden Sie in Versuchung kommen, mit ihnen in Konflikt zu geraten.

Die Vorteile regulatorischer Rahmenbedingungen sind:

- Transparenz und Sicherheit: Anleger profitieren von einheitlichen Standards und klaren Regeln.
- Marktvertrauen: Eine starke Regulierung fördert Vertrauen in die Märkte und schützt vor Marktmanipulation.
- Chancengleichheit: Durch Regulierungen wie Insiderhandelsgesetze wird sichergestellt, dass alle Anleger unter denselben Bedingungen handeln.

Andererseits entstehen natürlich auch die folgenden Herausforderungen:

- Komplexität und Bürokratie: Unterschiedliche Vorschriften in verschiedenen Ländern können es Anlegern erschweren, global tätig zu sein.
- Kosten: Regulierungsanforderungen können zu höheren Kosten führen, etwa durch Compliance oder Meldepflichten.

- Einschränkungen für Privatanleger: In manchen Märkten gibt es Begrenzungen beim Zugang zu bestimmten Finanzinstrumenten wie Derivaten. Genau an dieser Stelle kann es sein, dass Ihnen der Zugang zu einigen Finanzprodukten verwehrt bleibt, da Sie nicht die notwendigen Voraussetzungen für den Marktzugang erfüllen.

Anleger und Trader sollten folgende Maßnahmen ergreifen, um die regulatorischen Anforderungen zu erfüllen und Risiken zu minimieren:

- Bildung und Information: Sie sollten die spezifischen regulatorischen Anforderungen des Marktes verstehen, in dem Sie agieren. Das ist eigentlich eine Selbstverständlichkeit, kann aber nicht oft genug betont werden.
- Rechtliche Beratung: Ziehen Sie in Zweifelsfällen einen spezialisierten Anwalt oder einen anderen kompetenten Berater hinzu, um Rechtssicherheit zu gewährleisten.
- Technologie nutzen: Tools wie RegTech-Lösungen (Regulatory Technology) können helfen, regulatorische Anforderungen effizient zu erfüllen. Das macht allerdings erst dann Sinn, wenn Sie eine gewisse Größe an Handelsaktivität oder Handelsvolumen erreicht haben.
- Diversifikation der Märkte: Dadurch können Anleger auch die Rechtsrisiken mindern, die mit spezifischen Regulierungen in einem einzelnen Markt verbunden sind.
- Einhaltung von Steuervorschriften: Internationale Steuerregelungen können komplex sein. Arbeiten Sie mit Steuerexperten zusammen, um Doppelbesteuerung oder andere rechtliche Probleme zu vermeiden. Das Thema Steuern ist ein wichtiger Faktor. Oft erscheinen ganze Finanzmärkte oder einzelne Anlageprodukte in der Nachbetrachtung unter Einbeziehung der steuerlichen Aspekte als unwirtschaftlich.

Regulatorische Rahmenbedingungen sind ein essenzieller Bestandteil der Finanzmärkte. Sie schützen Anleger, stellen faire Handelsbedingungen sicher und bewahren die Marktstabilität. Für Investoren und Trader ist es unerlässlich, die Regeln und Vorschriften der Märkte, in denen sie tätig sind, zu verstehen und einzuhalten. Während regulatorische Anforderungen oft als Hürde wahrgenommen werden, tragen sie in Wahrheit wesentlich dazu bei, das Vertrauen in die Finanzmärkte zu stärken und langfristigen Erfolg zu ermöglichen. Eine fundierte Vorbereitung wird Ihnen helfen, sowohl die Chancen als auch die Herausforderungen globaler Finanzmärkte erfolgreich zu navigieren. Auch das Thema Besteuerung von Geldanlagen sollte bereits im Vorfeld beachtet werden. In nicht wenigen Fällen hat die steuerliche Betrachtung den Anlegern einen dicken Strich durch die Renditeberechnung gemacht. Daher sollten Sie noch vor dem Start die ausreichenden Möglichkeiten nutzen, um sich zum Beispiel mit Ihrem Bankberater, Steuerberater oder anderen Finanzmarktexperten auszutauschen.

In diesem Kapitel habe ich Ihnen einen kurzen Überblick über die Finanzmärkte gegeben und deren Funktionen, Teilnehmer und Regulierung beleuchtet. Da ich dies bereits wesentlich ausführlicher in meinem Buch „Erfolgreich strategisch anlegen" getan habe, beschränke ich mich hier lediglich auf das Wesentliche, aber Grundlegende. Diese Grundlagen sollen das Fundament für Ihr Verständnis der komplexen Welt des Investierens und des Tradings bilden. Sollten Sie noch nicht alle Aspekte vollends verinnerlicht haben, empfehle ich Ihnen eine vertiefende Auseinandersetzung mit diesem essenziellen Thema.

2. Die Psychologie des Investierens und Tradings

Angst und Gier gehören zu den Grundemotionen der Menschen und haben für die Entwicklung der Menschheit wichtige Funktionen übernommen. Der Homo oeconomicus jedoch lässt sich von diesen Emotionen allzu oft in die Irre führen. Niemand muss an den Finanzmärkten vor Urmonstern davonlaufen, allerdings sollte man die Kontrolle über das eigene Handeln behalten. Damit gehört die Trading-Psychologie zu einem der faszinierendsten und gleichzeitig anspruchsvollsten Aspekte des Investierens und Tradings. In diesem Kapitel werde ich mich damit beschäftigen, wie Emotionen und mentale Prozesse das Investoren- und Trader-Verhalten beeinflussen können. Egal ob Sie Anfänger oder Fortgeschrittener sind, das Verständnis der psychologischen Aspekte ist entscheidend für Ihren Erfolg an den internationalen Finanzmärkten. Ich werde zu diesem Thema sicher noch ein weiteres Buch publizieren, da es einen wesentlichen, aber dennoch schwer nachvollziehbaren Aspekt an den Finanzmärkten abbildet. Zudem stellt sich bei der zunehmenden Technologisierung und dem Einsatz von KI-Anwendungen (künstliche Intelligenz) die Frage, ob Emotionen zukünftig überhaupt noch eine Rolle spielen. Die Antwort darauf wird Sie überraschen.

Die Rolle von Emotionen

Emotionen spielen für Sie derzeit noch eine zentrale Rolle bei Ihrem Investoren- und Trader-Verhalten. Zu den häufigsten Emotionen, die das Handeln beeinflussen können, gehören die grundlegenden Emotionen eines jeden Menschen, mit denen er von Geburt an ausgestattet ist.

Der Wunsch nach schnellen Gewinnen kann dazu führen, dass Anleger und Trader zu risikoreichen Entscheidungen verleitet werden. Dabei werden immer wieder vorher definierte Risikomanagement-Systeme und Kursziele verworfen. Angetrieben durch immer größere und schnellere Gewinne verlieren viele Marktteilnehmer häufig die Kontrolle über sich und verfangen sich in einem Netz von Emotionen. Gier ist immer ein schlechter Ratgeber für Ihre Entscheidungen an den Finanzmärkten.

Die Angst vor Verlusten kann auf der anderen Seite dazu führen, dass Anleger und Trader impulsiv handeln oder vorzeitig aus ihren Positionen aussteigen. Oftmals wirkt die Angst auch lähmend und verhindert sogar den Einstieg in Investments oder Trades. Insbesondere nach einer längeren Serie von Kursverlusten kommt es vor, dass der Trader oder Investor eine Blockade im Kopf hat und nicht mehr an sein Handelssystem oder an sich glaubt. Diese Blockade wird ursächlich von Angst gesteuert und muss gelöst werden.

Nach einer Reihe von erfolgreichen Trades können Trader hingegen übermütig werden und zu riskante Positionen eingehen. Diese Handelsphase bezeichne ich auch als Gier auf Steroide. Als Außenstehender erkennt man häufig schon vorher den Beginn eines unheilvollen Ereignisses, das schließlich zu einem Totalverlust führen kann. Überkompensation und Tunnelblick schaffen eine übermächtige Wahrnehmungsphase und koppeln die betroffene Person vollends von den Ereignissen und der Realität an den Finanzmärkten ab. In dieser Phase versammeln sich meist alle nur erdenklichen Trading- und Anlagefehler zu einem verhängnisvollen Cluster.

In diesem Zusammenhang müssen Sie verstehen, dass sich Änderungen in Handlungsabläufen und Gewohnheiten nur ergeben, wenn Sie sich aus Ihrer Komfortzone bewegen. Sie müssen es wollen, sich zu verändern. Wenn Sie das nicht wollen, werden Sie sich niemals von Ihren alten Gewohnheitsmustern verabschieden können.

Abb. 1: Komfortzonen-Darstellung

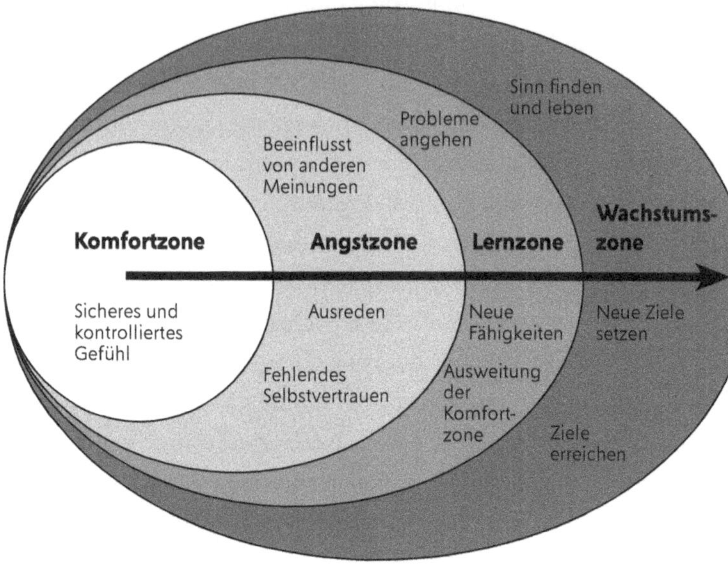

Die Bedeutung der Disziplin

Disziplin ist eine der wichtigsten Eigenschaften, die ein erfolgreicher Investor oder Trader besitzen sollte. Disziplin bedeutet, einen klaren Handelsplan zu haben und ihn konsequent zu befolgen, unabhängig von Emotionen oder Marktbedingungen. Ein disziplinierter Ansatz hilft dabei, impulsives Handeln zu vermeiden und langfristige Ziele zu erreichen. Ich werde Ihnen in diesem Buch ganze Handelssysteme und Risikomanagement-Ansätze vorstellen, damit Sie die Möglichkeit bekommen, diese auf Ihre individuellen Anlage- und Trading-Stile anzupassen. In meinem ersten Buch konnten Sie bereits die Basics für erfolgreiche Strategien an den Finanzmärkten erlenen und nun gilt es, diese zu vertiefen und erfolgreich umzusetzen. Nur mit Disziplin wird Ihnen der Weg zu einem nachhaltigen Erfolg an den Finanzmärkten eröffnet.

Der Einfluss von Verhaltensbias

Verhaltensbias sind systematische Fehler im Denken, die zu irrationalen Handelsentscheidungen führen können. Es gibt eine Vielzahl dieser systematischen Fehler, die den Menschen täglich zu kuriosen Entscheidungen verleiten. Zu den häufigsten Verhaltensbias gehört unter anderem der Bestätigungsfehler: die Tendenz, Informationen zu suchen, die unsere bestehenden Überzeugungen bestätigen, und Informationen zu ignorieren, die ihnen widersprechen. Dies führt zu einer künstlichen Gedanken- und Entscheidungsphase, in der sich die Fehlentscheidungen immer wieder zu bestätigen scheinen.

Die Tendenz, sich der Meinung der Masse anzuschließen, anstatt unabhängig zu denken und zu handeln, führt oft zu weitreichenden Fehlentscheidungen. Diesem Herdenverhalten liegen oftmals keine fundierten und nachvollziehbaren Informationen zugrunde und sie können im Nachgang kaum vollständig analysiert und verbessert werden.

Die Tendenz, Verluste stärker zu fürchten als Gewinne zu schätzen, kann dazu führen, dass Anleger und Trader zu vorsichtig sind und Chancen verpassen. Diese Verlustaversion ist ein ernst zu nehmender Gegner in der Umsetzung Ihrer Anlage- und Trading-Systeme.

Die eben genannten sind jedoch nur einige der bekannten und untersuchten Bias, die einen Menschen maßgeblich prägen. Jeder muss im Alltag mit diesen prägenden psychologischen Hüllen/Welten umgehen und sie beherrschen lernen. In der Psychologie kann man gut und gern von über 30 bekannten Bias ausgehen. Im Trading und Investieren spielen davon jedoch nur die vorgestellten drei eine zentrale Rolle.

Die Rolle der Selbstkontrolle

Selbstkontrolle ist entscheidend für den langfristigen Erfolg beim Investieren und Trading. Sie darf in diesem Kontext jedoch nicht mit Disziplin verwechselt werden. Beide Eigenschaften liegen sehr dicht beieinander, haben aber vollkommen verschiedene psychologische Ansätze und sind unterschiedlich impulsgesteuert.

Selbstkontrolle bedeutet, Impulse zu kontrollieren, Geduld zu üben und nicht übermäßig auf kurzfristige Schwankungen zu reagieren. Sie hilft dabei, emotionales Handeln zu minimieren und einen kühlen Kopf zu bewahren, auch in turbulenten Marktphasen. Disziplin ist schließlich das, was aus dieser Selbstkontrolle entsteht und zu einem wesentlichen Charakterzug wird.

Sie nehmen sich zum Beispiel vor, Ihrer Trading- oder Anlagestrategie strikt zu folgen. Doch plötzlich bekommen Sie einen Handelsimpuls durch Nachrichten, Tipps oder charttechnische Signale, die nicht zu Ihrem Set-up gehören. In diesem Augenblick entscheidet dann die Selbstkontrolle, diesem Trieb nicht zu folgen. Die daraus resultierende Disziplin gibt Ihnen also langfristig Sicherheit, dass solche Impulse immer weniger Einfluss auf Ihr Handeln nehmen. Sie sehen selbst, wie wichtig die Unterscheidung dieser unterschiedlichen Effekte auf das Handeln ist und welche Arten von Impulsen diesen „Beißreflex" auslösen können.

Strategien zur Verbesserung der psychologischen Fähigkeiten

Es gibt verschiedene Strategien, die Anleger und Trader anwenden können, um ihre psychologischen Fähigkeiten zu verbessern.

Das Führen eines Handelstagebuchs kann helfen, Handelsentscheidungen zu analysieren, Muster zu erkennen und aus Fehlern zu lernen. Das ist einer der wichtigsten und wesentlichsten Ratschläge, den ich Ihnen an dieser Stelle geben kann. Führen Sie Buch über Ihre Aktivitäten an den Finanzmärkten. Schreiben Sie jeden Erfolg und Misserfolg in diesem Journal auf und lesen Sie es sich in regelmäßigen Abständen durch. Zum einen können Sie dadurch kontinuierlich an Ihrer Handelsstrategie feilen, zum anderen im Nachgang oftmals über die eventuell gemachten Fehler lachen. Denn das ist es, was das Agieren an den internationalen Finanzmärkten ausmachen sollte: Spaß und Freude. Wenn Sie dies bei der Ausübung des Investierens oder Tradens nicht haben, sollten Sie das Ganze besser sein lassen. Nichts kostet Sie im Nachhinein mehr als die verschenkte und nutzlose Lebenszeit.

Um die notwendige Ruhe und Gelassenheit für Ihre Aktivitäten an den Finanzmärkten zu bekommen, kann das Praktizieren von Meditation und Achtsamkeit dabei helfen, Emotionen zu regulieren und den Fokus zu schärfen. Das liest sich vielleicht etwas spirituell, aber es ist tatsächlich notwendig, in jeder Situation an den Finanzmärkten einen kühlen Kopf zu behalten. Gerade die kleinen Unwägbarkeiten lösen häufig größere psychologische Verwerfungen bei vielen Menschen aus. Es ist oftmals nicht die laute Musik des Nachbarn durch seine Gartenparty, sondern das leise Summen der Mücke mitten in der Nacht, das einen an den Rand des Wahnsinns treiben kann. So auch an den Finanzmärkten: Ihr Trading-Set-up funktioniert, doch die Order wird nicht rechtzeitig abgeschickt oder Sie mussten eine größere Slippage als angenommen auf den Trade in Kauf nehmen. Das sind Dinge, die Sie in diesem Augenblick akzeptieren und verarbeiten müssen.

Visualisierungstechniken können außerdem verwendet werden, um Selbstvertrauen aufzubauen und negative Gedanken zu überwinden. Das bedeutet in diesem Kontext nicht, dass Sie zu einem Tagträumer mutieren sollen, sondern dass Sie sich mit Ihrer Anlagestrategie so vertraut gemacht haben, dass Sie den Kursen gedanklich vorauslaufen. Wenn Sie eine funktionierende Strategie besitzen, wird sich Ihnen diese Vorgehensweise besser erschließen. Denn wie von Geisterhand geführt, laufen die Kurse dann oftmals tatsächlich so, wie Sie es sich „vorgestellt“ haben. Einige dieser potenziellen Strategien werde ich Ihnen im weiteren Verlauf noch grundlegend erklären. Dadurch bekommen Sie die Möglichkeit, Ihre individuelle Handelsstrategie zu entwickeln und ein besseres Verständnis für die Finanzmärkte zu bekommen.

Abb. 2: Der ideale Weg zur psychischen Balance bei der Geldanlage/dem Trading

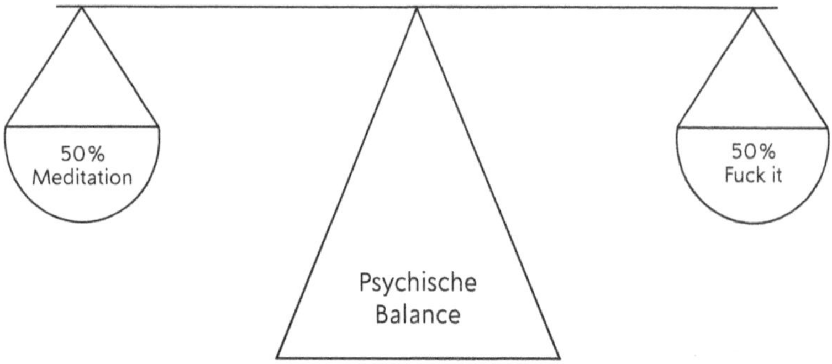

Die Psychologie des Investierens und Tradings ist ein entscheidender Aspekt für den Erfolg an den Finanzmärkten. Indem Sie die Rolle von Emotionen, Disziplin, Verhaltensbias und Selbstkontrolle verstehen und gezielte Strategien zur Verbesserung Ihrer psychologischen Fähigkeiten anwenden, können Sie Ihre Chancen auf langfristigen Erfolg maximieren. In den folgenden Kapiteln werden wir tiefer in die verschiedenen Aspekte der Psychologie eintauchen und Ihnen dabei helfen, Ihre mentalen Fähigkeiten weiter zu stärken.

Aus der jüngsten Börsenvergangenheit lassen sich etliche Fälle aufzählen, die diese psychologischen Fehlbarkeiten gut darstellen. Diese reduzieren sich jedoch nicht ausschließlich auf die Handelsaktivitäten, sondern können auch an anderer Stelle auftauchen. Inmitten des Dotcom-Booms der Jahrtausendwende machten sich einige Analysten großer Investmentbanken durch ihre zu positiven Darstellungen von Unternehmen einen Namen. Sie riefen bei ihren Research-Berichten offiziell immer neue und höhere Kursziele aus und verliehen dem damaligen Treiben an den von den Technologietiteln bewegten Aktienmärkten immer neue und gefährlichere Dynamiken. Im Nachgang wurden viele E-Mails und interne Berichte publik, in denen die gleichen Protagonisten von Schrottunternehmen sprachen, die teilweise keinen

Wert besitzen würden. Das ist nur ein Beispiel für unethisches und moralisch verwerfliches Handeln in Bezug auf die psychologischen Fallstricke an den Finanzmärkten.

Bei einem weiteren untersuchten Fall wurden gleich mehrere Derivate-Trader von mehreren großen Investmentbanken wegen der Manipulation von Zinsmarktprodukten verurteilt. Dieser Skandal führte sogar dazu, dass ein bis dato stark beachteter Referenzsatz an Bedeutung verlor und durch einen neuen ersetzt werden musste. Der sogenannte Libor-Skandal hatte weitreichende Folgen und zeigt viele der eingangs erwähnten Bias-Phänomene auf. Interessant ist, dass den verurteilten Straftätern erst später klar wurde, welchen Schaden sie angerichtet hatten und welche Konsequenzen ihr Handeln für die Finanzmärkte hatte. Dieses Verhalten lässt sich auf viele Einzelpersonen, sogenannte „Rogue-Trader“, herunterbrechen, die immer wieder für Furore sorgen und zeigen, wie erfindungsreich Menschen sein können, wenn es um Geld, Macht, Angst und Gier geht. Es empfiehlt sich an dieser Stelle, mal im Internet nach den bekanntesten dieser Personen zu suchen und deren Geschichten zu lesen.

3. Die Bedeutung von Risiko und Rendite

In diesem Abschnitt werde ich mich kurz mit den grundlegenden Konzepten von Risiko und Rendite befassen, die für Anfänger und Fortgeschrittene gleichermaßen von entscheidender Bedeutung sind. Das Verständnis dieser Konzepte ist unerlässlich, um fundierte Anlageentscheidungen treffen, die eigenen Finanzen erfolgreich verwalten und nachhaltige Trading-Konzepte aufsetzen zu können. Speziell bei den im vorherigen Kapitel erwähnten Rogue-Tradern hat die Beziehung zwischen Risiko und Rendite häufig keine Rolle mehr gespielt. So wurden viel zu hohe Risiken in Bezug auf die möglichen Renditen oder positiven Erfolge eingegangen. Es muss jedoch ein grundsätzliches

Verständnis für die potenziellen Risiken vorhanden sein und eine potenzielle Rendite ermittelt werden. Erst dann können beide Parameter miteinander in Beziehung gebracht werden. Gefährlich wird es, wenn ein Parameter unbekannt oder unbestimmt ist.

Aus dieser Feststellung lässt sich bereits ein weiterer Hinweis ableiten: Wenn Ihnen weder die Risiken noch die Renditen bekannt sind, lassen Sie auf jeden Fall die Finger von diesem Trade oder Investment. Das gilt auch für den Fall, wenn Ihnen nur eine Größe bekannt ist. Dann warten Sie lieber auf einen anderen Trade oder ein anderes Investment und nutzen diese Chance. Beispiele hierfür lassen sich ebenfalls aus der jüngsten Vergangenheit ableiten. Schauen Sie auf das Handelsjahr 2021 mit den sogenannten Meme-Aktien und der FOMO-Bewegung (Fear of missing out) zurück. Das sind Paradebeispiele dafür, dass viele Neubörsianer in kurzer Zeit viel Geld gewonnen, aber auf lange Sicht noch mehr Geld verloren haben. Entsprechende Untersuchungen und Berichte darüber belegen, dass nur sehr wenige viel Geld verdient (denen das Risiko und die Renditen bekannt waren) und sehr viele ihr Geld verloren haben, weil ihnen weder die Risiken der Unternehmen und der Marktdynamik noch die potenziellen Renditeziele (FOMO) bekannt waren. Das ging noch nie gut und wird auch nie gut gehen.

In meinem nächsten Buch werde ich ausführlich auf dieses Thema eingehen, an dieser Stelle würde es den Rahmen jedoch sprengen. Vorerst ist es nur wichtig zu verstehen, dass die wenigsten Marktteilnehmer in dieser Handelsphase Geld verdient und Vermögen aufgebaut haben. Die meisten haben ihr Geld teilweise komplett verloren und kein Vermögen aufgebaut. So funktioniert Börse. Es wird in großen Teilen lediglich umverteilt und nichts neu erschaffen. Vermögen ist nicht gleich zu setzen mit Geld. In den Wirtschaftswissenschaften ist Vermögen der in Geld ausgedrückte Wert aller materiellen und immateriellen Güter, die im Eigentum einer Wirtschaftseinheit stehen. Auch an dieser Stelle kürze ich meine Ausführungen etwas ab.

Abb. 3: Ich soll die „Dips“ kaufen, haben sie gesagt

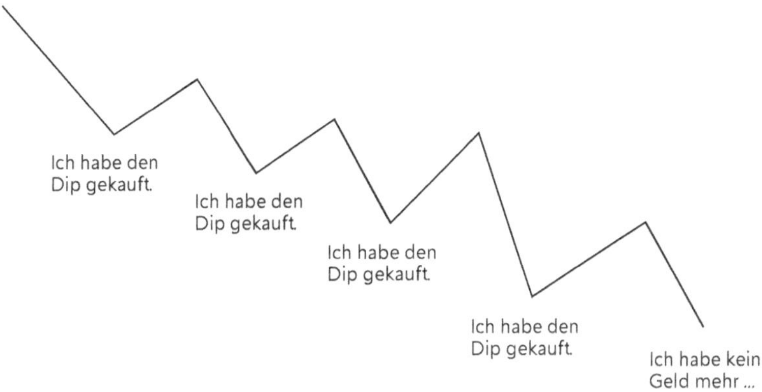

Risiko: Was ist das?

Risiko ist die Wahrscheinlichkeit, dass eine Anlage nicht die erwartete Rendite erzielt oder sogar Verluste verursacht. Es gibt verschiedene Arten von Risiken wie zum Beispiel das Marktrisiko. Dies ist das Risiko von Verlusten aufgrund von Marktschwankungen, die durch Faktoren wie Wirtschaftsindikatoren, politische Ereignisse oder Zinsänderungen hervorgerufen werden. Darunter fallen auch Wahlen, Krieg und Naturkatastrophen.

Eine weitere wichtige Risikoklasse stellt das Liquiditätsrisiko dar. Dies ist das Risiko, dass eine Anlage nicht schnell genug verkauft werden kann, um Verluste zu begrenzen oder Gewinne zu realisieren. Illiquide Anlagen, Volatilitätsunterbrechungen und Kursaussetzungen/Handelsunterbrechungen können zu einem plötzlichen Liquiditätsrisiko führen.

Das Risiko, dass der Emittent einer Anleihe oder eines Kredits seine Zahlungsverpflichtungen nicht erfüllen kann, nennt man Kreditrisiko.

Grundsätzlich sind Sie dem Risiko von Verlusten aufgrund von Fehlern, Betrug, technischen Problemen oder anderen internen Problemen ausgesetzt. Dazu gehören auch die vorher beschriebenen psychologischen Einflüsse. Diese allgemeinen Risiken müssen Sie sich ebenfalls bewusst machen und in Ihre Trading- und Anlageentscheidungen einfließen lassen.

Rendite: Was bedeutet das?

Rendite ist die erzielte Wertentwicklung einer Anlage über einen bestimmten Zeitraum, ausgedrückt als Prozentsatz des investierten Kapitals. Es gibt verschiedene Arten von Rendite, darunter die Rendite in Form von Kapitalgewinnen. Das sind Gewinne aus dem Verkauf einer Anlage zu einem höheren Preis als dem Kaufpreis. Zusätzlich hoffen Sie bei Ihren Investments auf die sogenannte Dividendenrendite. Diese resultiert aus Dividendenzahlungen von Aktien oder anderen Wertpapieren und stellt für Value-Investoren den wichtigsten Anlagegrund dar. Anleiheinvestoren zielen vorrangig auf Renditen aus Zinserträgen ab. Das sind Erträge aus Zinszahlungen von Anleihen oder anderen festverzinslichen Wertpapieren.

Die Risiko-Rendite-Beziehung

Die Risiko-Rendite-Beziehung besagt, dass höhere Renditen in der Regel mit einem höheren Risiko verbunden sind. Anleger und Trader müssen deshalb bereit sein, höhere Risiken einzugehen, um potenziell höhere Renditen zu erzielen. Es ist wichtig, dass Sie Ihre individuelle Risikotoleranz berücksichtigen und Ihre Anlageentscheidungen entsprechend ausrichten. Fehlt einer dieser Bausteine, gibt es auch keine Risiko-Rendite-Beziehung. Sie sollten immer zuerst Ihr Risiko bestimmen und dann nach der potenziellen Rendite schauen. Gerade beim Verständnis des Zusammenhangs von Risiko und Rendite werden langfristig oft schwerwiegende Fehler gemacht. Denn was kurzfristig riskant ist, ist häufig langfristig risikoarm, und umgekehrt:

Abb. 4: Risiko-Rendite-Beziehungen verschiedener Geldanlagen Diversifikation als Risikomanagement-Strategie

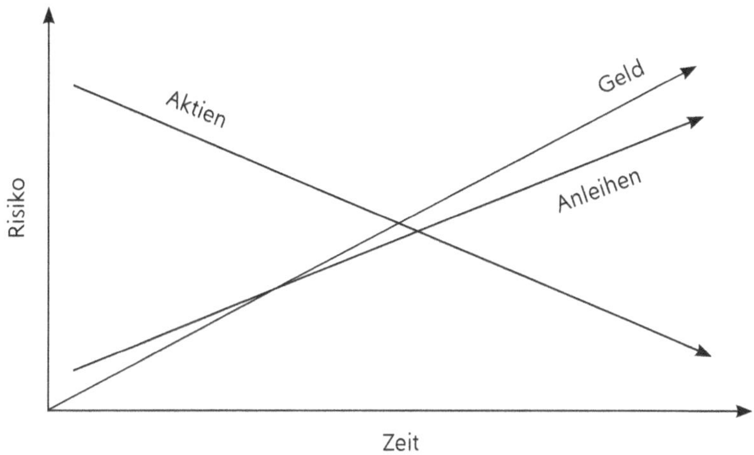

Diversifikation ist eine der effektivsten Strategien zur Risikominderung. Durch die Streuung ihres Portfolios über verschiedene Anlageklassen, Branchen, Regionen und Anlagen können Anleger und Trader ihr Risiko diversifizieren und die Auswirkungen von Verlusten in einem Bereich reduzieren. Dies kann dazu beitragen, das Gesamtrisiko des Portfolios zu verringern, ohne die potenzielle Rendite zu stark zu beeinträchtigen. Auch hierbei gilt es, die Anwendung der Diversifikation nicht zu sehr zu strapazieren. Getreu dem Motto: Wer zu viel diversifiziert, hat keine Ahnung vom dem, was er tut.

Risikomanagement in der Praxis

Ein effektives Risikomanagement ist entscheidend für den langfristigen Erfolg sowohl beim Investieren als auch beim Trading. Nur wer durch ein funktionierendes Risikomanagement langfristig über ausreichend Liquidität verfügen kann, um an den internationalen Finanzmärkten agieren zu können, wird auch langfristig nachhaltig erfolgreich sein. Zu den bewährten Praktiken des Risikomanagements gehören deshalb:

- Festlegung von Stop-Loss-Limits und deren Ausführung, um potenzielle Verluste zu begrenzen.
- Begrenzung der Positionsgröße, um das Risiko eines einzelnen Trades zu kontrollieren.
- Kontinuierliche Überwachung des Portfolios und Anpassung der Positionen entsprechend den sich ändernden Marktbedingungen.
- Hedging, also die Nutzung von Absicherungsstrategien wie Optionen oder Futures, um bestehende Positionen abzusichern. Ab einer bestimmten Depotgröße ist es nicht mehr so einfach möglich, die aufgebauten Positionen in den Finanzmärkten verkaufen zu können. Das muss in einzelnen Fällen auch nicht immer ein Milliardendepot sein. Bei Nebenwerten oder verbrieften Derivaten reichen bereits Bestände von wenigen Zehn- oder Hunderttausend Euro aus, um in bestimmten Marktphasen in den Positionen gefangen zu sein. Wer kennt die Situation nicht, wenn in volatilen Marktphasen auf einmal der Server des Emittenten nicht mehr erreichbar ist und keine Quotes für die ausgegebenen Derivate gestellt werden?

Die Bedeutung von Risiko und Rendite kann nicht überbetont werden, wenn es darum geht, langfristigen Erfolg an den internationalen Finanzmärkten zu haben. Indem sie Risiken verstehen, Renditen optimieren und effektive Risikomanagement-Strategien anwenden, können Anleger und Trader ihre Chancen auf finanziellen Erfolg maximieren. In den folgenden Kapiteln werden wir weitere fortgeschrittene Konzepte im Zusammenhang mit Risiko und Rendite vertiefen und Ihnen dabei helfen, Ihre Anlagestrategien weiter zu verfeinern.

4. Assetklassen und ihre Merkmale

In diesem Kapitel werde ich die verschiedenen Assetklassen noch einmal kurz vorstellen, die an den internationalen Finanzmärkten gehandelt werden, damit Sie die jeweiligen Merkmale besser verstehen können. Ein fundiertes Verständnis dafür ist entscheidend, um eine diversifizierte Anlagestrategie zu entwickeln und erfolgreich zu investieren oder zu traden. Wenn Sie diesbezüglich einen tieferen Einblick bekommen wollen, empfehle ich Ihnen an dieser Stelle mein erstes Buch.

Aktien

Aktien repräsentieren einen Anteil am Eigenkapital eines Unternehmens und werden an den Aktienmärkten gehandelt. Ihre Merkmale sind:

- Eigentum und Stimmrechte: Aktieninhaber sind Miteigentümer des Unternehmens und haben in der Regel Stimmrechte auf der Hauptversammlung.
- Dividenden und Kapitalgewinne: Aktienanleger können Dividenden erhalten und von Kapitalgewinnen profitieren, wenn der Aktienkurs steigt.
- Risiko und Rendite: Aktieninvestitionen bieten die Möglichkeit hoher Renditen, sind jedoch mit einem höheren Risiko verbunden, da Aktienkurse starken Schwankungen unterliegen können.

Anleihen

Anleihen sind Schuldtitel, die von Regierungen oder Unternehmen ausgegeben werden, um Kapital zu beschaffen. Ihre Merkmale sind:

- Feste Verzinsung: Anleiheinhaber erhalten regelmäßige Zinszahlungen während der Laufzeit der Anleihe.

- Rückzahlung des Nennwerts: Am Ende der Laufzeit werden Anleihen zum Nennwert zurückgezahlt, sofern der Emittent zahlungsfähig ist.
- Risiko und Rendite: Anleihen gelten im Allgemeinen als sicherere Anlageklasse als Aktien, bieten jedoch niedrigere Renditen.

Rohstoffe

Rohstoffe sind physische Güter wie Gold, Öl, Weizen und Kaffee, die an den Rohstoffmärkten gehandelt werden. Ihre Merkmale sind:

- Physische Lieferung oder Derivate: Rohstoffe können entweder physisch geliefert oder über Derivate wie Futures und Optionen gehandelt werden.
- Diversifikation und Inflationsschutz: Rohstoffe können dazu beitragen, ein Portfolio zu diversifizieren und gegen Inflation zu schützen, da ihre Preise oft unabhängig von den Aktien- und Anleihemärkten sind.
- Risiko und Volatilität: Rohstoffpreise können aufgrund von Angebot und Nachfrage, geopolitischen Ereignissen und Wetterbedingungen stark schwanken, was mit erhöhtem Risiko verbunden ist.

Devisen (Forex)

Devisen sind Währungen, die auf dem Devisenmarkt gehandelt werden. Ihre Merkmale sind:

- Währungspaare: Devisen werden in Paaren gehandelt, wobei der Wert einer Währung gegenüber einer anderen gemessen wird (zum Beispiel EUR/USD, GBP/JPY).

- Hohe Liquidität und Handelsvolumen: Der Devisenmarkt ist der liquideste Markt der Welt und bietet eine hohe Handelsaktivität rund um die Uhr.
- Volatilität und Hebelwirkung: Devisenmärkte können aufgrund von Wirtschaftsdaten, Zentralbankpolitik und geopolitischen Ereignissen sehr volatil sein, was die Nutzung von Hebelwirkung ermöglicht.

Derivate

Der Derivatemarkt bietet eine Vielzahl von Instrumenten, die es Investoren und Tradern ermöglichen, auf Preisbewegungen verschiedener Basiswerte wie Aktien, Rohstoffe, Währungen oder Indizes zu spekulieren oder ihre Portfolios abzusichern. Diese Instrumente unterscheiden sich hinsichtlich ihrer Komplexität, Risiken und Anwendungen.

Futures sind standardisierte Verträge, bei denen sich Käufer und Verkäufer darauf einigen, einen Basiswert (etwa Rohstoffe oder Währungen) zu einem festgelegten Preis und Datum in der Zukunft zu handeln.

- Vorteile: Hohe Liquidität, effektives Hedging-Tool.
- Anwendung: Rohstoffabsicherungen, spekulativer Handel auf Preisbewegungen.
- Risiken: Hoher Hebel kann zu erheblichen Verlusten führen.

Forwards ähneln Futures, werden jedoch außerbörslich gehandelt und können individuell angepasst werden.

- Vorteile: Flexibilität durch maßgeschneiderte Verträge.
- Anwendung: Absicherung von Rohstofflieferungen und Währungsrisiken.
- Risiken: Illiquidität, Gegenparteirisiko.

Optionen geben dem Käufer das Recht (aber nicht die Verpflichtung), einen Basiswert zu einem bestimmten Preis bis zu einem bestimmten Datum zu kaufen (Call) oder zu verkaufen (Put).

- Vorteile: Flexibilität, kontrolliertes Risiko für Käufer.
- Anwendung: Hedging von Aktienpositionen, Spekulation auf Marktbewegungen.
- Risiken: Verkäufer von Optionen können unbegrenzte Verluste erleiden.

Swaps sind außerbörsliche Verträge, bei denen zwei Parteien Zahlungsströme austauschen. Die häufigsten Arten sind Zins- und Währungsswaps.

- Vorteile: Anpassung an spezifische Bedürfnisse, Absicherung gegen Zinsschwankungen.
- Anwendung: Absicherung von Kreditportfolios, Reduzierung von Zinsrisiken.
- Risiken: Gegenparteirisiko in außerbörslichen Märkten.

In diese Kategorie gehören auch im weitesten Sinn die CFDs. Denn mit CFDs können Trader auf die Preisbewegung eines Basiswerts spekulieren, ohne diesen tatsächlich zu besitzen. Die Hebel werden über Kredite ermöglicht, die von den CFD-Anbietern beim Handel zu Verfügung gestellt werden.

- Vorteile: Hebelwirkung, Zugang zu verschiedenen Märkten mit geringem Kapitaleinsatz.
- Anwendung: Spekulation auf kurzfristige Preisbewegungen.
- Risiken: Hebel kann zu schnellen Verlusten führen, Nachschusspflichten können auftreten.

Optionsscheine sind derivative Finanzinstrumente, die dem Käufer das Recht, jedoch nicht die Verpflichtung einräumen, einen bestimmten Basiswert (zum Beispiel eine Aktie, einen Index oder eine Währung) zu einem festgelegten Preis (Basispreis) innerhalb eines bestimmten Zeitraums zu kaufen oder zu verkaufen. Optionsscheine werden von Banken oder Finanzinstituten ausgegeben und an der Börse gehandelt.

Call-Optionsscheine:

- Recht, den Basiswert zu kaufen.
- Geeignet, wenn der Anleger mit steigenden Kursen rechnet.

Put-Optionsscheine:

- Recht, den Basiswert zu verkaufen.
- Geeignet, wenn der Anleger mit fallenden Kursen rechnet.

Wichtige Parameter von Optionsscheinen

- Basispreis: Der Kurs, zu dem der Basiswert gekauft (Call) oder verkauft (Put) werden kann.
- Laufzeit: Die Dauer, in welcher der Optionsschein gültig ist. Nach Ablauf verfällt er wertlos, falls er nicht ausgeübt wurde.
- Hebel: Optionsscheine bieten eine Hebelwirkung, sie ermöglichen also hohe Gewinne (aber auch Verluste) bei geringem Kapitaleinsatz.
- Innerer Wert: Differenz zwischen dem aktuellen Kurs des Basiswerts und dem Basispreis.
- Zeitwert: Der Teil des Preises, der vom Rest der Laufzeit und der Volatilität des Basiswerts abhängt.

Vorteile von Optionsscheinen

- Hebelwirkung: Mit geringem Kapitaleinsatz kann eine große Position kontrolliert werden.
- Breite Anlagemöglichkeiten: Anleger können von steigenden und fallenden Kursen profitieren.
- Risikobegrenzung: Der maximale Verlust ist auf den Kapitaleinsatz begrenzt.
- Vielfalt an Basiswerten: Optionsscheine sind auf Aktien, Indizes, Währungen und Rohstoffe verfügbar.

Risiken von Optionsscheinen

- Totalverlust: Bei Verfall des Optionsscheins ohne inneren Wert verliert der Anleger den gesamten Einsatz.
- Zeitwertverlust: Der Zeitwert eines Optionsscheins nimmt mit der Laufzeit kontinuierlich ab.
- Marktrisiken: Schwankungen im Basiswert, in der Volatilität oder Zinsänderungen können den Optionsscheinwert stark beeinflussen.
- Komplexität: Optionsscheine erfordern ein tiefes Verständnis der zugrunde liegenden Mechanismen und Risiken.

Zertifikate sind strukturierte verbriefte Finanzprodukte, die an die Wertentwicklung eines Basiswerts gekoppelt sind. Beispiele sind Hebel-Zertifikate auf Aktien, Index-Zertifikate oder Bonus-Zertifikate.

- Vorteile: Einfacher Zugang zu komplexen Strategien, keine Nachschusspflicht.
- Anwendung: Direkte Investition in Indizes, Währungen oder Rohstoffe.
- Risiken: Emittentenrisiko, eingeschränkte Transparenz.

Hebelprodukte gehören mit in die Kategorie Zertifikate. Trading- und Anlageprodukte wie Knock-out-Zertifikate oder Turbo-Zertifikate ermöglichen hohe Renditen bei vergleichsweise geringem Kapitaleinsatz.

- Vorteile: Hohe Renditechancen, einfache Struktur.
- Anwendung: Spekulation auf starke Preisbewegungen.
- Risiken: Totalverlust bei falscher Marktentwicklung.

Kryptowährungen

Die verschiedenen Assetklassen bieten Anlegern und Tradern eine Vielzahl von Möglichkeiten, ihr Portfolio zu diversifizieren und ihre Anlageziele zu erreichen. Doch die Finanzwelt hat sich verändert – Kryptowährungen sind längst mehr als nur ein spekulatives Nischenprodukt. Indem Sie die Merkmale und Risiken jeder Assetklasse verstehen, können Sie fundierte Anlageentscheidungen treffen und Ihre Anlagestrategie erfolgreich gestalten. Hier bieten Kryptowährungen einzigartige Chancen für Trader und Investoren, da sie sich fundamental von den traditionellen Finanzmärkten und Anlageklassen unterscheiden.

Die teilweise sehr hohe Volatilität ist perfekt für aktive Trader, die starke Kursbewegungen für kurzfristige Gewinnchancen nutzen wollen.

Der 24/7-Handel bietet Tradern und Anlegern rund um die Uhr die Möglichkeit, auf geopolitische und wirtschaftliche Veränderungen eingehen zu können – der Kryptomarkt schläft nie.

Kryptowährungen sind weitgehend unabhängig von traditionellen Märkten und können als Absicherung oder alternative Anlageklasse genutzt werden. Dadurch bieten sie erweiterte Möglichkeiten zur Diversifikation von Anlagen.

Immer mehr Unternehmen und Institutionen investieren in Krypto, was langfristiges Wachstumspotenzial in diesem Segment bedeutet und damit weitere Kursanstiege ermöglichen könnte.

Blockchain, DeFi (Decentralized Finance) und Smart Contracts schaffen neue Investitionsmöglichkeiten und diese technologischen Innovationen sind unabdingbar mit den Kryptowährungen verbunden.

In den folgenden Kapiteln werden wir uns noch tiefer mit jeder Assetklasse und dem Einsatz von Kryptowährungen wie Bitcoin, Ethereum und Co befassen und Ihnen dabei helfen, Ihre Kenntnisse und Fähigkeiten als Anleger oder Trader weiter zu vertiefen.

ETFs und Fonds

ETFs (Exchange Traded Funds) und Fonds zählen zu den populärsten Anlagevehikeln an den Finanzmärkten. Sie bieten sowohl Privatanlegern als auch professionellen Investoren zahlreiche Vorteile wie Diversifikation, Liquidität und kosteneffiziente Strukturen. Gleichzeitig gibt es Unterschiede in der Struktur, der Funktionsweise und dem Einsatz der beiden Instrumente.

ETFs sind börsengehandelte Fonds, die einen Index, einen Sektor, eine Anlageklasse oder einen bestimmten Markt abbilden. Sie vereinen die Vorteile von Aktien und traditionellen Fonds und sind besonders bei kostenbewussten Anlegern beliebt.

Es gibt verschiedene Arten von ETFs

- Index-ETFs: Sie replizieren Indizes wie den S&P 500, den DAX oder den MSCI World. Dadurch bieten sie eine breite Diversifikation mit geringer Kostenquote für Investoren.
- Sektor- und Themen-ETFs: Sie fokussieren sich auf spezifische Branchen (zum Beispiel Technologie, Gesundheit) oder Themen (zum Beispiel ESG – Environmental, Social and Governance –, Blockchain).
- Rohstoff-ETFs: Sie investieren in physische Rohstoffe wie Gold oder Öl oder in Rohstoff-Futures.

- Anleihen-ETFs: Sie bieten Zugang zu Staats- oder Unternehmensanleihen in verschiedenen Laufzeitsegmenten.
- Hebel- und inverse ETFs: Hebel-ETFs verstärken die Performance des zugrunde liegenden Index durch den konzipierten Hebel. Inverse ETFs profitieren von fallenden Märkten und bieten dadurch ein ideales Hedge-Instrument für Investoren. Beide ETF-Arten eignen sich eher für kurzfristiges Trading oder Anlagehorizonte, da sie mit höheren Risiken verbunden sind.

Vorteile von ETFs

- Geringe Kosten: ETFs haben niedrige Verwaltungsgebühren, da sie passiv gemanagt werden.
- Liquidität: ETFs können während der Börsenzeiten gehandelt werden, ähnlich wie Aktien.
- Transparenz: Anleger kennen die Zusammensetzung des Fondsportfolios in Echtzeit.

Risiken von ETFs

- Marktrisiko: Die Wertentwicklung hängt direkt vom zugrunde liegenden Index ab.
- Tracking-Error: Geringe Abweichungen zwischen Fonds- und Indexperformance können auftreten.
- Komplexität bei spezialisierten ETFs: Themen- und Hebel-ETFs erfordern tiefgehendes Wissen.
- Hohe Popularität: ETFs sind in den letzten Jahren bei Anlegern sehr beliebt, sie investierten Billionen Dollar und Euro. Bei einer ausgedehnteren Marktkorrektur kann es schnell zu sehr starken Dynamisierungseffekten kommen, wenn diese Anlagegelder gleichzeitig abgezogen werden sollten.

Fonds

Fonds sammeln das Kapital von Anlegern ein, um es von professionellen Fondsmanagern in verschiedene Wertpapiere investieren und aktiv oder passiv verwalten zu lassen. Sie sind in der Regel nicht börsengehandelt und werden über Banken oder Direktanbieter erworben.

Arten von Fonds

- Aktienfonds: Investieren in nationale oder internationale Aktien. Der Fokus kann auf Wachstums- oder Dividendenaktien liegen.
- Mischfonds: Investieren in eine Mischung aus Aktien, Anleihen und anderen Anlageklassen. Das Ziel ist eine ausgewogene Rendite bei moderatem Risiko.
- Rentenfonds: Konzentrieren sich auf festverzinsliche Wertpapiere wie Anleihen. Sie sind geeignet für konservative Anleger.
- Geldmarktfonds: Investieren in kurzfristige, risikoarme Geldmarktinstrumente. Das Ziel ist Kapitalerhalt mit geringem Risiko und dafür oft niedrigerem Ertrag.
- Spezialfonds: Zielgerichtete Strategien, zum Beispiel nachhaltige Anlagen, Hedgefonds oder Immobilienfonds.

Vorteile von Fonds

- Professionelles Management: Fondsmanager treffen Anlageentscheidungen basierend auf Marktexpertise.
- Breite Diversifikation: Auch mit kleineren Beträgen kann ein diversifiziertes Portfolio aufgebaut werden.
- Weniger aktive Verwaltung erforderlich: Geeignet für langfristige Anleger, die keine Zeit für ständiges Monitoring haben.

Risiken von Fonds

- Hohe Kosten: Verwaltungs- und Ausgabeaufschläge können die Rendite schmälern.
- Geringere Flexibilität: Im Gegensatz zu ETFs können Fondsanteile nicht jederzeit gehandelt werden.
- Abhängigkeit vom Fondsmanager: Die Performance hängt stark von dessen Expertise ab.

Der richtige Einsatz dieser Anlageklassen, um Renditen zu erzielen

Die Wahl der richtigen Trading- oder Investitionsstrategie ist entscheidend, um in verschiedenen Marktbedingungen erfolgreich zu sein. Unterschiedliche Ansätze sind optimal geeignet, um auf steigende, fallende oder seitwärts gerichtete Märkte zu reagieren. Im Folgenden werden die wichtigsten Strategien vorgestellt, ihre Funktionsweise erläutert und analysiert, wann sie am besten eingesetzt werden sollten. Keine Sorge, im weiteren Verlauf dieses Buchs werde ich Ihnen noch weitere Strategien und Möglichkeiten vorstellen, mit denen Sie erfolgreich und nachhaltig Renditen an den Finanzmärkten realisieren können.

Trendfolgestrategie

Die Trendfolge ist eine der beliebtesten Strategien, besonders in Märkten mit klaren Auf- oder Abwärtstrends. Es gibt Untersuchungen zum Verhalten der Finanzmärkte, die belegen, dass die Kurse zu 70 Prozent keinem Trend folgen und mehr oder weniger seitwärts verlaufen. Das heißt, zu 30 Prozent bilden die Anlagevehikel Trends aus. Daher ist es für die Marktteilnehmer von großer Bedeutung, genau diese Handelsphasen zu erkennen und zu nutzen.

Anleger kaufen in einem Aufwärtstrend und verkaufen, wenn der Trend endet. Dabei können insbesondere technische Indikatoren wie gleitende Durchschnitte, MACD oder Trendlinien genutzt werden, um die vorliegenden Trends zu identifizieren. Die Vorteile liegen darin, mittels einer relativ einfachen Umsetzung von starken und langfristigen Bewegungen profitieren zu können. In Seitwärtsmärkten funktionieren diese Strategien jedoch oft nicht und plötzliche Trendwenden können zu unerwarteten Verlusten führen. Sie eignen sich für Marktteilnehmer, die in Finanzmärkte mit klaren Bewegungen wie etwa Aktienmärkte während einer wirtschaftlichen Expansion oder Rohstoffmärkte bei Nachfragespitzen investieren wollen. Sie werden allgemein auch als Trendfollower bezeichnet.

Contrarian-Strategie

Es gibt aber auch eine Handelsstrategie, die dem eben erwähnten Ansatz entgegensteht. Diese Strategie geht davon aus, dass Märkte zum Schluss eines Trends überreagieren, und setzt gezielt auf die dann folgenden Gegentrends. Das bedeutet, die Marktteilnehmer kaufen Anteile von unterbewerteten Assets, die zuvor stark gefallen sind, oder sie verkaufen die Anteile von überbewerteten Assets, die zuvor stark gestiegen sind. Auch hier werden häufig Indikatoren aus der Charttechnik oder fundamentale Bewertungskriterien wie zum Beispiel das KGV, KUV et cetera benutzt. Ich gehe zu einem späteren Zeitpunkt dieses Buchs auf die Bewertungsmöglichkeiten ein beziehungsweise lege Ihnen die Lektüre meines ersten Buchs „Erfolgreich strategisch anlegen“ ans Herz. Dort gehe ich auf die verschiedenen fundamentalen Bewertungsmethoden von Anlageklassen genauer ein.

Ein Vorteil dieser Strategie ist das Ausnutzen von Marktineffizienzen und Übertreibungsphasen an den Finanzmärkten. Dadurch können potenziell schnell hohe Renditen erzielt werden, wenn sich der anvisierte Markt wieder normalisiert. Ein Risiko ist jedoch, dass die Märkte länger irrational bleiben können als erwartet. Dafür gibt es etliche Beispiele aus der jüngsten Vergangenheit. Zudem erfordert die Strategie Geduld und ein tiefes Verständnis der Fundamentaldaten. Daher eignet sie sich für überverkaufte Märkte, beispielsweise nach einer Finanzkrise, bei Panikverkäufen oder anderen Übertreibungsphasen an den Finanzmärkten. Sie ist außerdem anwendbar auf Aktien mit starker negativer Marktstimmung, die jedoch solide Fundamentaldaten aufweisen.

Value-Investing

Das Value-Investing fokussiert sich darauf, Unternehmen zu kaufen, deren innerer Wert höher ist als ihr Marktwert. Als Altmeister in dieser Kategorie haben sich Investoren wie Warren Buffett und Charles Munger hervorgetan. Die Investoren analysieren vorher die Fundamentaldaten der entsprechenden Anlagevehikel wie zum Beispiel das KGV, KBV, KUV und den Cashflow. Hier sind Parallelen zu der Contrarian-Strategie erkennbar. Allerdings werden hier eher langfristige Investments in den Unternehmen mit den entsprechend soliden Geschäftsmodellen aufgebaut. Demnach ist es eher eine Anlage- als eine Trading-Strategie und zielt auf den Renditeerfolg über einen längeren Anlagezeitraum ab.

Als Vorteile gelten nachhaltige Renditen durch langfristiges Halten sowie ein niedriges Risiko bei gut analysierten Investments. Andererseits erfordert diese Strategie eine intensive Analyse und viel Geduld. Darüber hinaus können die Unternehmen länger unterbewertet bleiben als erwartet. Aus diesem Grund ist das Value-Investing vor allem für Investoren geeignet, die in Märkte mit starker Volatilität oder nach einer ausgedehnten Korrektur investieren wollen, oder für langfristig orientierte Anleger, die auf solides Wachstum setzen.

Momentum-Strategie

Diese Strategie basiert darauf, dass sich starke Kursbewegungen kurzfristig fortsetzen – eine Art Trendfollow-Strategie auf Steroide. Dabei setzt man auf Assets mit starker Performance in der jüngsten Vergangenheit oder verkauft Assets mit schwacher Performance. Es gibt auch Mischformen aus beiden Ansätzen, die oft von Hedgefonds in den sogenannten Long-/Short-Equity-Strategien gehandelt werden. Dabei gehen die Marktteilnehmer von einer Fortsetzung des Trends aus.

Ein Vorteil dieser Strategie ist, dass schnellere Gewinne als bei der Value-Investing-Methode erzielt werden können. Dabei wird die Marktpsychologie ausgenutzt. Dahinter steckt das FOMO-Prinzip und wird bewusst genutzt. Die Risiken sind nicht unerheblich, denn es kann zu Überbewertungen und schnellen Trendumkehrsituationen kommen, die hohe Verluste nach sich ziehen. Dieser Ansatz eignet sich besonders für dynamische Märkte, in denen kurzfristige Nachrichten oder Trends dominieren. Die Meme-Aktien oder andere Trendaktien sind gute Beispiele dafür.

Diversifikationsstrategie

Diversifikation ist eigentlich weniger eine aktive Strategieform als vielmehr ein Rahmenwerk, um Risiken zu minimieren. Die Funktionsweise dürfte weitestgehend selbsterklärend sein. Sie zielt auf die Verteilung des Anlagekapitals auf verschiedene Anlageklassen, Regionen und Branchen ab. Dabei werden ETFs, Fonds oder Multi-Asset-Strategien genutzt.

Die Vorteile liegen zum einen in der Reduktion des Verlustrisikos und zum anderen in stabileren Renditen über verschiedene Marktphasen durch die Streuung der Anlageinstrumente. Natürlich gibt es auch Risiken, vor allem in der Reduzierung von Renditechancen bei starker Performance einzelner Sektoren. Durch eine zu breite Streuung in einzelnen Branchen und Sektoren kann die Gesamtperformance des Portfolios erheblich leiden. Zudem erfordert die Strategie eine regelmäßige Überwachung und Anpassung/zeitgerechtes Rebalancing des Portfolios. Daher ist sie für seitwärts gerichtete Handelsphasen oder unsichere Handelszeiten mit hoher Volatilität und großer Unsicherheit bei den Marktteilnehmern geeignet.

Ereignisbasierte Strategie

Die Event-Driven-Strategien basieren auf spezifischen Markt- oder Unternehmensereignissen. Wie bereits erwähnt, sorgen Nachrichten oder andere Handelsimpulse häufig für Kursveränderungen an den

Finanzmärkten. Bei dieser Strategie wird gezielt auf diese Ereignisse gesetzt. So kann sie durch Investments in Erwartung auf Fusionen, Übernahmen, Quartalsergebnisse oder politische Entscheidungen angewendet werden. Dabei können Aktien, Zertifikate, Optionen, Futures oder Short-Positionen zur Absicherung genutzt werden. Bei richtiger Umsetzung und präziser Analyse sind hohe Renditen erzielbar.

Interessant ist diese Strategie auch, da die Volatilität gezielt ausgenutzt wird. Bei anderen Handelsstrategien (beispielsweise den Trendfollow- und Momentum-Strategien) sind Handelsphasen von hoher Volatilität meist unerwünscht. Das Risiko liegt in der potenziell hohen Unsicherheit und dem hohen Spekulationscharakter. Fehlbewertungen von Ereignissen können zu Verlusten führen. Geeignet ist diese Strategie für volatile Finanzmärkte, in denen Nachrichten und Ereignisse dominieren. Sie kann aber auch als ideale Beimischung von konservativen Anlagestrategien genutzt werden.

Sie sehen, dass jede Strategie ihre Stärken und Schwächen hat und für unterschiedliche Marktbedingungen geeignet ist. Erfolgreiche Trader und Anleger kombinieren oft mehrere Ansätze, um ihre Chancen zu maximieren und Risiken zu kontrollieren. Die Auswahl der richtigen Strategie hängt von den individuellen Zielen, der Risikobereitschaft und der Marktkenntnis ab. Darauf gehe ich im weiteren Verlauf dieses Buchs noch tiefer ein. Nun folgt erst noch ein kurzer Abriss über die Charttechnik. Ich habe in den letzten Zeilen bereits die eine oder andere Anspielung darauf gemacht und möchte Ihre Neugier mit einem kleinen Wissens-Snack befriedigen.

Charttechnische Analyse und deren Anwendungsmöglichkeiten

Die Technische Analyse ist eine der zentralen nicht wissenschaftlichen Methoden zur Untersuchung von Finanzmärkten. Sie konzentriert sich auf die Analyse von historischen Preisbewegungen und Handelsvolumina, um künftige Marktbewegungen vorherzusagen. Im Gegensatz zur Fundamentalanalyse, die sich auf die wissenschaftliche Analyse von wirtschaftlichen Daten und Unternehmenskennzahlen stützt, basiert die Technische Analyse auf dem Studium von Charts und technischen Indikatoren.

Die Grundprinzipien der Technischen Analyse sind, dass die Marktpreise alle verfügbaren Informationen reflektieren. Die Technische Analyse geht davon aus, dass alle fundamentalen und emotionalen Faktoren bereits im derzeit aktuellen Preis enthalten sind. Außerdem nimmt sie an, dass sich die Preise in Trends bewegen. Demnach neigen die Märkte dazu, sich in aufeinanderfolgenden Trends (Aufwärts-, Abwärts- oder Seitwärtstrends) zu bewegen, die charttechnisch analysiert und genutzt werden können.

Übergeordnet bedeutet das, dass sich die Geschichte wiederholt. Marktbewegungen basieren häufig auf wiederkehrenden Mustern, die durch menschliches Verhalten und Emotionen getrieben werden. Diese zeigen sich in den Charts und lassen sich entsprechend dem Grundsatz charttechnisch analysieren.

Verwendung von Charts

Charts sind das wichtigste Werkzeug der Technischen Analyse. Sie bieten eine visuelle Darstellung von Preisbewegungen über einen bestimmten Zeitraum. Es gibt verschiedene Charttypen, die je nach Bedarf verwendet werden. Hier werden nur drei der bekanntesten Charttypen kurz erklärt. In vielen auf die Charttechnik spezialisierten Büchern können Sie wesentlich tiefer in die Materie einsteigen.

Linienchart

- Eigenschaften: Zeigt die Schlusskurse für jeden Zeitraum (zum Beispiel täglich oder wöchentlich) als Punkte, die durch eine Linie verbunden werden.
- Verwendung: Ideal für eine schnelle Übersicht über langfristige Trends.

Balkenchart

- Eigenschaften: Zeigt Eröffnungs-, Höchst-, Tiefst- und Schlusskurse (OHLC) in einem vertikalen Balken.
- Verwendung: Bietet detailliertere Informationen und wird häufig von erfahrenen Analysten genutzt.

Kerzenchart (Candlestick-Chart)

- Eigenschaften: Ähnlich dem Balkenchart, jedoch mit farbcodierten „Kerzen", die die Marktbewegung visualisieren (grün für Aufwärtsbewegung, rot für Abwärtsbewegung).
- Verwendung: Beliebt wegen der klaren und leicht verständlichen Darstellung von Trends und Mustern.

Gängige Chartmuster zur Analyse von Preisbewegungen

Chartmuster sollen dabei helfen, wiederkehrende Preistrends zu identifizieren, und liefern Signale für mögliche Handelsentscheidungen. Es folgt wieder nur eine Auswahl.

Umkehrmuster

- Kopf-Schulter-Muster: Signalisiert eine Trendumkehr, oft am Ende eines Aufwärtstrends.
- Doppelspitze/-boden: Zeigt ein mögliches Ende eines Trends an.

Fortsetzungsmuster

- Wimpel und Flaggen: Deuten auf eine kurze Konsolidierung innerhalb eines bestehenden Trends hin, bevor dieser fortgesetzt wird.

- Dreiecke (symmetrisch, aufsteigend, absteigend): Weisen auf eine Phase der Unsicherheit hin, gefolgt von einem Ausbruch in Trendrichtung.

Kerzenmuster

- Doji: Zeigt Unsicherheit oder eine mögliche Trendumkehr.
- Hammer: Hinweis auf eine bullishe Umkehr nach einem Abwärtstrend.
- Shooting Star: Signal für eine bearishe Umkehr nach einem Aufwärtstrend.

Technische Indikatoren zur Unterstützung der Analyse
Indikatoren sind mathematische Berechnungen, die auf Preis-, Volumen- oder Zeitdaten basieren. Sie werden verwendet, um Trends zu bestätigen, mögliche Trendumkehrungen zu erkennen oder Marktzustände zu bewerten.

Trendfolgende Indikatoren

- Gleitende Durchschnitte (Moving Averages): Zeigen die durchschnittliche Preisentwicklung über einen bestimmten Zeitraum und glätten kurzfristige Schwankungen.
- MACD (Moving Average Convergence Divergence): Identifiziert Veränderungen in Stärke, Richtung und Dauer eines Trends.

Solche Indikatoren benötigen Sie, wenn Sie die beschriebenen Trendfolgestrategien umsetzen möchten.

Oszillatoren

- RSI (Relative Strength Index): Misst die Geschwindigkeit und Veränderung von Preisbewegungen, um überkaufte oder überverkaufte Zustände anzuzeigen.
- Stochastik: Vergleich des Schlusskurses eines Assets mit seiner Preisspanne über einen bestimmten Zeitraum.

Diese Indikatoren eignen sich gut, um Trendumkehr(Contrarian)- oder Momentum-Strategien aufzubauen:

- Volumenbasierte Indikatoren
- OBV (On-Balance-Volume): Verknüpft das Handelsvolumen mit Kursveränderungen, um Kauf- oder Verkaufsdruck zu identifizieren.
- Volumenprofile: Zeigen, in welchen Preisbereichen das meiste Volumen gehandelt wurde.

Die Technische Analyse wird verwendet, um Ein- und Ausstiegspunkte zu bestimmen. Trader nutzen dabei

- Kaufsignale: Wenn der Kurs über einen Widerstand bricht oder ein Aufwärtstrend beginnt.
- Verkaufssignale: Wenn der Kurs unter eine Unterstützung fällt oder ein Abwärtstrend beginnt.

Einige Vorteile durch die Verwendung der Technischen Analyse:

- Universelle Anwendung: Kann auf jedes Asset und jeden Markt angewendet werden.
- Klare Einstiegs- und Ausstiegssignale: Unterstützt systematische Entscheidungen.

- Zeitersparnis: Bietet schnelle Analysen im Vergleich zur Fundamentalanalyse.

Wesentlichen Risiken und Einschränkungen der Technischen Analyse:

- Subjektivität: Unterschiedliche Analysten können zu unterschiedlichen Interpretationen kommen.
- Keine Garantie: Historische Daten sind keine sichere Vorhersage der Zukunft.
- Unvorhersehbare Ereignisse: Plötzliche Nachrichten können die Technische Analyse irrelevant machen.

Gerade für Anfänger ist es wichtig, sich Schritt für Schritt auf diesem Neuland fortzubewegen. Beginnen Sie mit der Analyse von Liniencharts, bevor Sie komplexere Charts verwenden. Nutzen Sie maximal zwei bis drei Indikatoren gleichzeitig, um Signale zu bestätigen. Die Gefahr einer exzessiven Verwendung von zu vielen Indikatoren bleibt gerade am Anfang einer Trading-Karriere latent bestehen. Testen Sie Ihre Strategien zuerst in einer Demo-Umgebung, bevor Sie echtes Kapital einsetzen.
Die Technische Analyse kann ein wertvolles Werkzeug für Trader sein, um Preisbewegungen zu analysieren und Handelsentscheidungen zu treffen. Durch die Kombination von Chartmustern und Indikatoren können Anleger besser verstehen, wie sich die Märkte bewegen, und Chancen gezielt nutzen. Sie ist jedoch keine Garantie für Erfolg und sollte immer in Verbindung mit einem fundierten Risikomanagement verwendet werden. Wenn Sie einen Fundamentalanalysten zur Charttechnik fragen, wird dieser Ihnen sagen, dass er noch nie einen reichen Charttechniker getroffen hat, und vice versa.

Abb. 5: Jetzt geht's los

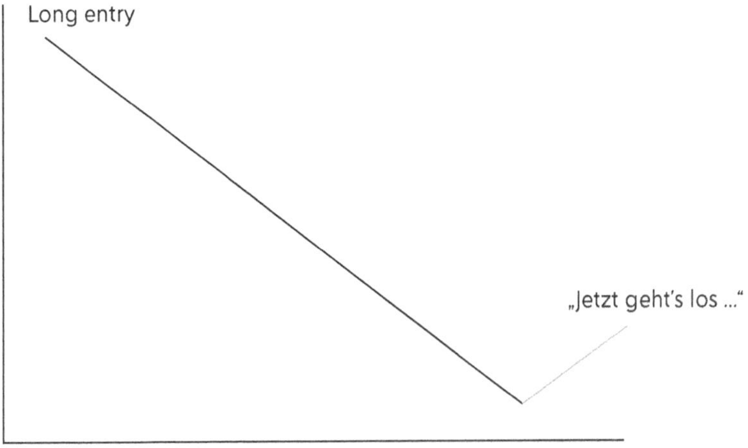

5. Auswahl des richtigen Brokers und Kontotyps

Ich habe mich in den letzten Jahren berufsbedingt viel mit dem Thema Brokerauswahl auseinandergesetzt und befürchte, dass Sie den Eindruck bekommen könnten, dass ich diesen Abschnitt tendenziös schreiben könnte. Ich versuche mich aber bewusst neutral zu halten und lediglich auf die wesentlichen Aspekte der richtigen Brokerauswahl einzugehen. Die Wahl des richtigen Brokers und Kontotyps ist ein entscheidender Schritt für jeden Anfänger und Fortgeschrittenen, der erfolgreich an den internationalen Finanzmärkten handeln möchte. In diesem Kapitel werde ich die wichtigsten Überlegungen bei der Auswahl des Brokers und Kontotyps untersuchen und Ihnen dabei helfen, die richtige persönliche Entscheidung zu treffen.

Was ist ein Broker?

Ein Broker ist ein Unternehmen oder eine Person, die als Vermittler zwischen Ihnen und den Finanzmärkten fungiert. Broker bieten Handelsplattformen, Tools und Dienstleistungen an, die es Ihnen ermöglichen, Finanzinstrumente wie Aktien, Anleihen, Devisen und Rohstoffe zu kaufen und zu verkaufen.

Merkmale eines guten Brokers

Bevor Sie sich für einen Broker entscheiden, sollten Sie auf die folgenden Merkmale achten. Der Broker sollte von einer vertrauenswürdigen Regulierungsbehörde lizenziert und reguliert sein, um den Schutz Ihrer Einlagen gewährleisten zu können. Die genutzte Handelsplattform sollte benutzerfreundlich, stabil und mit den erforderlichen Tools und Funktionen ausgestattet sein, die zur Umsetzung Ihrer Handelsstrategien erforderlich sind. Achten Sie auf die Gebührenstruktur des Brokers, einschließlich Spreads, Kommissionen und Finanzierungskosten, um sicherzustellen, dass diese für Ihre Handelsaktivitäten angemessen sind. Wichtig ist zudem, dass der infrage kommende Broker eine breite Palette von handelbaren Instrumenten bereitstellt, die Ihren Anlagezielen und -präferenzen entsprechen sollte.

Auswahl des Kontotyps

Es gibt verschiedene Arten von Kontotypen, die von Brokern angeboten werden:

- Cash-Konto: Ein Cash-Konto erlaubt es Ihnen, nur mit dem Geld zu handeln, das sich auf Ihrem Konto befindet, ohne den Einsatz von Fremdkapital.
- Margin-Konto: Ein Margin-Konto ermöglicht es Ihnen, auf Kredit zu handeln, indem Sie vom Broker geliehenes Kapital nutzen, um größere Handelspositionen einzugehen.
- Demo-Konto: Ein Demo-Konto ist ein virtuelles Handelskonto, das es Ihnen ermöglicht, Handelsstrategien risikofrei

zu testen und sich mit der Handelsplattform vertraut zu machen, bevor Sie echtes Geld investieren.

Je nach Ihrem Ziel und Ihrer vorhandenen Erfahrung sollten Sie nach den entsprechenden Angeboten Ausschau halten. Gerade zu Beginn Ihrer Karriere an den Finanzmärkten macht es Sinn, sich eventuell erst einmal mithilfe eines Demo-Kontos mit den Marktgegebenheiten vertraut zu machen.

Berücksichtigung persönlicher Präferenzen und Ziele

Bei der Auswahl eines Brokers und Kontotyps ist es wichtig, die eigenen persönlichen Präferenzen und Handelsziele sowie die eigene Risikotoleranz zu berücksichtigen. Überlegen Sie, ob Sie kurz- oder langfristig investieren, ob Sie hohe oder niedrige Risiken eingehen und welche Art von Instrumenten Sie handeln möchten. Einer der bedeutendsten Aspekte sind die Transaktionskosten. Wenn Sie höher frequentiert an den Finanzmärkten agieren, können sich die Abwicklungskosten bei Ihrem Broker schnell zu einem wesentlichen Kostenblock summieren.

Nehmen wir an, Sie führen in einem Handelsjahr 1.000 Transaktionen durch, vier Transaktionen pro Handelstag bei angenommenen 250 Handelstagen. Bei Broker A zahlen Sie 3,90 Euro pro Order, bei Bank B lediglich 1,90 Euro. Dann lässt sich sehr schnell erkennen, welchen Einfluss dieser Kostenunterschied von satten 2.000 Euro auf Ihre Gesamtperformance haben kann. Falls Sie nämlich mit diesen Transaktionen einen Gewinn nach Kosten von zum Beispiel 10.000 Euro erreicht haben, macht dieser Kostenunterschied eine Zusatzperformance von satten 20 Prozent von Ihrer erzielten Performance aus.

Die Auswahl des richtigen Brokers und des richtigen Kontotyps ist ein wesentlicher Schritt für Ihren Erfolg als Anleger oder als Trader an den internationalen Finanzmärkten. Indem Sie die Merkmale eines guten Brokers verstehen, Ihre Kontotyp-Optionen evaluieren und Ihre persönlichen Präferenzen berücksichtigen, können Sie eine fundierte Entscheidung treffen, die Ihren Bedürfnissen am besten entspricht. In den folgenden Kapiteln werden wir uns mit fortgeschrittenen Handelsstrategien und -techniken befassen, um Ihnen dabei zu helfen, Ihre Fähigkeiten weiterzuentwickeln und Ihre finanziellen Ziele zu erreichen. Darüber hinaus ist es auch für den erfahrenen Trader und Anleger hilfreich, sich mit dem Thema Transaction-Cost-Analysis tiefergehend zu beschäftigen. Vielen Marktteilnehmern ist in diesem Zusammenhang nicht klar, dass der Spread und die Slippage ebenfalls zu den Trading-Kosten gehören und ganz wesentliche Kostenfaktoren bei der Gesamtperformance eines Portfolios sind.

Wenn das richtige Depot und der passende Broker gefunden wurden, stellt sich im Anschluss unweigerlich die Frage, woher die richtigen und wichtigen Nachrichten und Informationen kommen.

Abb. 6: Die Wahrheit liegt in der Mitte

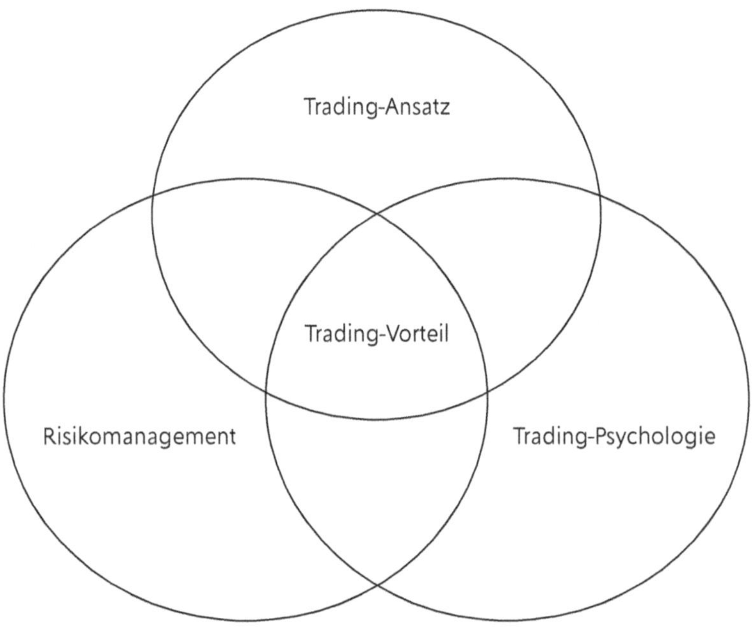

Wo finden Anleger und Trader zuverlässige Informationen über die Finanzmärkte?

Der Zugang zu präzisen und aktuellen Informationen ist essenziell für den Erfolg von Anlegern und Tradern. In einer Welt, in der Nachrichtenströme unendlich und oft widersprüchlich erscheinen, ist es entscheidend, die richtigen Quellen zu kennen. Dieser Abschnitt zeigt Ihnen, wo und wie Trader und Investoren die besten Informationen finden können, um fundierte Entscheidungen zu treffen.

An erster Stelle stehen die Wirtschaftsnachrichtendienste und Finanzmedien. Renommierte Medien bieten umfassende und qualitativ hochwertige Berichterstattung über Wirtschaft und Finanzmärkte. Dazu gehören:

- Bloomberg: Bekannt für Echtzeit-Marktanalysen, Nachrichten und Daten. Besonders nützlich für institutionelle Anleger und aktive Trader.
- Reuters: Liefert neutrale und schnelle Berichterstattung zu globalen Finanzthemen.
- The Wall Street Journal und Financial Times: Ideal für tiefgehende Analysen und Berichte über globale Wirtschaftstrends.

Die meisten dieser Plattformen bieten Apps oder Benachrichtigungsdienste, um Trader in Echtzeit über relevante Ereignisse zu informieren.

Informationen über Börsen- und Handelsplattformen bekommen Sie von vielen Brokern und Banken, die Ihnen direkte Zugänge zu Nachrichtenquellen bieten:

- TradingView: Neben technischen Analysetools bietet die Plattform auch eine Community von Tradern, die ihre Markteinschätzungen teilen.

- Interactive Brokers: Integrierte Nachrichtenquellen und Marktdaten direkt in der Handelsplattform.
- eToro und andere soziale Handelsplattformen: Neben Marktanalysen können Nutzer hier Meinungen und Strategien von anderen Tradern einsehen.

Zentralbanken und Regierungen können Ihnen zeitnah wichtige makroökonomische Daten wie Zinsentscheidungen, Inflationsraten oder Arbeitsmarktzahlen zusenden. Oft stammen diese Daten direkt von Zentralbanken oder staatlichen Behörden. Beispiele sind:

- Europäische Zentralbank (EZB): Veröffentlichungen zu Zinsentscheiden und Wirtschaftsausblicken.
- US Federal Reserve: Eine der einflussreichsten Institutionen für globale Finanzmärkte.
- Statistische Ämter: Etwa das Statistische Bundesamt für Wirtschaftskennzahlen in Deutschland.

Diese Quellen sind unverzichtbar, wenn es um langfristige Anlagestrategien oder das Verständnis globaler Wirtschaftszyklen geht.

Andere interessante Informationsquellen können Finanzblogs und Kommentare von unabhängigen, erfahrenen Analysten sein. Einige der bekanntesten sind:

- ZeroHedge: Oft kontrovers, aber bekannt für unkonventionelle Analysen und alternative Marktmeinungen.
- Seeking Alpha: Beiträge von Experten und Community-Mitgliedern zu einer Vielzahl von Anlageklassen und Strategien.
- Deutsche Blogs: Portale wie finanz-szene.de oder Stock3 bieten deutschsprachige Analysen und Einschätzungen.

Social-Media- und Community-Plattformen wie Twitter (jetzt X) und Reddit haben sich in der jüngsten Vergangenheit ebenfalls als wichtige Informationsquellen etabliert, aber im Umgang mit diesen ist Vorsicht geboten:

- Twitter/X: Trader und Analysten wie Raoul Pal, Mohamed El-Erian oder deutsche Experten teilen Echtzeit-Kommentare.
- Reddit: Subreddits wie r/WallStreetBets oder r/investing bieten einen Einblick in die Denkweise der Retail-Trader.
- LinkedIn: Die Plattform ist ideal für den Austausch mit professionellen Investoren und Portfoliomanagern.
- Discord und Telegram: Zahlreiche Trading-Communitys organisieren sich über Gruppen in diesen Netzwerken.

Aus diesen Informationsquellen lassen sich teilweise potenzielle Strategien ableiten. Folgen Sie zu diesem Zweck aber nur glaubwürdigen Experten und Tradern. Nehmen Sie aktiv an Diskussionen teil, um Ihre Sichtbarkeit und Glaubwürdigkeit zu erhöhen. Gleichzeitig hinterfragen Sie immer die erhaltenen Informationen kritisch und vermeiden Sie impulsive Handlungen basierend auf Social-Media-Trends, da Social Media oft von Emotionen und Hypes getrieben wird. Viele User präsentieren sich häufig als erfolgreiche Trader oder Investoren, haben aber in Wirklichkeit keinen Erfolg bei ihrem Handeln an den Finanzmärkten.

Finanzdatenanbieter und Analyseplattformen

Für detaillierte Marktanalysen und historische Daten sind spezialisierte Anbieter unerlässlich. Dazu gehört Morningstar, dessen Fokus auf Fonds- und ETF-Daten sowie qualitativen Analysen liegt. Des Weiteren sind FactSet und S&P Capital IQ zu erwähnen, die professionelle Plattformen für umfassende Finanzdaten anbieten. Sie können aber auch auf eine Vielzahl von kostenlosen Anbietern zurückgreifen wie etwa Yahoo Finance. Dort bekommen Sie kostenlos Zugang zu Basisdaten und Nachrichten mit einfacher Bedienung.

Netzwerke und persönliche Kontakte

Der Austausch mit anderen Marktteilnehmern kann ebenso wertvolle Einblicke liefern. Konferenzen, Börsentage, Meetups oder professionelle Netzwerke wie LinkedIn bieten Möglichkeiten, Wissen zu teilen und von erfahrenen Marktakteuren zu lernen. Dieser Punkt sollte nicht unterschätzt werden und kann schnell zu einem wertvollen Netzwerk für Sie werden.

Eine der effektivsten Möglichkeiten, sein Wissen zu erweitern und neue Strategien zu lernen, ist der Austausch mit anderen Tradern, Investoren und Experten. Diese Möglichkeiten stehen Ihnen bei den folgenden Medien und Veranstaltungen zur Verfügung und geben Ihnen die Möglichkeit, ein starkes Netzwerk aufzubauen und davon bei Ihrem Agieren an den Finanzmärkten zu profitieren.

Trading-Communitys und Foren

Trading-Communitys sind ideale Orte, um Erfahrungen auszutauschen, Fragen zu stellen und von der Expertise anderer zu profitieren.

- Online-Foren: Plattformen wie Elite Trader, Wallstreet Online oder Forex Factory bieten spezialisierte Foren für verschiedene Anlagemärkte.
- Subreddits: Reddit-Gruppen wie r/Daytrading oder r/investing ermöglichen Diskussionen über Strategien, Tools und Markteinschätzungen.
- Social-Trading-Plattformen: Netzwerke wie eToro oder ZuluTrade verbinden Trader und bieten die Möglichkeit, Strategien zu kopieren und sich auszutauschen.

Die Vorteile sind:

- Zugang zu verschiedenen Perspektiven.
- Gezielte Diskussionen über spezifische Märkte oder Produkte.
- Lernen aus den Fehlern und Erfolgen anderer.

Es gibt aber auch folgende Risiken:

- Informationen können unzuverlässig sein.
- Der Einfluss von Gruppenmeinungen (Herdentrieb) kann Entscheidungen negativ beeinflussen.

Teilnahme an Seminaren und Webinaren

Bildungsveranstaltungen wie Seminare und Webinare bieten eine direkte Möglichkeit, von Experten zu lernen und Fragen zu stellen.

- Broker-Seminare: Viele Broker bieten regelmäßig kostenlose Seminare an.
- Experten-Webinare: Plattformen wie TradingView, Stock3 oder Finanztreff laden oft Experten ein, um aktuelle Marktentwicklungen oder neue Techniken zu präsentieren.
- Fachkonferenzen: Veranstaltungen wie die World of Trading in Frankfurt oder die Invest in Stuttgart sind ideal, um Kontakte zu knüpfen und tiefgehende Einblicke zu gewinnen.

Trading-Netzwerke und Mastermind-Gruppen

Kleine Gruppen von Tradern, sogenannte Mastermind-Gruppen, bieten eine engere Zusammenarbeit, sollten aber auch mit großer Sorgfalt und Skepsis betrachtet werden. Dennoch ermöglichen Ihnen die Gruppen:

- Austausch von Ideen: Gruppenmitglieder teilen ihre Handelsstrategien und analysieren diese gemeinsam.
- Feedback und Kritik: Andere Perspektiven können helfen, Schwachstellen in der eigenen Strategie aufzudecken.
- Motivation: Der regelmäßige Austausch fördert Disziplin und kontinuierliches Lernen.

Organisationen

- Plattformen wie Meetup oder Eventbrite eignen sich, um lokale Gruppen zu finden.
- Online-Netzwerke wie Slack oder Microsoft Teams können für virtuelle Treffen genutzt werden.

Nutzung von Mentor-Programmen

Ein Mentor kann entscheidend für den Erfolg sein, insbesondere für Einsteiger oder Trader, die ihre Fähigkeiten auf die nächste Stufe bringen möchten. Es gibt:

- Brokergestützte Programme: Einige Broker bieten Zugang zu erfahrenen Händlern, die Neulinge coachen.
- Individuelle Mentoren: Viele erfahrene Trader bieten persönliche Mentorships an – gegen Gebühr oder als Teil einer Community.
- Lernen aus der Praxis: Ein Mentor kann Handelsentscheidungen in Echtzeit erklären und wertvolle Einblicke geben, die in Büchern oft nicht zu finden sind.

Fachliteratur und Trading-Clubs

Auch der Austausch über Fachliteratur kann eine Quelle wertvollen Wissens sein:

- Trading-Clubs: Gruppen, die regelmäßig Finanzliteratur lesen und diskutieren, fördern das Verständnis komplexer Themen.
- Empfohlene Literatur teilen: In Communitys können Trader ihre besten Buch- und Artikelvorschläge diskutieren.

Teilnahme an Trading-Spielen und Wettbewerben

Trading-Spiele bieten eine gute und praktische Möglichkeit, Wissen anzuwenden und von anderen zu lernen:

- Broker-Events: Viele Plattformen veranstalten Wettbewerbe, bei denen Trader unter realen Bedingungen gegeneinander antreten.
- Simulierte Märkte: Wettbewerbe in Simulationsumgebungen bieten die Chance, risikofrei zu experimentieren.

Der Austausch mit anderen Tradern und Investoren ist gerade in Zeiten der zunehmenden Digitalisierung ein wertvoller Weg, um neue Perspektiven zu gewinnen und Strategien zu verbessern. Oftmals sitzen Trading-Anfänger isoliert vor ihren Bildschirmen und sehen dann den Wald vor lauter Bäumen nicht mehr. Entscheidend beim Austausch mit anderen bleibt jedoch, ein kritisches Auge zu bewahren und aktiv an Diskussionen teilzunehmen. Egal ob über Communitys, soziale Netzwerke, Seminare oder Mentorships – der Zugang zu einem starken Netzwerk ist ein essenzieller Baustein für den langfristigen Erfolg im Trading und Investing.

Für den erfolgreichen Handel und die Analyse der Märkte sind fundierte Informationen unverzichtbar. Ein kluger Trader und Anleger nutzt eine Kombination aus professionellen Nachrichtendiensten, unabhängigen Analysten, zentralbanknahen Quellen und technischen Tools. Mit dieser Diversifikation wird nicht nur die Qualität der Entscheidungen verbessert, sondern auch die Reaktionszeit auf Marktereignisse verkürzt.

6. Checkliste

Jetzt kennen Sie:

- Grundlagen der Finanzmärkte:
  - Was sind die wichtigsten Finanzmärkte und wie funktionieren sie?
  - Welche Rolle spielen Börsen, Broker und andere Institutionen in diesen Märkten?

- Assetklassen:
  - Welche verschiedenen Assetklassen gibt es (zum Beispiel Aktien, Anleihen, Rohstoffe, Devisen, Kryptowährungen)?
  - Was sind die Merkmale jeder Assetklasse und welche Risiken sind damit verbunden?

- Wirtschaftliche Indikatoren:
  - Welche wirtschaftlichen Indikatoren beeinflussen die Finanzmärkte (zum Beispiel BIP, Arbeitslosenquote, Inflation)?
  - Wie werden diese Indikatoren gemessen und veröffentlicht und wie interpretiert man ihre Auswirkungen auf die Märkte?

- Handelsinstrumente und -strategien:
  - Welche verschiedenen Handelsinstrumente stehen zur Verfügung (zum Beispiel Aktien, Optionen, Futures, ETFs)?
  - Welche Trading- und Investitionsstrategien sind am besten geeignet für verschiedene Marktbedingungen (zum Beispiel Trendfolge, Contrarian, Value-Investing)?

- Risikomanagement-Ansätze:
    - Wie kann man Risiken in seinen Investitionen und Trades minimieren (zum Beispiel Diversifikation, Stop-Loss-Orders)?
    - Welche Rolle spielen Hebelwirkung und Margin im Risikomanagement?

- Psychologie des Handels:
    - Wie beeinflussen Emotionen wie Angst und Gier das Handelsverhalten?
    - Welche mentalen Fähigkeiten und Disziplinen sind erforderlich, um erfolgreich zu handeln?

- Globale Märkte und geopolitische Ereignisse:
    - Wie wirken sich geopolitische Ereignisse auf die Finanzmärkte aus (etwa politische Unruhen, Handelskonflikte)?
    - Welche globalen Märkte und Regionen sind für Anleger und Trader wichtig, welche Besonderheiten gibt es in diesen Märkten?

- Technische Analyse und Chartmuster:
    - Was ist Technische Analyse und wie werden Charts verwendet, um Handelsentscheidungen zu treffen?
    - Welche gängigen Chartmuster und Indikatoren werden zur Analyse von Preisbewegungen verwendet?

- Regulierung und Compliance:
    - Welche regulatorischen Rahmenbedingungen gelten für Investoren und Trader in verschiedenen Ländern und Märkten?
    - Wie können Anleger und Trader sicherstellen, dass sie regulatorische Anforderungen einhalten?

- Kommunikation und Ressourcen:
  - Wo finden Anleger und Trader zuverlässige Informationen und Nachrichten über die Finanzmärkte?
  - Wie können sie sich mit anderen Investoren und Experten austauschen, um ihr Wissen zu erweitern und neue Strategien zu lernen?

Diese Checkliste soll eine solide Grundlage bieten, um die wichtigsten Aspekte der internationalen Finanzmärkte zu verstehen. Durch das Lesen des ersten Kapitels dieses Buchs sollten Sie nun in der Lage sein, diese Fragen zu beantworten. Für Trader und Anleger ist es unabdingbar, ihr Wissen zu vertiefen und sich auf ihrem Weg zu finanzieller Kompetenz permanent weiterzuentwickeln.

II

ANLAGESTRATEGIEN FÜR ANFÄNGER

Jetzt geht es langsam ans Eingemachte. Gerade als Anfänger sieht man zuweilen den Wald vor lauter Bäumen nicht. Welche Strategien sind umsetzbar und trotzdem vielversprechend? Wie kann ich mich in den Tiefen der Finanzmarktgewässer bewegen, ohne von den Haifischen gefressen zu werden?

7. Buy-and-Hold-Strategien für langfristiges Wachstum

Die mit Abstand erfolgreichste und stressfreiste Anlagestrategie ist die bekannte Buy-and-Hold-Strategie. Jetzt werden Sie sich vielleicht fragen, wieso Sie sich das Buch überhaupt gekauft haben, wenn Sie mit solch einer einfachen Strategie Erfolg haben können. Der Teufel steckt dabei bekanntlich im Detail und an Beispielen wie Wirecard, Fokker, Bremer Vulkan und einer noch endlos ausführbaren Liste an Unternehmen sehen Sie schnell, dass es doch einige Hausaufgaben zu machen gibt, bevor Sie sich dieser Strategie erfolgreich annehmen können.

Auch die Superinvestoren wie Warren Buffett kaufen nicht blind irgendwelche Unternehmen und lassen diese dann in ihren Depots liegen. Sie analysieren die Unternehmen vorher und setzen sich klar definierte Vorgaben, unter welchen Voraussetzungen sie diese in ihren Depots halten. Das wird häufig vergessen und kann dann zu schmerzhaften Erfahrungen führen, wenn man zum Beispiel eine der oben genannten Unternehmen in seinem Depot hatte.

Insbesondere die altbekannte Frage, ob „time in the market, market timing" schlägt, kann nicht vollständig beantwortet werden. Aber ich will Ihnen in diesem Kapitel zumindest einige Ideen an die Hand geben, damit Sie mittels handelstechnischer Ansätze die Möglichkeit haben, das Schlimmste, nämlich den Totalverlust, weitestgehend auszuschließen.

Grundkonzept der Buy-and-Hold-Strategie

Die Buy-and-Hold-Strategie ist eine langfristige Anlagestrategie, bei der die Anleger Aktien kaufen und diese über einen langen Zeitraum hinweg halten – unabhängig von kurzfristigen Marktvolatilitäten oder wirtschaftlichen Schwankungen. Das grundlegende Prinzip hinter dieser Strategie basiert auf der Annahme, dass die Finanzmärkte über längere Zeiträume tendenziell steigen und eine geduldige Haltung zu höheren Renditen führen kann.

Die zentralen Merkmale dieser Strategie sind:

- Eine langfristige Perspektive: Anleger halten ihre Investitionen über Jahre oder sogar Jahrzehnte hinweg, wodurch die kurzfristigen Marktbewegungen ignoriert werden.
- Vermeidung von Market Timing: Anleger versuchen nicht, den Markt zu „timen" oder den optimalen Kauf- und Verkaufszeitpunkt zu finden.
- Reduzierte Handelskosten: Durch lediglich zwei Transaktionen pro Depotposition werden Transaktionskosten minimiert.

- Steuerliche Vorteile: Langfristiges Halten kann in vielen Ländern steuerliche Vorteile bieten, da Kapitalgewinne nach einer bestimmten Haltefrist niedriger besteuert werden oder sogar steuerfrei sind.

Vorteile der Buy-and-Hold-Strategie:

- Historische Renditen: Historische Daten zeigen, dass Aktienmärkte über längere Zeiträume tendenziell steigen.
- Kosten- und Zeitersparnis: Weniger Handelsaktivitäten bedeuten niedrigere Transaktionskosten und weniger Zeitaufwand für das Management des Portfolios.
- Ruhigerer Investitionsansatz: Weniger Stress durch die Vermeidung kurzfristiger Marktschwankungen.

Risiken der Buy-and-Hold-Strategie:

- Kurzfristige Verluste: Anleger müssen bereit sein, zumindest kurzfristige Verluste zu tolerieren, was emotional herausfordernd sein kann und teilweise auch langfristig in den Totalverlust der einzelnen Positionen führen kann.
- Verpasste Gelegenheiten: Durch das Ignorieren kurzfristiger Trends und Chancen können potenziell profitable Investitionsmöglichkeiten verpasst werden. Denn das Geld in den langfristig orientierten Positionen ist gebunden und so können neue Chancen in anderen Unternehmen nicht wahrgenommen werden.
- Marktrisiken: Langfristige Markttrends können auch negativ sein, was besonders in Zeiten wirtschaftlicher Rezession oder Stagnation problematisch wird. Oftmals agieren dann die langfristig orientierten Anleger gegen die vorherrschenden Markttrends und gehen unnötig hohe Risiken ein.

Verbesserungskonzepte für Ihre individuelle Buy-and-Hold-Strategie

Da die Buy-and-Hold-Strategie viele Vorteile hat, gibt es zusätzlich alternative Ansätze und Verbesserungen, die Ihnen helfen können, Ihre Renditen zu maximieren und Risiken zu minimieren.

Cost-Averaging

- Bei dieser Strategie investieren Sie regelmäßig einen festen Geldbetrag in eine bestimmte Aktie oder ein Portfolio von Aktien, unabhängig vom aktuellen Kursniveau. Auf diese Weise vermeiden Sie es, gleich von Beginn an den kompletten Einsatz in eine Depotposition zu investieren.
- Vorteile: Sie reduzieren das Risiko des falschen Timings beim Markteintritt und verringern die Auswirkungen von Marktvolatilität. Langfristig lassen sich dadurch sehenswerte Cost-Averaging-Effekte Ihrer Gesamtpositionen erzielen.
- Beispiel: Sie investieren jeden Monat 500 Euro in einen Aktienfonds, ETF oder Aktie, unabhängig davon, ob der Markt gerade steigt oder fällt. Über einen längeren Anlagezeitraum kaufen Sie bei schwachen Marktphasen mehr Anteile des Fonds, ETFs oder einer Aktie und in Phasen steigender Kurse entsprechend weniger. Die Volatilität kann dabei ein ernst zu nehmender Helfer bei Ihrem Anlageerfolg sein.

Rebalancing

Ich bin bereits in meinem ersten Buch auf das Rebalancing eingegangen und sehe darin weiterhin interessante Justierungsmöglichkeiten für nachhaltig erfolgreiche Anlagestrategien. Der grundsätzliche Ansatz ist dabei die Buy-and-Hold-Strategie wie eingangs beschrieben. Nun passen Sie jedoch regelmäßig Ihr Portfolio an, um die ursprüngliche Asset-Allokation beizubehalten.

Sie überprüfen in einem fortlaufenden Prozess Ihre Investments und kontrollieren, ob die Ausgangsannahmen weiterhin Gültigkeit haben. Wenn eine Depotposition über eine vorher festgelegte Depotgröße angestiegen ist, nehmen Sie in dieser Depotposition die Gewinne mit und passen die anderen Positionen in Ihrem Depot um diesen Betrag an. Dabei gilt es nicht, schlechtem Geld gutes hinterherzuwerfen, sondern vielmehr, Marktasymmetrien geschickt auszunutzen und auf nachlaufende Trends und Unternehmen zu setzen.

Das Rebalancing ist eine der am meisten missverstandenen Risikomanagement- und Anlagestrategien. Es ermöglicht nicht nur, das Risiko einzugrenzen und damit auf eventuelle Renditen zu verzichten, sondern kann auch einen Renditeturbo für Ihr Depot bedeuten, wenn Sie sich von Teilen der Positionen verabschieden, die bereits das meiste Renditepotenzial ausgeschöpft haben. Sie setzen dann nicht auf die lahmen Pferde in Ihrem Depot, sondern auf die weiterhin aussichtsreichen Titel.

- Vorteile: Es hilft Ihnen, das Gesamtrisiko Ihres Depots zu kontrollieren und Gewinne zu sichern, indem eventuell überbewertete Anlagen verkauft und unterbewertete nachgekauft werden. Hierbei sollten jedoch die Depotpositionen permanent überprüft und gegen die Anfangsannahmen zum Positionsaufbau gestellt werden.
- Beispiel: Ein Portfolio besteht zu 60 Prozent aus Aktien und zu 40 Prozent aus Anleihen. Wenn die Aktienmärkte angestiegen sind und nun 70 Prozent des Portfolios ausmachen, verkauft der Anleger einen Teil der Aktien und kauft Anleihen nach, um wieder auf die ursprüngliche Allokation von 60/40 zurückzukehren. Das Ganze lässt sich natürlich auch auf ein reines Aktien- oder Anleiheportfolio übertragen.

Abb. 7: Rebalancing-Vorgang

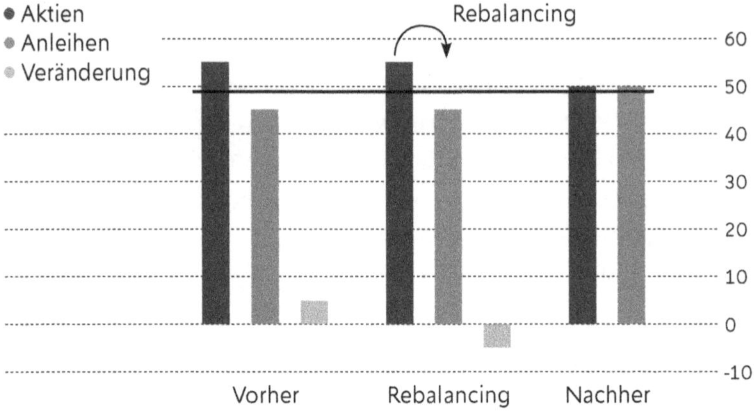

Dividenden-Reinvestition

Bei dieser Variante reinvestieren Sie die erhaltenen Dividenden und Ausschüttungen in dieselben oder andere dividendenstarke Aktien in Ihrem Depot. Speziell bei dividendenstarken Depots macht diese Strategie Sinn und erhöht den langfristigen Anlageerfolg enorm.

- Vorteil: Der dadurch erzielte Zinseszinseffekt kann das Wachstum des Portfolios stark beschleunigen.
- Nachteil: Die Depotpositionen werden stets vergrößert und somit kann das Risiko in einzelnen Positionen überproportional ansteigen.
- Beispiel: Ein Anleger erhält Dividenden aus seinen Aktienanlagen und nutzt diese, um zusätzliche Aktien zu kaufen, anstatt die Dividenden zu verkonsumieren oder auf das Sparbuch zu legen.

Fundamentalanalyse

Um diese Strategien von Beginn an erfolgreich umsetzen zu können, sollten Sie zunächst die zu Beginn erwähnten Hausaufgaben erledigen.

Dazu gehört eine solide Fundamentalanalyse zur Auswahl von „Qualitätsaktien“.

Eine auf starken Fundamentaldaten wie Umsatzwachstum, Gewinnmargen, soliden Bilanzen und Wettbewerbsvorteilen basierende Aktienauswahl sollte den Grundstein für Ihr langfristig orientiertes Portfolio bilden. Sie benötigen dabei weder ein tiefgreifendes betriebswirtschaftliches Verständnis noch Marktexpertise für die Branchen, sondern lediglich das Wissen über die wichtigsten Kenngrößen zur Einordnung von Unternehmen. Ich bin in meinem ersten Buch ausführlich auf die wichtigsten Kriterien der Fundamentalanalyse eingegangen und erspare mir daher an dieser Stelle eine Wiederholung.

Damit Sie die Wahrscheinlichkeit, langfristig in erfolgreiche Unternehmen zu investieren, wesentlich erhöhen können, sollten Sie zumindest die Kenngrößen KGV, KUV, EBIT-Margen und Dividendenrenditen schon einmal gehört haben. Wie Sie diese dann zueinander ins Verhältnis stellen und Ihre individuellen Anlageentscheidungen daraus ableiten, kann Ihnen niemand abnehmen.

Sie können beispielsweise die Geschäftsabschlüsse von Unternehmen lesen und sich die Marktposition sowie die Entwicklung der operativen Geschäfte der Unternehmen ansehen. Wenn Sie dies für mehrere Unternehmen getan haben, sollten Sie ein gutes Gefühl für die Branchen und Sektoren bekommen haben und innerhalb dieser Vergleichsgruppen die guten von den schlechten Unternehmen unterscheiden können. Investieren Sie ausschließlich in Unternehmen mit soliden Geschäftsmodellen und nachhaltigem Wachstumspotenzial in der jeweiligen Branche. Dabei gilt oft: Big is beautiful.

Handelssystematische Ansätze

Es gibt aber auch einige interessante handelssystematische Ansätze, um eine Buy-and-Hold-Strategie risikoärmer zu gestalten. Durch die Nutzung eines einfachen gleitenden Durchschnitts können Sie ideal in passende Marktphasen ein- und aussteigen. Sie müssen nicht die kompletten Depotpositionen verkaufen, sondern können auch nur die Wiederanlage von Dividenden, das Rebalancing von einzelnen Depotpositionen im Gesamtdepot oder den Wertpapiersparplan aussetzen. Diese Strategie basiert darauf, dass die Kurse eines Anlagevehikels einen einfachen gleitenden Durchschnitt desselben Anlagevehikels durchkreuzen. Verschiedene Arten von gleitenden Durchschnitten können genutzt werden:

Der SMA – Single Moving Average

Beim SMA werden die Schlusskurse des entsprechenden Instruments über einen festgelegten Zeitraum addiert und durch die Anzahl der Perioden geteilt. Dies ergibt den aktuellen Wert des SMA in dem jeweiligen Anlagevehikel.

Der EMA – Exponential Moving Average

Der EMA berücksichtigt das aktuelle Kursniveau stärker und verringert dadurch die Gewichtung zurückliegender Kurse. Das bedeutet, dass der EMA im Vergleich zum SMA schneller auf neue Marktdaten reagiert und die neuesten Kursbewegungen besser widerspiegelt.

Der WMA – Weighted Moving Average

Der WMA legt mehr Gewicht auf die jüngsten Preisänderungen als der EMA. Daraus folgt, dass er sehr schnell auf mögliche Markttrends reagiert. Der WMA gewichtet jeden einzelnen Datenpunkt linear, sodass die neuesten Kurse am stärksten und die älteren Werte weniger stark berücksichtigt werden.

Der EMA eignet sich daher eher für mittelfristige bis langfristige Trends, da er Trends sanfter glättet.

Der WMA ist für schnelle Marktbewegungen und Day-Trading besser geeignet, weil er direkter auf neue Kursänderungen reagiert.

Die Wahl zwischen EMA und WMA hängt also von der Trading-Strategie und dem Zeithorizont ab.

Der Vollständigkeit halber will ich noch erwähnen, dass es noch weitere Varianten wie den DMA, TMA et cetera gibt. Wer sich in diese Thematik weiter einarbeiten will, findet dafür eine Vielzahl an spezialisierten Ausarbeitungen und Büchern. Für Anfänger reicht es jedoch aus, sich mit den drei grundlegenden Arten der gleitenden Durchschnitte auseinanderzusetzen und deren Anwendungsmöglichkeiten zu verstehen.

Bei allen verwendeten gleitenden Durchschnitten gilt, dass es zu einem Kaufsignal kommt, wenn das Anlagevehikel den jeweiligen gleitenden Durchschnitt von unten nach oben kreuzt. Ein Verkaufssignal entsteht dann im umgekehrten Sinn, wenn das Anlagevehikel den gleitenden Durchschnitt von oben nach unten kreuzt.

Sie können diese Strategie auf allen denkbaren Zeithorizonten anwenden, sollten jedoch dabei den grundsätzlich langfristigen Ansatz der Buy-and-Hold-Strategie bedenken. Bei institutionellen Investoren haben sich die 50er-, 100er- und 200er-Durchschnitte auf Tagesbasis etabliert. Je langfristiger die Durchschnitte gewählt werden, desto „träger" reagiert das Handelssystem auf die aktuellen Marktgegebenheiten.

8. Dividendenstrategien: Einkommen generieren mit Aktien

Investoren auf der Suche nach einem stabilen und langfristigen Einkommen haben häufig Dividendenstrategien im Blick, vor allem in Zeiten niedriger Zinsen. Dividendenstrategien können attraktive Möglichkeiten bieten, ein regelmäßiges Einkommen zu generieren, indem sie von den Ausschüttungen profitieren, die Unternehmen an ihre Aktionäre zahlen. Dieses Kapitel beleuchtet die Funktionsweise von Dividendenstrategien, diskutiert deren Vorteile und Risiken und stellt bewährte Ansätze für Anleger vor, die langfristig von Dividendenerträgen profitieren möchten.

Abb. 8: Einfluss des Rendite-Cashflows mit zunehmendem Vermögen

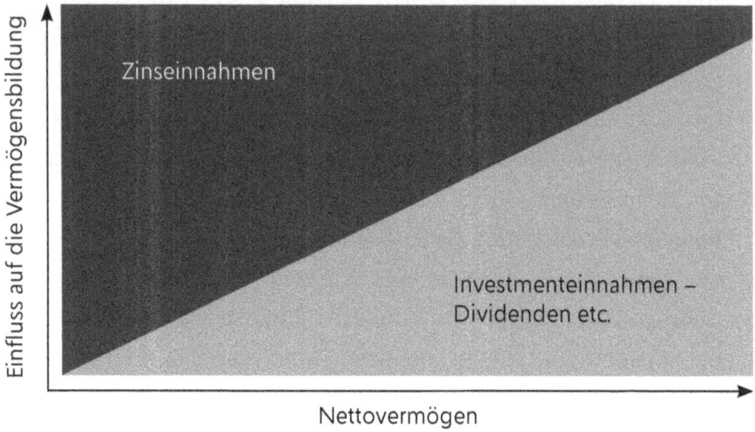

Was ist eine Dividendenstrategie?

Eine Dividendenstrategie basiert auf der Auswahl von Aktien, die eine regelmäßige und attraktive Dividende ausschütten. Sie fokussiert sich auf Unternehmen, die konstant Dividenden zahlen und diese Zahlungen idealerweise über die Jahre anheben. Typische Branchen für Dividendenaktien sind Energie, Versorger, Finanzinstitute und Konsumgüterhersteller, die aufgrund stabiler Cashflows häufig hohe Dividendenrenditen bieten. Bekannte Indizes wie der DivDAX in Deutschland oder der S&P High Yield Dividend Aristocrats Index in den USA fassen Aktiengesellschaften zusammen, die beständig Dividenden zahlen und steigern.

Vorteile der Dividendenstrategie

Dividendenstrategien haben mehrere Vorteile, die sie für einkommensorientierte Anleger attraktiv machen. Denn Dividenden bieten ein zusätzliches, planbares Einkommen, das beispielsweise zur Deckung des Lebensunterhalts im Ruhestand genutzt werden kann. Die Unternehmen, die Dividenden zahlen, haben oft eine stabilere Kursentwicklung und sind langfristig weniger volatil. Die Ausschüttungen sorgen für zusätzliche Erträge, die in schwachen Börsenphasen stabilisierend wirken können. Dies kann zu einer Wertsteigerung durch Reinvestition führen, wenn Anleger die Dividenden wieder in Aktien reinvestieren. Dadurch profitieren sie vom sogenannten Zinseszinseffekt. Über lange Zeiträume kann dies die Rendite erheblich steigern, da nicht nur der Wertzuwachs der Aktie, sondern auch die Dividendenrendite in das Gesamtvermögen einfließt. Eine hohe und stabile Dividendenpolitik kann ein Indiz für ein finanziell gesundes Unternehmen sein und daher als Indikator zur Bestimmung der Unternehmensqualität angewendet werden. Unternehmen, die über Jahre hinweg Dividenden zahlen und steigern, signalisieren häufig eine solide Bilanz und stetige Cashflows.

Risiken der Dividendenstrategie

Obwohl Dividendenaktien viele Vorteile haben, ist die Dividendenstrategie nicht ohne Risiken, denn Dividendenkürzungen oder -ausfälle können diesem Strategieansatz einen Strich durch die Rechnung machen. Dividenden sind nicht garantiert. Unternehmen können in wirtschaftlich schwierigen Zeiten Dividenden kürzen oder ganz aussetzen, was zu Ertragsverlusten führen kann. Auch das Konzentrationsrisiko sollte nicht vernachlässigt werden. Viele Dividendenaktien stammen aus ähnlichen Branchen wie etwa Energie, Versorger oder Konsumgüter. Ein hoher Anteil solcher Aktien im Portfolio kann das Risiko erhöhen, da diese Sektoren empfindlich auf konjunkturelle Schwankungen oder politische Eingriffe reagieren. Darüber hinaus ist das Wachstumspotenzial der Unternehmen, die als Dividendenperlen gelten, oftmals begrenzt. Junge, schnell wachsende Unternehmen schütten meist keine Dividenden aus, sondern investieren Gewinne in weiteres Wachstum. Daher könnte ein Portfolio mit Dividendenaktien langfristig hinter der Performance wachstumsorientierter Portfolios zurückbleiben. Außerdem sind Dividenden in vielen Ländern steuerpflichtig, was die effektive Rendite erheblich reduzieren kann. Anleger sollten sich der steuerlichen Auswirkungen im Vorfeld bewusst sein und dies in ihrer Anlagestrategie mitberücksichtigen.

Abb. 9: Volatilität der einzelnen Renditen über die Zeit

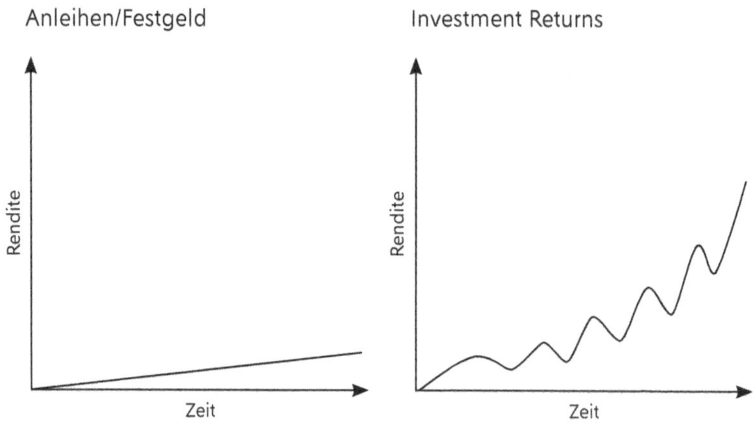

Best Practice für Dividendenanleger

Für Anleger, die mit Dividendenstrategien ein regelmäßiges Einkommen erzielen möchten, gibt es einige bewährte Ansätze:

- Diversifikation: Eine breite Streuung über verschiedene Branchen und Regionen hilft, das Risiko von Dividendenkürzungen einzelner Unternehmen zu reduzieren. Ein gut diversifiziertes Portfolio mindert das Risiko, das mit einzelnen Sektoren oder Unternehmen verbunden ist.
- Qualität vor Quantität: Statt einfach die Aktien mit der höchsten Dividendenrendite zu kaufen, sollten Anleger die finanzielle Gesundheit und das Dividendenwachstum der

Unternehmen prüfen. Hohe Dividendenrenditen können oft ein Zeichen für finanzielle Probleme sein, wenn der Aktienkurs stark gefallen ist. Daher sollte auf die Dividendenkontinuität und eine angemessene Ausschüttungsquote (Payout Ratio) geachtet werden.

- Reinvestition der Dividenden: Der Zinseszinseffekt kann durch die Reinvestition der Dividenden enorm verstärkt werden. Dies ist besonders effektiv in einem steuergünstigen Umfeld oder bei der Nutzung eines steuerlich begünstigten Kontos wie eines Pensionsfonds.
- Längerfristiger Anlagehorizont: Dividendenstrategien entfalten ihre Wirkung am besten über lange Zeiträume. Wer langfristig investiert, profitiert stärker vom Zinseszinseffekt und der Wertsteigerung dividendenstarker Aktien.

Beispiel einer Dividendenstrategie: Der Dividendenaristokraten-Ansatz

Eine bewährte Strategie für Dividendenanleger ist der Fokus auf sogenannte Dividendenaristokraten. Diese sind Unternehmen, die ihre Dividenden über viele Jahre hinweg kontinuierlich gesteigert haben. In den USA umfasst der S&P 500 Dividend Aristocrats Index beispielsweise Unternehmen, die ihre Dividenden mindestens 25 Jahre lang erhöht haben. Auch in Europa und Deutschland gibt es Listen solcher Qualitätsunternehmen.

Diese Strategie hat den Vorteil, dass sie auf finanzstarke und etablierte Unternehmen setzt, die selbst in schwierigen Zeiten eine Dividende zahlen und oft sogar steigern können. Beispiele für solche Unternehmen sind Coca-Cola, Procter & Gamble und Johnson & Johnson in den USA sowie Nestlé und Unilever in Europa. Diese Unternehmen sind in ihrem jeweiligen Marktsegment führend, verfügen über eine stabile Marktposition und weisen eine hohe finanzielle Stabilität auf.

Die Dividendenstrategie bietet Anlegern die Möglichkeit, ein regelmäßiges Einkommen und langfristiges Vermögenswachstum zu kombinieren. Durch die Fokussierung auf dividendenstarke Unternehmen können Anleger ihre Erträge stabilisieren und sich teilweise gegen Marktschwankungen absichern. Dennoch sollten sie die Risiken im Blick behalten, insbesondere mögliche Dividendenkürzungen und das Konzentrationsrisiko in bestimmten Sektoren. Mit einem disziplinierten und langfristigen Ansatz, der Diversifikation und Qualitätsanalyse vereint, können Dividendenstrategien eine wichtige Säule in der Anlagestrategie einkommensorientierter Investoren bilden.

9. ETF-Investing: Diversifikation leicht gemacht

ETFs (Exchange Traded Funds) sind heute eine der beliebtesten Formen der Geldanlage und bieten Anlegern eine unkomplizierte Möglichkeit, Zugang zu einem breit gestreuten Portfolio zu erhalten. Ursprünglich als kostengünstige Alternative zu aktiv gemanagten Investmentfonds entwickelt, haben ETFs durch ihre Flexibilität und Einfachheit sowohl private als auch institutionelle Anleger überzeugt. Dieses Kapitel untersucht die Funktionsweise von ETFs, die Vorteile und Risiken dieser Anlagestrategie und gibt einen Überblick über bewährte Praktiken für Anleger, die ETFs erfolgreich nutzen möchten.

Was sind ETFs?

ETFs sind börsengehandelte Fonds, die einen bestimmten Index, Rohstoffe, Anleihen oder eine Auswahl von Vermögenswerten abbilden. Anders als traditionelle Investmentfonds werden ETFs den ganzen Tag über an der Börse gehandelt, sodass Anleger sie jederzeit kaufen und verkaufen können. Die meisten ETFs sind passiv verwaltet und bilden einen Index wie den S&P 500, den DAX oder den MSCI World nach. Dadurch bieten sie eine automatische Diversifikation, da sie eine Vielzahl von Einzelwerten bündeln und in einem einzigen Wertpapier zusammenfassen.

Vorteile des ETF-Investings

ETFs bieten Anlegern zahlreiche Vorteile, die sie zu einer attraktiven Option für das langfristige Vermögenswachstum machen:

- Diversifikation: Mit einem einzigen ETF können Anleger in Dutzende, Hunderte oder sogar Tausende von Unternehmen investieren, je nachdem, welchen Index der ETF abbildet. Diese Diversifikation reduziert das Risiko, das mit der Anlage in einzelne Aktien verbunden ist, und macht das Portfolio weniger anfällig für die Entwicklung eines bestimmten Unternehmens oder Sektors.
- Kostengünstig: Da die meisten ETFs passiv verwaltet werden, sind die Kosten in der Regel niedriger als bei aktiv gemanagten Fonds. So fallen keine hohen Verwaltungsgebühren an, da der Fondsmanager nur den Index replizieren muss, was für den Anleger langfristig erhebliche Kosteneinsparungen bedeutet.
- Transparenz: Die Zusammensetzung eines ETFs ist in der Regel öffentlich zugänglich und ändert sich nur bei Anpassungen des zugrunde liegenden Index. Dies macht ETFs zu einer transparenten Anlagemöglichkeit, bei der Anleger genau wissen, worin sie investieren.
- Flexibilität und Liquidität: ETFs werden den ganzen Tag über an der Börse gehandelt, ähnlich wie Aktien. Dies ermöglicht Anlegern, schnell auf Marktbewegungen zu reagieren, was ETFs zu einer flexiblen Anlageform macht.

- Steuerliche Vorteile: In einigen Ländern bieten ETFs steuerliche Vorteile, weil sie im Vergleich zu Investmentfonds seltener umgeschichtet werden. Da keine ständigen Käufe und Verkäufe stattfinden, fallen weniger steuerpflichtige Gewinne an, was für langfristige Anleger von Vorteil sein kann.

Risiken des ETF-Investings

Trotz ihrer Vorteile sind ETFs nicht ohne Risiken. Anleger sollten sich dieser bewusst sein, um fundierte Entscheidungen zu treffen:

- Marktrisiko: Ein ETF, der einen bestimmten Index nachbildet, ist vollständig den Schwankungen dieses Marktes ausgesetzt. Ein Rückgang des Gesamtmarktes wirkt sich direkt auf den Wert des ETFs aus. Wenn der Markt fällt, fällt auch der Wert des ETFs.
- Tracking Error: Da ETFs darauf abzielen, einen Index zu replizieren, kann es zu Abweichungen (Tracking Errors) zwischen der Wertentwicklung des ETFs und des zugrunde liegenden Indexes kommen. Diese Abweichungen entstehen durch Verwaltungsgebühren, Dividenden, die nicht sofort reinvestiert werden, und andere Faktoren.
- Konzentrationsrisiko: Einige ETFs konzentrieren sich auf bestimmte Sektoren, Länder oder Regionen. Dies erhöht das Risiko, wenn sich dieser spezielle Bereich schlecht ent-wickelt. So könnten beispielsweise Technologie-ETFs stark von einem Rückgang der Produktion im Tech-Sektor betroffen sein.
- Liquiditätsrisiko bei speziellen ETFs: Während gängige ETFs wie solche auf große Indizes sehr liquide sind, gibt es spezialisierte ETFs (zum Beispiel für exotische Märkte oder Nischenbranchen), die weniger liquide sein können. Geringere Liquidität kann zu höheren Preisschwankungen führen.

- Komplexität bei synthetischen ETFs: Einige ETFs verwenden Derivate, um die Performance eines Index nachzubilden. Diese sogenannten synthetischen ETFs bergen ein zusätzliches Kontrahentenrisiko, da sie von der Zahlungsfähigkeit der Partner abhängig sind, die die Derivate liefern.

Best Practice für ETF-Anleger

Für Anleger, die ETFs erfolgreich nutzen möchten, gibt es einige bewährte Ansätze, die dabei helfen können, die Vorteile zu maximieren und die Risiken zu minimieren:

- Langfristiger Anlagehorizont: ETFs sind besonders vorteilhaft für Anleger mit einem langfristigen Anlagehorizont. Durch das sogenannte Buy-and-Hold-Prinzip können Anleger Marktschwankungen aussitzen und vom Zinseszinseffekt profitieren.
- Breite Diversifikation: Anleger sollten darauf achten, breit diversifizierte ETFs auszuwählen, die verschiedene Branchen, Länder und Regionen abdecken. Der MSCI-World-ETF ist ein populäres Beispiel, da er Aktien aus 23 Industrieländern beinhaltet und dadurch eine breite Streuung bietet.
- Regelmäßiges Rebalancing: Wer mehrere ETFs im Portfolio hat, sollte diese regelmäßig überprüfen und gegebenenfalls das Portfolio neu ausbalancieren. Durch regelmäßiges Rebalancing wird das Portfolio wieder auf die gewünschte Gewichtung zurückgeführt, was das Risiko-Rendite-Profil optimieren kann.
- Kostenvergleich: Die Gebührenstruktur von ETFs sollte sorgfältig verglichen werden, da auch kleine Unterschiede bei den Kosten über lange Zeiträume hinweg große Auswir-

kungen auf die Rendite haben können. Anleger sollten daher nach ETFs mit niedrigen Verwaltungskosten (TER – Total Expense Ratio) suchen.

- Einsatz von Sparplänen: Viele Broker bieten ETF-Sparpläne an, bei denen Anleger regelmäßig kleine Beträge in ETFs investieren können. Dies ist besonders für Anleger sinnvoll, die nicht eine große Einmalinvestition tätigen und vom Durchschnittskosteneffekt profitieren wollen.

Das ETF-Investing bietet Anlegern eine einfache, flexible und kostengünstige Möglichkeit, ein breit diversifiziertes Portfolio aufzubauen. Die Vorteile wie die automatische Diversifikation und die geringe Kostenstruktur machen ETFs zu einer attraktiven Option für langfristig orientierte Anleger. Dennoch sollten die Risiken, insbesondere das Marktrisiko und mögliche Tracking Errors, nicht unterschätzt werden. Eine bewusste Auswahl der ETFs, eine breite Streuung und ein langfristiger Anlagehorizont bilden die Grundlage für eine erfolgreiche ETF-Strategie.

Zusammengefasst eignet sich das ETF-Investing hervorragend für Anleger, die langfristig Vermögen aufbauen möchten, ohne sich ständig um das Management einzelner Aktien kümmern zu müssen. Die Kombination aus Kosteneffizienz, Flexibilität und Transparenz macht ETFs zu einem wertvollen Baustein in der modernen Geldanlage.

10. Value-Investing: Die Suche nach unterbewerteten Unternehmen

Das Value-Investing ist eine der bekanntesten und ältesten Anlagestrategien in der Welt der Finanzmärkte. Sie basiert auf der Idee, Unternehmen zu kaufen, die unter ihrem intrinsischen Wert gehandelt werden, und diese langfristig zu halten, bis der Markt ihren „wahren"

Wert erkennt. Der Ansatz ist eng verbunden mit berühmten Investoren wie Benjamin Graham und Warren Buffett und hat sich in der Vergangenheit als erfolgreich erwiesen, vor allem in stabilen Märkten. Doch wie jede Strategie bringt auch das Value-Investing seine eigenen Herausforderungen und Risiken mit sich. In diesem Kapitel beleuchten wir die Grundlagen des Value-Investings, dessen Vorteile und Risiken und stellen bewährte Praktiken vor, die Anleger befolgen können, um erfolgreich in unterbewertete Unternehmen zu investieren.

Grundlagen des Value-Investings

Das Grundkonzept des Value-Investings wurde in den 1930er-Jahren von den amerikanischen Wirtschaftswissenschaftlern Benjamin Graham und David Dodd entwickelt und in ihrem Buch *„Security Analysis"* festgehalten. Der Kerngedanke ist einfach: Ein Unternehmen hat einen bestimmten inneren Wert, der auf Faktoren wie seinem Gewinn, seinen Vermögenswerten und seinen Cashflows basiert. Wenn der Marktpreis eines Unternehmens unter diesem inneren Wert liegt, wird es als „unterbewertet" betrachtet und stellt somit eine potenzielle Kaufgelegenheit dar.

Value-Investoren verwenden häufig Kennzahlen wie das Kurs-Gewinn-Verhältnis (KGV), das Kurs-Buchwert-Verhältnis (KBV) und die Dividendenrendite, um den inneren Wert eines Unternehmens zu bestimmen. Ein niedriges KGV oder KBV kann darauf hindeuten, dass das Unternehmen unterbewertet ist, während eine hohe Dividendenrendite ein Zeichen dafür sein kann, dass das Unternehmen stabile Gewinne und Cashflows generiert.

Vorteile des Value-Investings

Das Value-Investing bietet mehrere Vorteile, die es zu einer attraktiven Strategie für langfristige Anleger machen:

- Langfristiges Wachstumspotenzial: Die Kernidee des Value-Investings ist, unterbewertete Unternehmen günstig zu kaufen und von der langfristigen Wertsteigerung zu profitieren. Die Methode zielt darauf ab, Aktien zu kaufen, die ein starkes Wachstumspotenzial haben, aber vorübergehend vom Markt vernachlässigt oder falsch eingeschätzt werden.
- Risikoreduzierung durch niedrige Bewertung: Value-Investoren streben an, Unternehmen unter ihrem inneren Wert zu kaufen. Dadurch ergibt sich ein Sicherheitsabstand (Margin of Safety), der das Risiko eines Verlustes reduziert. Selbst wenn die Marktbedingungen schwanken, schützt die niedrige Bewertung vor allzu großen Verlusten.
- Stabilität und Ertragskraft: Unternehmen, die für das Value-Investing infrage kommen, haben oft stabile Geschäftsmodelle und eine starke Marktposition. Viele Value-Aktien stammen aus traditionellen Branchen wie Finanzen, Industrie oder Energie und neigen dazu, weniger volatil zu sein als Wachstumsunternehmen.
- Dividendenrendite: Viele unterbewertete Unternehmen zahlen Dividenden, was für Value-Investoren eine zusätzliche Einkommensquelle darstellt. Während sie darauf warten, dass der Markt den inneren Wert des Unternehmens erkennt, können sie Dividenden kassieren und so ihren Gesamtertrag erhöhen.

Risiken des Value-Investings

Trotz seiner Vorteile birgt das Value-Investing auch Risiken, die Anleger kennen und berücksichtigen sollten:

- Wertfalle: Ein häufiges Risiko beim Value-Investing ist die sogenannte „Wertfalle". Dabei handelt es sich um Aktien, die

zwar billig erscheinen, aber aufgrund fundamentaler Probleme dauerhaft unterbewertet bleiben. Möglicherweise handelt es sich um Unternehmen mit sinkendem Marktanteil, veralteten Produkten oder Managementproblemen. Anleger könnten in solche Aktien investieren und auf eine Wertsteigerung hoffen, die jedoch nie eintritt.
- Lange Wartezeiten: Das Value-Investing ist eine langfristige Strategie und es kann Jahre dauern, bis der Markt den inneren Wert eines Unternehmens erkennt. Geduld ist ein Schlüsselfaktor, doch nicht alle Anleger sind bereit, über lange Zeiträume auf eine Rendite zu warten.
- Marktstimmung und Wirtschaftstrends: In Zeiten starker Marktstimmung und Spekulation kann es sein, dass Value-Aktien von Anlegern weniger beachtet werden. In Bullenmärkten neigen Anleger dazu, Wachstumswerte zu bevorzugen, was dazu führen kann, dass Value-Aktien über längere Zeiträume unterbewertet bleiben.
- Schwierigkeiten bei der Bewertung: Die Bestimmung des inneren Wertes eines Unternehmens ist eine komplexe Aufgabe und erfordert fundierte Kenntnisse und Analysen. Fehler in der Bewertung können dazu führen, dass Anleger in Aktien investieren, die sich als weniger wertvoll herausstellen als angenommen.

Best Practice für Value-Investoren

Die Idee der von Benjamin Graham eingeführten „Margin of Safety" ist eine zentrale Säule des Value-Investings. Anleger sollten Aktien nur kaufen, wenn der Marktpreis signifikant unter dem geschätzten inneren Wert liegt. Dies schafft einen Puffer, der das Risiko mindert, falls sich der innere Wert des Unternehmens als zu optimistisch herausstellt.

Value-Investoren sollten dabei immer eine gründliche Fundamentalanalyse durchführen, bevor sie eine Entscheidung treffen. Das bedeutet, nicht nur Finanzkennzahlen zu analysieren, sondern auch das Geschäftsmodell, die Marktstellung, die Wettbewerber und das Management des Unternehmens zu bewerten. Ein solides Verständnis der Branche und des wirtschaftlichen Umfelds ist ebenfalls entscheidend.

Das Value-Investing basiert auf der bereits erwähnten Annahme, dass der Marktpreis einer Aktie nicht immer ihrem inneren Wert entspricht. Der innere Wert ist der geschätzte wahre Wert eines Unternehmens, unabhängig von kurzfristigen Marktschwankungen. Um diesen Wert zu bestimmen, analysieren Value-Investoren eine Vielzahl von finanziellen Kennzahlen und Fundamentaldaten. Im Folgenden gehe ich auf die grundlegenden und wichtigsten Fundamentalkennzahlen ein.

Fundamentalkennzahlen

Das KGV (Kurs-Gewinn-Verhältnis) misst das Verhältnis des aktuellen Aktienkurses zum Gewinn pro Aktie (EPS). Ein niedriges KGV kann darauf hindeuten, dass die Aktie im Vergleich zu ihren Erträgen unterbewertet ist. Hierbei muss jedoch beachtet werden, dass das KGV oftmals auch in die Irre führen kann, wenn sich das künftige Gewinnwachstum verlangsamt und die Investoren dies bereits in den aktuellen Kursen berücksichtigen.

Das Kurs-Buchwert-Verhältnis (KBV) zeigt, wie der Marktwert eines Unternehmens im Verhältnis zu seinem Buchwert steht. Ein KBV unter 1 deutet darauf hin, dass die Aktie unter ihrem Substanzwert gehandelt wird.

Die Dividendenrendite gibt an, wie viel Dividende ein Investor im Verhältnis zum Aktienkurs erhält. Eine hohe Rendite kann ein Zeichen für Wertpotenzial sein, insbesondere wenn das Unternehmen nachhaltig ausschüttet.

Der freie Cashflow (FCF) zeigt, wie viel Barmittel ein Unternehmen nach Abzug aller Ausgaben zur Verfügung hat. Ein positiver FCF deutet auf eine solide finanzielle Basis hin, was ein Indikator für den langfristigen Wert eines Unternehmens ist.

Die Eigenkapitalrendite (ROE – Return on Equity) zeigt, wie effizient ein Unternehmen mit seinem Kapital arbeitet. Ein hoher ROE deutet darauf hin, dass das Management das Kapital gewinnbringend einsetzt.

Der Verschuldungsgrad (Debt-to-Equity Ratio) gibt an, wie stark ein Unternehmen fremdfinanziert ist. Ein niedriger Verschuldungsgrad bedeutet geringeres Risiko und höhere finanzielle Stabilität. Dabei muss jedoch zwischen den einzelnen Branchen und dem Alter des Unternehmens unterschieden werden. Junge, wilde Technologieunternehmen haben zum Beispiel oft einen höheren Verschuldungsgrad als alteingesessene Industrieunternehmen.

Auch wenn sich das Value-Investing primär auf den aktuellen Wert eines Unternehmens/Aktie konzentriert, ist das potenziell zukünftige Wachstum des operativen Geschäfts eines Unternehmens entscheidend, um den langfristigen Wert zu erkennen.

Bewährte Vorgehensweisen für das Value-Investing

- Langfristiger Anlagehorizont: Das Value-Investing erfordert Geduld und einen langfristigen Anlagehorizont. Anleger sollten bereit sein, mehrere Jahre zu warten, bis der Markt den wahren Wert eines Unternehmens erkennt. Kurzfristiges Denken ist mit dieser Strategie nicht vereinbar.
- Auf Trends achten, aber ihnen nicht blind folgen: Obwohl Value-Investoren nach unterbewerteten Aktien suchen, sollten sie dennoch wirtschaftliche und technologische Trends berücksichtigen. Unternehmen, die in stark schrumpfenden Märkten oder überholten Industrien tätig sind, könnten auf lange Sicht Schwierigkeiten haben.

- Diversifikation: Auch im Value-Investing ist Diversifikation wichtig. Obwohl Value-Investoren in Einzelfirmen investieren, sollten sie ihr Kapital über verschiedene Sektoren und Regionen streuen, um das Risiko zu reduzieren.
- Investment-Horizont und Ziele: Ein klar definierter Anlagehorizont und konkrete finanzielle Ziele sind essenziell für den Erfolg eines Value-Investors – sie bestimmen die Strategie, die Risikobereitschaft und die Auswahl der Investments.
- Langfristige Perspektive: Grundsätzlich basiert das Value-Investing darauf, unterbewertete Aktien zu kaufen und langfristig von deren Wertsteigerung zu profitieren. Ein kurzer Anlagehorizont würde diesen Ansatz untergraben. Jüngere Anleger können oft längerfristige Strategien verfolgen, während ältere möglicherweise schneller auf Kapital zugreifen müssen. Wenn in absehbarer Zeit Geld benötigt wird, sollte der Anlagehorizont entsprechend „kurz gehalten“ werden. Daher sollte man sich vorher überlegen, ob eine Value-Strategie die richtige Wahl ist.
- Risikomanagement: Klare Ziele helfen, Risiken zu kalkulieren und Fehlentscheidungen in turbulenten Marktphasen zu vermeiden.
- Motivation: Festgelegte Ziele bieten Orientierung und halten Anleger auch in schwierigen Zeiten auf Kurs. Dennoch sollten sie auf eine realistische Zielsetzung achten. Ziele wie „Kapital für den Ruhestand“ oder „Vermögensaufbau über 20 Jahre“ sollten klar und messbar sein.
- Renditeerwartungen festlegen: Basierend auf historischen Daten und realistischen Annahmen sollten Anleger darauf achten, realistische Renditeziele anzustreben.

Diese definierten und gesetzten Ziele und Zeitpläne sollten regelmäßig überprüft und gegebenenfalls angepasst werden, um Änderungen in der Lebenssituation oder Marktlage zu berücksichtigen. Ein klarer Anlagehorizont und klar definierte finanzielle Ziele sind die Grundlage für jede erfolgreiche Investmentstrategie. Sie bieten Orientierung, minimieren emotionale Entscheidungen und sorgen dafür, dass Anleger auch in turbulenten Zeiten ihre langfristigen Perspektiven nicht aus den Augen verlieren.

Beispiele einer erfolgreichen Value-Investment-Strategie

Ein Beispiel für eine erfolgreiche Value-Investment-Strategie ist die Investmentfirma Berkshire Hathaway, die von Warren Buffett geführt wird. Buffett investiert seit Jahrzehnten in unterbewertete Unternehmen mit starken Geschäftsmodellen und erfahrenem Management. Ein berühmtes Beispiel ist Buffetts Investition in Coca-Cola in den späten 1980er-Jahren. Das Unternehmen war damals zwar nicht günstig, aber unterbewertet in Bezug auf seine Marke und Marktmacht. Buffett hielt an der Aktie fest und sie brachte ihm über die Jahre erhebliche Gewinne.

Ein weiteres Beispiel ist die Bank Wells Fargo, die in den frühen 1990er-Jahren als unterbewertet galt. Obwohl die Bank damals unter Druck stand, erkannte Buffett das langfristige Potenzial und investierte. Auch hier erwies sich das Value-Investing als erfolgreich, da sich das Unternehmen langfristig positiv entwickelte.

Nicht jede Marktphase ist gleich an den internationalen Finanzmärkten und selbst Value-Investoren sollten dann die Möglichkeit haben, ihre grundlegenden Investmentansätze den Marktgegebenheiten anzupassen. Sie sollten darüber Bescheid wissen, ob sie sich gerade in einem volatilen, bearishen oder bullishen Markt befinden, denn die richtige Strategie hilft ihnen, trotzdem weiterhin die Value-Chancen zu nutzen und dabei die aufkommenden Risiken zu minimieren.

Mögliche Strategien für volatile Märkte oder Seitwärtsmärkte sind zum Beispiel das Dollar-Cost Averaging. Dabei investieren Sie regelmäßig einen festen Betrag, unabhängig von den Marktpreisen, um von Durchschnittskosteneffekten zu profitieren. Der Fokus sollte unbedingt auf Qualitätsunternehmen liegen. Investieren Sie ausschließlich in Unternehmen mit soliden Bilanzen, starken Cashflows und stabilen Geschäftsmodellen, die selbst in unsicheren Zeiten bestehen können. Eine Erhöhung der Liquidität – gegebenenfalls durch Positionsanpassungen – hilft Ihnen dabei, einen Teil des Portfolios in liquiden Mitteln zu halten, um flexibel auf potenzielle Chancen reagieren zu können.

Bei den Strategien für Bärenmärkte sieht es etwas anders aus. Hier können Sie mit der Contrarian-Investing-Strategie Aktien kaufen, die vom Markt stark abgestraft wurden, obwohl deren Fundamentaldaten weiterhin stabil sind. In Bärenmarktphasen werden Investoren oftmals aus Positionen herausgedrängt, aus denen sie eigentlich gar nicht rauswollen, aber müssen. Das ist dann Ihre Chance. Der Fokus sollte dabei überwiegend auf die defensiven Sektoren gelegt werden. Investitionen in Branchen wie Konsumgüter, Versorger oder Gesundheitswesen, die selbst in wirtschaftlich schwierigen Zeiten Nachfrage haben, halten das Depot auch in stürmischen Börsenphasen stabil. Aktien von Unternehmen mit hohen Dividendenzahlungen sorgen für einen nützlichen Cashflow bei Ihrer Value-Investing-Strategie.

In Bullenmärkten hebt oft die Flut alle Boote. Daher kann die Strategie etwas gewagter gestaltet werden. So ist die Growth-at-a-Reasonable-Price (GARP)-Strategie mit Fokus auf wachstumsstarke Unternehmen, die trotzdem zu einem hinnehmbaren Preis bewertet sind, sehr interessant. Auch der Kauf von Aktien von Unternehmen, die sich bereits als Marktführer in einem aufstrebenden Sektor etabliert haben, kann zu weiteren Gewinnen führen. Die Investoren lieben Marktführer mit Kursmomentum. Gerade in fortgeschrittenen Bullenmarktphasen sollten Sie Ihre Gewinne sichern. Es kann außerdem sinnvoll sein, teilweise Verkäufe von Aktien mit überdurchschnittlicher Kurssteigerung zu tätigen, um Gewinne zu realisieren und das Portfolio auszubalancieren.

Besondere Marktbedingungen erfordern besonders flexible Strategien. Value-Investoren profitieren, indem sie diszipliniert bleiben, Chancen in Krisen nutzen und in bullishen Phasen Wachstumschancen mit gesundem Risikomanagement kombinieren. Langfristig zahlen sich Geduld und eine fundierte Analyse aus.

Das Value-Investing ist eine bewährte Strategie, die sich auf die Suche nach unterbewerteten Unternehmen konzentriert. Sie bietet Anlegern die Möglichkeit, durch den Kauf von Aktien zu einem günstigen Preis langfristig Vermögen aufzubauen. Trotz der Vorteile bringt diese Strategie jedoch auch Risiken mit sich, insbesondere das Risiko, in Wertfallen zu geraten oder auf den Markt zu warten, bis er den inneren Wert erkennt. Eine solide Fundamentalanalyse, die Anwendung der Margin of Safety sowie Geduld sind entscheidende Erfolgsfaktoren für Value-Investoren.

Für Anleger, die sich für das Value-Investing interessieren, ist es wichtig, eine langfristige Perspektive einzunehmen und sich gründlich mit den Unternehmen auseinanderzusetzen, in die sie investieren. Die Kombination aus Disziplin, Wissen und Geduld kann dazu beitragen, langfristig attraktive Renditen zu erzielen und das Risiko zu minimieren.

Damit Sie sich ein besseres Bild machen können, zeige ich Ihnen ein Schaubild zum möglichen Analyseprozess für die Investment-Ansätze:

Abb. 10: Analyseprozess für Investment-Ansätze

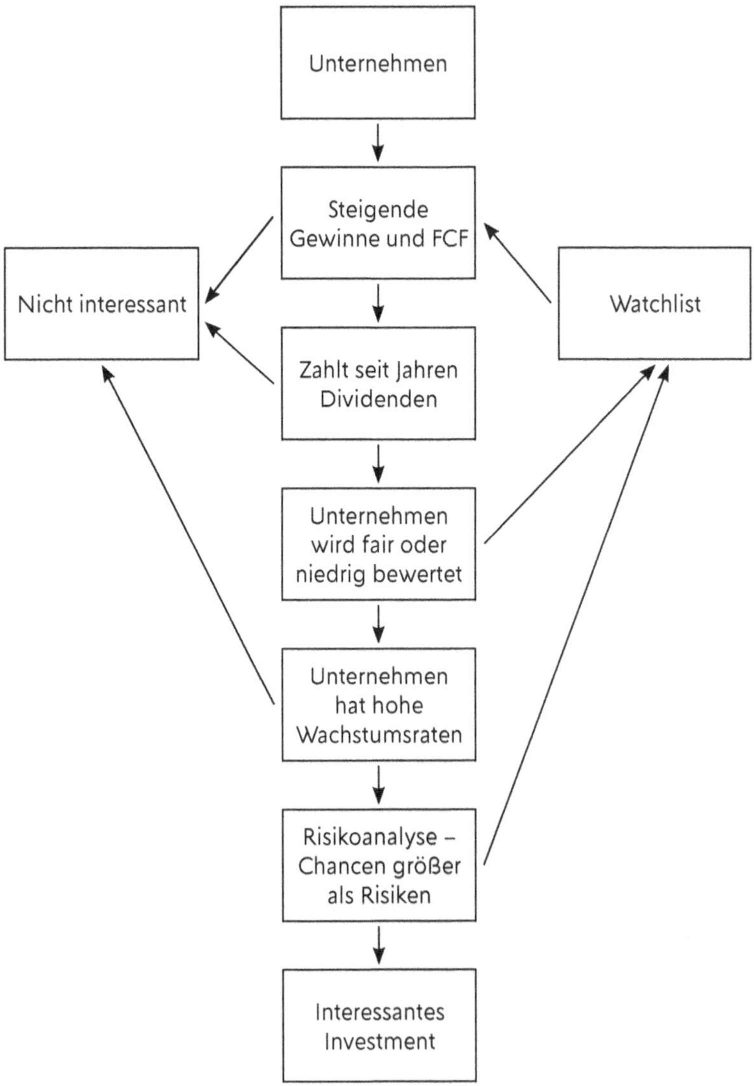

11. Einführung in die Technische Analyse für Anfänger

Die Technische Analyse ist eine der am weitesten verbreiteten Methoden zur Bewertung von Finanzmärkten und wird von vielen Anlegern genutzt, um fundierte Entscheidungen beim Kauf und Verkauf von Wertpapieren zu treffen. Im Gegensatz zur Fundamentalanalyse, die sich auf wirtschaftliche und finanzielle Kennzahlen eines Unternehmens konzentriert, basiert die Technische Analyse auf der Analyse von Kursbewegungen und Marktstatistiken, wie zum Beispiel Handelsvolumen und Kursmustern. Sie geht davon aus, dass alle verfügbaren Informationen bereits im Preis einer Aktie oder eines Wertpapiers eingepreist sind. Dieses Kapitel bietet eine Einführung in die Technische Analyse, beleuchtet deren Vorteile und Risiken und zeigt eine Best Practice für Anleger.

Grundlagen der Technischen Analyse

Die Technische Analyse stützt sich auf historische Kursbewegungen und Handelsvolumina, um künftige Kursentwicklungen vorherzusagen. Technische Analysten verwenden Charts und Muster, um Markttrends zu erkennen und mögliche Kauf- oder Verkaufsentscheidungen zu treffen. Einige der grundlegenden Konzepte und Werkzeuge der Technischen Analyse umfassen Charts und Indikatoren. Sie sind das Herzstück der Technischen Analyse. Charts zeigen den historischen Kursverlauf eines Wertpapiers und ermöglichen es Analysten, Trends und Muster zu erkennen.

Als ergänzende Werkzeuge können Chartmuster auch Investoren wertvolle Dienste erweisen. Sie helfen, optimale Kauf- und Verkaufszeitpunkte zu bestimmen, indem sie das Verhalten von Marktteilnehmern visualisieren. Die grundlegenden Chartmuster sind trendbestätigende Muster. Sie signalisieren die Fortsetzung eines bestehenden Trends. Die bekanntesten sind:

- Aufsteigende Dreiecke: Ein bullishes Muster, bei dem höhere Tiefs auf eine Fortsetzung des Aufwärtstrends hindeuten.
- Absteigende Dreiecke: Ein bearishes Muster, bei dem niedrigere Hochs auf eine Fortsetzung des Abwärtstrends schließen lassen.
- Flaggen und Wimpel: Kurzfristige Konsolidierungsphasen, die oft im Anschluss an starke Bewegungen auftreten, bevor der Trend fortgesetzt wird.

Trendumkehrmuster hingegen deuten auf eine mögliche Änderung des Trends hin. Die bekanntesten sind:

- Kopf-Schulter-Formation: Ein bearishes Muster, das auf eine Umkehr von einem Aufwärts- zu einem Abwärtstrend hindeutet. Die umgekehrte Variante signalisiert einen Übergang zum Aufwärtstrend.
- Doppeltop und Doppelboden: Ein Doppeltop deutet auf eine Trendumkehr nach unten hin, ein Doppelboden auf eine Umkehr nach oben.
- Rundungen: Langsame, aber nachhaltige Umkehrbewegungen, die auf längere Trendwechsel hinweisen können.

Seitwärtsmuster zeigen Konsolidierungsphasen, in denen der Markt unentschlossen ist. Die bekanntesten sind:

- Rechtecke: Eine horizontale Bewegung, die auf einen späteren Ausbruch nach oben oder unten hinweist.
- Symmetrische Dreiecke: Muster, die eine allmähliche Einengung der Kurse darstellen und oft als Vorbereitung auf einen Ausbruch dienen.

Für Investoren sind Chartmuster grundsätzlich kein Ersatz für fundamentale Analysen, sondern ein ergänzendes Werkzeug. Sie helfen, die Psychologie des Marktes zu verstehen und präzise Einstiegs- und Ausstiegspunkte zu identifizieren. Die Kombination beider Ansätze – Fundamentalanalyse für den inneren Wert und Technische Analyse für den Zeitpunkt – kann den Erfolg des Investments erheblich steigern.

Zu den grundlegenden Bestandteilen der Technischen Analyse gehören:

- Trends: Ein zentraler Bestandteil der Technischen Analyse ist die Identifizierung von Trends. Es gibt drei Haupttypen von Trends: Aufwärtstrends, Abwärtstrends und Seitwärtstrends. Ein Aufwärtstrend bedeutet, dass die Preise steigen, ein Abwärtstrend, dass sie fallen, und ein Seitwärtstrend zeigt an, dass sich die Preise in einem engen Bereich bewegen.
- Unterstützung und Widerstand: Diese Begriffe beziehen sich auf Preisniveaus, bei denen ein Wertpapier in der Vergangenheit entweder Unterstützung gefunden hat (das heißt, der Preis hörte auf zu fallen und begann zu steigen) oder auf Widerstand gestoßen ist (das heißt, der Preis hörte auf zu steigen und begann zu fallen).
- Indikatoren und Oszillatoren: Technische Analysten verwenden eine Vielzahl von mathematischen Indikatoren, um Marktbedingungen zu bewerten. Zu den bekanntesten gehören der Relative Stärke Index (RSI), der Moving Average Convergence Divergence (MACD) sowie gleitende Durchschnitte.

Vorteile der Technischen Analyse

Die Technische Analyse bietet mehrere Vorteile, die sie besonders für kurzfristige Anleger attraktiv machen:

- Schnelle Entscheidungsfindung: Da die Technische Analyse auf dem Studium von Charts und Indikatoren basiert, ermöglicht sie schnelle Handelsentscheidungen. Anleger können basierend auf Echtzeit-Marktdaten sofort reagieren.
- Identifizierung von Trendwenden: Durch die Analyse von Kursmustern und Indikatoren können Technische Analysten oft frühzeitig Trendwenden erkennen und somit von neuen Auf- oder Abwärtstrends profitieren.
- Geeignet für verschiedene Märkte und Zeitrahmen: Die Technische Analyse ist nicht nur auf Aktien beschränkt, sondern kann auf verschiedene Märkte wie Rohstoffe, Währungen und Indizes angewendet werden. Außerdem funktioniert sie in verschiedenen Zeitrahmen, von Minutencharts für Day-Trader bis zu Wochencharts für langfristige Investoren.
- Marktpsychologie: Die Technische Analyse berücksichtigt die Marktpsychologie, da sie sich auf das Verhalten der Marktteilnehmer in Form von Preisbewegungen fokussiert. Muster wie „Kopf-Schulter-Formation“ oder „Doppelboden“ reflektieren die kollektive Stimmung der Anleger.

Risiken der Technischen Analyse

Trotz ihrer Vorteile gibt es auch einige Risiken und Nachteile der Technischen Analyse:

- Subjektivität und Interpretation: Die Technische Analyse kann sehr subjektiv sein, da verschiedene Analysten dasselbe Chartmuster unterschiedlich interpretieren können. So könnten zwei Analysten anhand der gleichen Daten unterschiedliche Schlussfolgerungen ziehen.
- Fehlende Berücksichtigung fundamentaler Faktoren: Ein Hauptkritikpunkt ist, dass die Technische Analyse nur die

Kursbewegungen berücksichtigt und fundamentale Faktoren wie die Finanzlage eines Unternehmens, Marktbedingungen oder makroökonomische Faktoren vernachlässigt. Dies kann dazu führen, dass Anleger wichtige Informationen ignorieren.
- Kurzfristige Orientierung: Die Technische Analyse wird oft von kurzfristigen Händlern verwendet, die sich auf schnelle Gewinnchancen konzentrieren. Dies kann jedoch übermäßigen Handel und höhere Transaktionskosten zur Folge haben, vor allem für Privatanleger.
- Überoptimierung: Da es eine Vielzahl von Indikatoren und Chartmustern gibt, besteht die Gefahr der Überoptimierung, bei der Analysten zu viele Signale und Filter verwenden und dadurch unklare oder falsche Signale erhalten.

Best Practice für Technische Analysten

Für Anleger, die die Technische Analyse als Teil ihrer Anlagestrategie nutzen möchten, gibt es einige bewährte Praktiken:

- Kombination mit Fundamentalanalyse: Die Technische Analyse sollte nicht isoliert verwendet werden. Anleger können von einem kombinierten Ansatz profitieren, bei dem sie die Fundamentalanalyse nutzen, um langfristige Investments zu identifizieren, und die Technische Analyse zur Bestimmung des optimalen Kauf- oder Verkaufszeitpunkts einsetzen.
- Verwendung weniger, aber bewährter Indikatoren: Anfänger sollten sich auf einige wenige Indikatoren konzentrieren und diese gut verstehen, anstatt zu versuchen, alle Indikatoren gleichzeitig zu verwenden. Ein guter Ausgangspunkt ist die Kombination von gleitenden Durchschnitten und dem Relative Stärke Index (RSI).

- Berücksichtigung der Markttrends: Bevor Anleger eine Technische Analyse durchführen, sollten sie den übergeordneten Markttrend berücksichtigen. „Der Trend ist dein Freund" – dieser Grundsatz hilft Anlegern, Positionen entsprechend der Marktrichtung einzunehmen und nicht gegen den Trend zu handeln.
- Risikomanagement: Die Technische Analyse beinhaltet häufig kurzfristiges Trading, was das Risiko erhöht. Anleger sollten immer ein strenges Risikomanagement anwenden und zum Beispiel Stop-Loss-Orders setzen, um Verluste zu begrenzen.
- Geduld und Disziplin: Die Technische Analyse kann nur dann erfolgreich sein, wenn Anleger diszipliniert bleiben und Geduld haben. Emotionale Reaktionen auf kurzfristige Marktschwankungen können die Effektivität der Strategie mindern.

Beispiel einer erfolgreichen Anwendung der Technischen Analyse

Ein Beispiel für die erfolgreiche Anwendung der Technischen Analyse ist das Trading mithilfe von gleitenden Durchschnitten, insbesondere der sogenannten „Moving Average Crossover"-Strategie. Hierbei werden zwei gleitende Durchschnitte, beispielsweise ein 50-Tage- und ein 200-Tage-Durchschnitt, genutzt, um den Trend zu identifizieren. Ein Kaufsignal entsteht, wenn der kurzfristige Durchschnitt den langfristigen von unten nach oben schneidet, was auf einen beginnenden Aufwärtstrend hinweist. Ein Verkaufssignal entsteht, wenn der kurzfristige Durchschnitt den langfristigen von oben nach unten schneidet. Diese Strategie wird häufig von Anlegern verwendet, um Trends zu erkennen und somit von der Kursentwicklung zu profitieren.

Die Technische Analyse ist ein leistungsstarkes Werkzeug, das Anlegern dabei helfen kann, fundierte Entscheidungen über den optimalen Zeitpunkt für den Kauf oder Verkauf von Wertpapieren zu treffen. Durch die Analyse von Kursbewegungen, Volumen und verschiedenen technischen Indikatoren ermöglicht sie es, Markttrends zu erkennen und potenzielle Kauf- oder Verkaufssignale zu identifizieren. Allerdings bringt sie auch Risiken mit sich, insbesondere aufgrund ihrer Subjektivität und der Vernachlässigung fundamentaler Faktoren.

Für Anfänger ist es ratsam, sich zunächst auf wenige Indikatoren zu konzentrieren, Geduld und Disziplin zu bewahren und die Technische Analyse im Rahmen einer umfassenden Anlagestrategie zu nutzen. Durch die Kombination von Technischer und fundamentaler Analyse können Anleger die Vorteile beider Ansätze nutzen und so bessere Anlageentscheidungen treffen. Mit der richtigen Strategie und einem sorgfältigen Risikomanagement kann die Technische Analyse ein wertvolles Werkzeug für den erfolgreichen Handel in den Finanzmärkten sein.

Risikomanagement

Langfristiges Investment heißt auf keinen Fall Kursverluste aussitzen und auf bessere Zeiten warten. Ganz im Gegenteil muss auch bei solchen Ansätzen ein gutes und stringentes Risikomanagement vorhanden sein. Das spielt gerade dann eine wesentliche Rolle, wenn die Positionen durch langfristig orientierte charttechnische Signale generiert wurden.

Das Risikomanagement ist ein unverzichtbarer Bestandteil jeder erfolgreichen Investmentstrategie – vor allem bei langfristigen Ansätzen, die dem Value-Investing sehr ähnlich sind, wo Anleger langfristig unterbewertete Aktien halten, oft auch in turbulenten Märkten. Durch gezielte Maßnahmen zur Risikobegrenzung können Anleger Verluste eingrenzen und ihre Renditen langfristig stabilisieren.

Selbst sorgfältig analysierte Investments können durch unerwartete Ereignisse Verluste erleiden. Ein gutes Risikomanagement schützt das eingesetzte Kapital und gibt Ihnen die Möglichkeit, neue aussichtsreiche Investments einzugehen. Strategien wie der Einsatz von Stop-Loss-Orders verbunden mit einer ausgewogenen Asset-Allokation verhindern, dass Anleger in Krisenzeiten impulsiv handeln.

Eine Stop-Loss-Order legt einen Kurswert fest, bei dessen Erreichen die Aktie automatisch verkauft wird. Sie minimiert Verluste und schützt vor unkontrollierten Kursverlusten.

Beispiel: Ein Anleger kauft eine Aktie für 50 Euro. Mit einer Stop-Loss-Order bei 45 Euro wird sie automatisch verkauft, wenn der Kurs auf dieses Niveau fällt.
Vorteile:

- Emotionale Entscheidungen werden vermieden.
- Verluste werden begrenzt, ohne dass der Anleger die Märkte ständig überwachen muss.

Risiken:

- Zu enge Stop-Loss-Grenzen können dazu führen, dass Positionen bei kurzfristigen Schwankungen voreilig verkauft werden.

Die Asset-Allokation beschreibt die Aufteilung des Kapitals auf verschiedene Anlageklassen wie Aktien, Anleihen, Rohstoffe oder Cash. Die daraus resultierende Streuung, auch Diversifizierung genannt, hilft dabei, Risiken zu streuen. Verluste in einer Anlageklasse können durch Gewinne in einer anderen kompensiert werden. Defensive Anlagen wie Anleihen oder Cash können das Portfolio in Krisenzeiten stabilisieren. Zudem können Sie dadurch neue Chancen in unterschiedlichen Marktphasen schnell nutzen.

Ein Beispiel für eine Value-Investing-Allokation könnte sein:

- 60 Prozent in unterbewertete Aktien.
- 30 Prozent in defensive Anlagen wie Anleihen oder Dividendenaktien.
- 10 Prozent in Cash, um bei Marktpaniken günstig nachzukaufen.

Ein solides Risikomanagement ist der Schlüssel für den langfristigen charttechnischen Erfolg. Stop-Loss-Orders schützen vor drastischen Verlusten, während eine durchdachte Asset-Allokation das Portfolio diversifiziert und stabilisiert. Disziplin und Weitsicht sind dabei entscheidend, um sowohl Chancen zu nutzen als auch Risiken zu minimieren. Auch bei der Risikobegrenzung macht es die Mischung aus verschiedenen Komponenten.

Bei dem charttechnischen Trading und investieren sollten nicht nur die reinen charttechnischen Kennzahlen betrachtet werden, sondern auch solide Fundamentalanalysen und die Psychologie wichtige Rollen spielen. Emotionen wie Angst und Gier beeinflussen häufig Anlageentscheidungen – oft zum Nachteil des Investors. Ein solides Verständnis der psychologischen Dynamiken und der Aufbau mentaler Stärke sind essenziell, um langfristig erfolgreich zu investieren.

Wie beeinflussen Angst und Gier Investitionen?

Von Angst getriebene Investoren fürchten Verluste und verkaufen ihre Positionen häufig zu früh, selbst wenn die Fundamentaldaten intakt sind. Dies führt dazu, dass sie Marktchancen verpassen und die Performance nicht voll ausgeschöpft wird. Die von Gier getriebenen Investoren neigen dazu, überteuerte Aktien zu kaufen oder an Positionen festzuhalten, die ihren fairen Wert längst überschritten haben. Dies kann zu massiven Verlusten führen, wenn der Markt korrigiert.

Die folgenden mentalen Fähigkeiten können Ihnen für Ihren langfristigen Erfolg an den Finanzmärkten helfen.

Disziplin ist die Grundlage bei jeder systematischen Trading- und Anlagestrategie. Anleger müssen sich strikt an ihre Strategie halten, auch wenn der Markt kurzfristig gegen sie läuft. Entwickeln Sie also klare Investmentregeln für sich und bleiben Sie diesen treu. Das charttechnische Trading erfordert oft Jahre, um Ergebnisse zu liefern. Geduld ist also essenziell, um den passenden Trading-Ansatz für jedes auserkorene Unternehmens zu realisieren. Fokussieren Sie sich auf den langfristigen Erfolg, anstatt sich von kurzfristigen Marktschwankungen beeinflussen zu lassen. Emotionale Entscheidungen sollten dabei nicht getroffen werden, denn sie führen nur selten zu guten Ergebnissen. Ein rationaler Ansatz basierend auf Fakten und Analysen ist entscheidend. Überprüfen Sie daher regelmäßig Ihre Investmentthesen und vermeiden Sie impulsive Käufe oder Verkäufe. Am besten ist es, seinen schlimmsten Feind, also sich selbst, zu kennen. Seien Sie sich Ihrer emotionalen Reaktionen bewusst. Damit ist oft schon der erste Schritt vollzogen, um sich selbst besser zu kontrollieren.

Nutzen Sie dafür die bereits beschriebene Strategie des Journalings. Auch bei den systematischen charttechnischen Trading-Ansätzen helfen Tagebuchaufzeichnungen Ihnen dabei, Ihre Entscheidungen und die zugrunde liegenden Emotionen im Nachgang besser reflektieren zu können. Seien Sie sich sicher, dass Rückschläge zum Investieren dazugehören. Erfolgreiche Anleger lernen aus Fehlern und bleiben auch in schwierigen Zeiten handlungsfähig. Analysieren Sie die erlittenen Verluste objektiv und nutzen Sie die Erkenntnisse, um Ihre individuelle Strategie zu verbessern.

Die Psychologie ist ein entscheidender Faktor für den Erfolg, nicht nur charttechnischen Trading. Angst und Gier sind natürliche Reaktionen, die jedoch durch Disziplin, Geduld und Rationalität überwunden werden können. Langfristig erfolgreich zu investieren bedeutet, Emotionen zu kontrollieren und sich auf fundierte Entscheidungen zu konzentrieren. Wer diese mentalen Fähigkeiten entwickelt, kann nicht nur den Markt, sondern auch die eigene Unsicherheit meistern. Ich werde zu diesem Thema sicher noch einmal ein eigenständiges Buch schreiben. Die Fallstricke durch psychologische Stresssituationen sind zu zahlreich, um sie in diesem Abschnitt vollständig darlegen zu können.

Abb. 11: Wortfindungen zu Beginn der Trading-Karriere

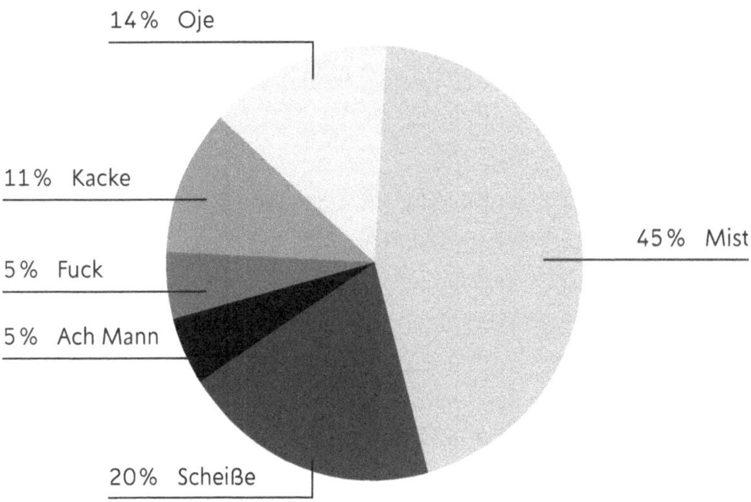

12. Checkliste

Jetzt kennen Sie:

- Langfristige Anlagestrategien:
  - Was ist Buy-and-Hold und wie funktioniert diese Strategie?
  - Warum wird Diversifikation empfohlen und wie kann sie erreicht werden?

- Dividendenstrategien:
    - Was sind Dividenden und warum sind sie für Anleger wichtig?
    - Wie können Anleger Unternehmen mit stabilen Dividenden identifizieren?

- ETF-Investing:
    - Was sind Exchange Traded Funds (ETFs) und wie funktionieren sie?
    - Welche Vorteile bieten ETFs gegenüber einzelnen Aktien oder Investmentfonds?

- Value-Investing:
    - Was bedeutet Value-Investing und wie können Anleger unterbewertete Aktien finden?
    - Welche Kennzahlen werden verwendet, um den inneren Wert einer Aktie zu bestimmen?

- Grundlagen der Technischen Analyse:
    - Worum geht es bei der Technischen Analyse und wie können Charts zur Analyse von Aktienkursen verwendet werden?
    - Welche grundlegenden Chartmuster und Indikatoren sollten Anfänger kennen?

- Risikomanagement:
    - Warum ist Risikomanagement wichtig und wie können Anleger ihre Risiken minimieren?
    - Welche Rolle spielen Stop-Loss-Orders und Asset-Allokation im Risikomanagement?

- Psychologie des Investierens:
    - Wie beeinflussen Emotionen wie Angst und Gier die Anlageentscheidungen?
    - Welche mentalen Fähigkeiten sind erforderlich, um langfristig erfolgreich zu investieren?

- Investment-Horizont und Ziele:
    - Warum ist es wichtig, einen klaren Anlagehorizont und finanzielle Ziele zu haben?
    - Wie kann ein Anleger seinen Anlagehorizont und seine Ziele festlegen?

- Strategien für besondere Marktbedingungen:
    - Welche Strategien können Anleger in einem volatilen Markt oder bei einem Bärenmarkt anwenden?
    - Wie können Anleger von einem bullishen Markt profitieren?

Wenn Sie sich mit dem zweiten Kapitel dieses Buchs beschäftigt haben, dann sollten Sie in der Lage sein, diese Fragen beantworten zu können. Gerade Anfänger im Bereich Finanzanlage sollten ein solides Verständnis für die grundlegenden Anlagestrategien entwickeln und dadurch ihre ersten erfolgreichen Schritte auf dem Weg zu einer nachhaltigen Anlagekarriere machen.

III

STRATEGIEN FÜR FORTGESCHRITTENE ANLEGER

Mit Ihren Anlageerfolgen wächst natürlich auch entweder Ihr Anlageportfolio oder die Lust, sich mit komplexeren Anlagestrategien auseinanderzusetzen. Im besten Fall fällt beides zusammen und Sie haben mehr Vermögen zur Verfügung, um sich komplexeren Strategien zuwenden zu können. Für viele Anleger kommen andere Anlagestrategien als die klassische Buy-und-Hold-Strategie von vornherein nicht infrage – fortgeschrittene Anlagestrategien werden eher in die Trading-Ecke verbannt und ausgeschlossen. Das geschieht jedoch zu Unrecht, denn es ist durchaus sinnvoll, sich mit etwas vielschichtigeren Anlagestrategien und -formen zu beschäftigen. Diese können entweder zusätzliche Cashflows generieren oder aber das Risiko erheblich minimieren. Somit starten wir nun gemeinsam in die Welt der Anlagestrategien für Fortgeschrittene. Einige davon habe ich Ihnen bereits in den vorherigen Kapiteln kurz vorgestellt. Jetzt ist es an der Zeit, diese Strategien wesentlich zu vertiefen, damit Sie diese erfolgreich in ihre eigenen Anlagestrategien integrieren können.

13. Growth-Investing: Auf der Suche nach zukünftigen Gewinnern

Das Growth-Investing ist eine Strategie, bei der Anleger in Unternehmen investieren, die ein überdurchschnittliches Wachstumspotenzial aufweisen. Wer möchte nicht frühzeitig in Aktien wie denen von Apple, Nvidia, Tesla oder Meta investiert sein?

Der Fokus liegt also auf den Aktien von Unternehmen, die ihre Umsätze und Gewinne schneller steigern als der Marktdurchschnitt. Dafür werden diejenigen Unternehmen identifiziert, die durch innovative Produkte, disruptive Technologien oder die Erschließung neuer Märkte zukünftig stark profitieren könnten. Die herkömmlichen Bewertungsparameter wie das KGV stoßen dabei oft an ihre Grenzen. In Hochzeiten wurden die genannten Aktien von Nvidia, Tesla und Meta mit teilweise dreistelligen KGVs bewertet. Diese Bewertung relativierte sich jedoch schnell im Verhältnis zu den Wachstumszahlen des operativen Geschäfts.

Die Grundprinzipien des Growth-Investings sind daher grundsätzlich verschieden von denen eines Value-Ansatzes. Der Fokus liegt ganz klar auf dem Wachstum des operativen Geschäfts. Das Growth-Investing konzentriert sich auf Unternehmen mit hohem Umsatz- und Gewinnwachstum, auch wenn diese dadurch möglicherweise keine Dividenden zahlen oder hohe Bewertungen haben. Entscheidend ist das künftige Potenzial des operativen Geschäfts.

Der große Gewinnhebel entsteht erst durch eine langfristige Perspektive. Die Investoren setzen darauf, dass sich ihr Investment auf lange Sicht vervielfachen wird. Dafür genügt ein Blick auf die Charts von Amazon, Apple, Tesla, Nvidia und Co. Sie werden sofort sehen, dass langfristige Investoren bei diesen Unternehmen sehr hohe Gewinne, teilweise über 1.000 Prozent, erzielen konnten. Die Strategie zielt darauf ab, dass das Wachstum oft über Jahre hinweg realisiert wird. Die Risikobereitschaft der Investoren sollte dies berücksichtigen und die entsprechenden Positionen im Depot anpassen. Growth-Aktien können gerade zu Beginn der Wachstumsphase starken Kursschwankungen unterliegen. Anleger sollten daher bereit sein, höhere Risiken in Kauf zu nehmen, da das Wachstumspotenzial auch mit Unsicherheiten verbunden ist.

Die erfolgreiche Umsetzung der Growth-Investing-Strategie erfordert einen systematischen Ansatz, der aus mehreren Schritten besteht. Zuerst müssen Sie die Wachstumsbranchen identifizieren. Bestimmte Branchen bieten überdurchschnittliches Wachstumspotenzial, zum Beispiel:

- Technologie: künstliche Intelligenz, Cloud-Computing, Cybersecurity.
- Gesundheitswesen: Biotechnologie, Telemedizin, Medizintechnik.
- Erneuerbare Energien: Solar- und Windenergie, Batterietechnologie.
- E-Commerce und digitale Plattformen: Online-Handel, Social Media, digitale Zahlungsdienste.

Einsatzmöglichkeit: Analysieren Sie Megatrends wie die Digitalisierung, den Klimawandel oder den demografischen Wandel, um attraktive Branchen zu identifizieren.

Nun folgt die Auswahl geeigneter Unternehmen für Ihre potenziellen Investments. Diese Kandidaten sollten die folgenden Merkmale haben:

- Hohe Umsatzwachstumsraten: Unternehmen sollten über Jahre hinweg ein starkes Umsatzwachstum (zum Beispiel 20 bis 30 Prozent pro Jahr) aufweisen.
- Innovationsfähigkeit: Firmen, die neue Technologien oder Geschäftsmodelle entwickeln, haben oft ein großes Potenzial.

- Skalierbarkeit: Geschäftsmodelle, die mit geringem Kostenaufwand skalierbar sind, sind besonders attraktiv (zum Beispiel Software-as-a-Service).
- Starke Wettbewerbsposition: Marktführer oder Firmen mit klaren Wettbewerbsvorteilen (etwa Patente, Netzwerkeffekte).
- Reinvestitionsquote: Ein hoher Anteil der Gewinne wird in weiteres Wachstum investiert.

Beispiele: Unternehmen wie Amazon, Tesla oder Nvidia waren einst typische Growth-Aktien.

Zur Fundamentalanalyse der Aktien gehören die folgenden wesentlichen Kennzahlen:

- Hohes Umsatzwachstum: Hohe und kontinuierliche Steigerungen über mehrere Quartale oder Jahre.
- Hohes Gewinnwachstum: Obwohl viele Growth-Unternehmen anfangs Verluste schreiben, sollte langfristig ein klarer Pfad zur Profitabilität erkennbar sein.
- Price-to-Sales-Ratio (P/S): Zeigt das Verhältnis von Börsenwert zu Umsatz. Werte zwischen 5 und 15 sind bei Wachstumsunternehmen üblich, können aber variieren.
- PEG-Ratio (Price/Earnings-to-Growth): Eine PEG-Ratio unter 1 gilt als attraktiv, da es hohes Wachstum im Verhältnis zum Gewinn signalisiert.
- Marktpotenzial: Analysieren Sie die Größe und das Wachstum des adressierbaren Marktes (Total Addressable Market – TAM).

Nutzen Sie Finanzdatenbanken wie Bloomberg oder Morningstar zur Recherche dieser Kennzahlen. Teils besteht die Möglichkeit, diese kostenfrei im Internet zu erhalten. Nutzen Sie die Quellen von mindestens drei verschiedenen Anbietern, um keine korrupten Daten zu benutzen.

Das Timing zum Positionsaufbau sollte klug gewählt sein. Entweder nutzen Sie das Momentum gleich zu Beginn und versuchen auf der ersten Welle mitzureiten. Wachstumsaktien profitieren häufig von Marktbegeisterung. Ein starkes Kursmomentum kann auf weiteres Potenzial hinweisen. Oder Sie warten eine Kurskorrektur ab, denn nach starken Kursanstiegen bieten Kursrücksetzer oft attraktive Einstiegsmöglichkeiten. Die Aktien sollten zumindest auf der Watchlist behalten und beobachtet werden. Ein stufenweiser Aufbau der Gesamtposition bietet sich in jedem Fall an. Kaufen Sie in mehreren Tranchen, um von Kursschwankungen zu profitieren. Versuchen sie dabei tendenziell den Kaufpreis Ihrer Gesamtposition zu verteuern. Also nicht gegen den Trend handeln und zu „günstigeren" Kursen nachkaufen. Die Technische Analyse (zum Beispiel der Einsatz von Moving Averages) kann helfen, günstige Einstiegszeitpunkte zu erkennen.

Eine kontinuierliche Überwachung und Anpassung der Depotpositionen sind dabei unerlässlich. Führen Sie eine regelmäßige Analyse durch und überprüfen Sie regelmäßig die Wachstumsraten der gehaltenen Positionen sowie die vorhandenen Marktbedingungen. Eine gute Diversifikation ist der Schlüssel zum Anlageerfolg. Streuen Sie Ihre Investments in den Growth-Aktien über verschiedene Sektoren und Märkte, um Risiken zu minimieren. Außerdem sollten Sie über eine Exitstrategie verfügen. Definieren Sie klare Kriterien, wann Sie verkaufen, zum Beispiel bei rückläufigem Wachstum oder überzogenen Bewertungen. Aber auch wenn Ihre Kursziele erreicht wurden, macht es Sinn, die Positionen anzupassen und in andere aussichtsreiche Unternehmen zu investieren.

Licht und Schatten liegen bei dieser Strategie oft dicht beieinander. Die hohen Renditepotenziale von Wachstumsaktien können den Gesamtmarkt langfristig übertreffen. Der Innovationsvorsprung der Unternehmen liegt in den meist disruptiven Technologien und Geschäftsmodellen. Diese daraus resultierenden Megatrends bieten den Investoren in der Folge stabile Wachstumsgrundlagen.

Die Risiken auf der anderen Seite liegen zum einen in der hohen Volatilität, denn die Wachstumsaktien reagieren empfindlich auf Marktstimmungen und Zinsänderungen. Die zu Beginn vorherrschende „Überbewertung“ der Aktien ist ebenfalls nicht risikolos. Unternehmen mit hohen Bewertungen bergen das Risiko, die Erwartungen nicht zu erfüllen. Im Worst-Case-Fall können die Geschäftsmodelle auch scheitern. Viele junge Wachstumsunternehmen überleben langfristig nicht und bedeuten für die Investoren einen Totalverlust.

Sie können Ihre Growth-Investing-Strategie auch justieren. Reduzieren Sie die Risiken durch eine Kombination von Wachstums- und Substanzaktien. Diese sogenannte Growth-Value-Mix-Strategie nimmt etwas Risiko heraus, reduziert aber auch die Renditeerwartung. Dafür können die Investoren nachts besser schlafen.

Wann können Sie von der Growth-Investing-Strategie profitieren?

Bei der frühzeitigen, langfristigen Vermögensbildung ist diese Strategie hervorragend. Das Growth-Investing eignet sich ideal für Anleger mit einem Zeithorizont von fünf bis zehn Jahren, die auf die Wertsteigerung von Unternehmen setzen. Zudem kann die Strategie als Ergänzung zu einem bereits diversifizierten Portfolio genutzt werden. Ein Anteil von 20 bis 30 Prozent in Wachstumsaktien kann die Rendite eines Portfolios steigern, während Value- und Dividendenaktien Stabilität bieten. Das Growth-Investing kann Ihnen auch dabei helfen, neue thematische Investments zu finden. Investieren Sie gezielt in Zukunftsthemen wie Nachhaltigkeit, künstliche Intelligenz oder Elektromobilität. Das Gute ist, dass diese Strategie sowohl aktiv als auch passiv umgesetzt werden kann. Bei der aktiven Vorgehensweise nutzen Sie direkt eine Auswahl von Einzelaktien. Beim passiven Vorgehen nutzen Sie dagegen ETFs auf den iShares MSCI World Growth Index oder thematische Fonds.

Das Growth-Investing ist eine anspruchsvolle, aber äußerst lohnenswerte Strategie für Anleger, die bereit sind, höhere Risiken einzugehen, um von überdurchschnittlichem Wachstum zu profitieren. Der Schlüssel zum Erfolg liegt in der gründlichen Analyse von Unternehmen, der Berücksichtigung makroökonomischer Trends und der Bereitschaft, langfristig zu investieren. Mit Geduld und einer systematischen Herangehensweise können Anleger die Gewinner von morgen identifizieren und ihr Vermögen nachhaltig steigern.

14. Momentum-Strategien: Von Trends profitieren

Das Momentum-Investing ist eine Strategie, die darauf abzielt, von bestehenden Markttrends zu profitieren. Die Grundidee besteht darin, dass Aktien, Rohstoffe, Währungen et cetera, die sich in der Vergangenheit gut entwickelt haben, auch in der nahen Zukunft weiter überdurchschnittliche Renditen erzielen werden. Diese Strategie basiert auf dem psychologischen und verhaltensbedingten Aspekt der Märkte: Anleger neigen dazu, Gewinner weiter zu kaufen, wodurch Trends verstärkt werden. Ich habe Ihnen bereits dargelegt, dass die Finanzmärkte zu 30 Prozent Trends ausbilden, und diese gilt es nun perfekt mitzunehmen.

In diesem Buchabschnitt werde ich die Grundlagen, verschiedene Momentum-Strategien sowie die notwendigen Parameter und Einsatzmöglichkeiten ausführlich beschreiben.

Die Grundprinzipien des Momentum-Investings

- Trendstärke nutzen: Aktien oder andere Anlageklassen, die bereits Kursgewinne erzielt haben, neigen dazu, sich weiter in dieselbe Richtung zu bewegen.
- Marktpsychologie: Momentum beruht auf der Annahme, dass Investoren oft überreagieren, wodurch Trends verstärkt werden. Dies führt zu einer „Selbstverstärkung“, bevor der Markt diese Übertreibungen korrigiert.

- Zeitlicher Horizont: Momentum kann sowohl kurzfristig (Wochen bis Monate) als auch mittelfristig (sechs bis zwölf Monate) genutzt werden.

Momentum-Strategien

Es gibt verschiedene Momentum-Strategien, die eingesetzt werden können:

Relative-Stärke-Strategie

Die Relative-Stärke-Strategie (Relative Strength Investing) vergleicht die Performance verschiedener Aktien oder Anlageklassen und investiert in diejenigen, die in einem zurückliegenden definierten Zeitraum (zum Beispiel drei, sechs oder zwölf Monate) die beste Performance gezeigt haben.

Ihre Parameter sind:

- Vergleichszeitraum: Häufig werden Zeiträume von sechs oder zwölf Monaten verwendet.
- Relative Stärke: Der prozentuale Kursanstieg wird gemessen. Aktien mit der höchsten Relativen Stärke werden bevorzugt.
- Einsatzmöglichkeit: Auswahl der besten Sektoren oder Einzelaktien. ETFs, die sich auf starke Regionen oder Branchen konzentrieren.
- Beispiel: Ein Anleger investiert in die fünf Aktien des S&P 500 mit der besten 12-Monats-Performance und überprüft seine Auswahl monatlich.

Breakout-Strategie

Die Breakout-Strategie versucht, den Beginn eines Trends zu erfassen. Sie zielt darauf ab, dass ein Kurs, der ein bestimmtes Widerstandsniveau durchbricht, eine stärkere Aufwärtsbewegung erfährt. Dieses Marktverhalten lässt sich häufig bei Aktien von Technologieunternehmen finden.

Ihre Parameter sind:

- Widerstandsniveau: Kurse, die über einem definierten Hoch (etwa einem 52-Wochen-Hoch) schließen, gelten als Breakouts.
- Volumen: Ein hohes Handelsvolumen während des Breakouts bestätigt die Bewegung.
- Einsatzmöglichkeit: Ideal für kurzfristige Trades oder dafür, um in frühen Stadien eines Trends einzusteigen.
- Beispiel: Eine Aktie, die aus einer mehrmonatigen Seitwärtsphase ausbricht, könnte eine Kaufgelegenheit darstellen.

Trendfolgestrategie

Bei der grundlegenden Trendfolgestrategie folgen Sie einem bereits bestehenden Kurstrend. Diese Strategie basiert auf der Idee, bestehende Trends zu identifizieren und bis zu deren Ende zu verfolgen.

Ihre Parameter sind:

- Gleitende Durchschnitte (Moving Averages): 50-Tage- und 200-Tage-Durchschnitt: Wenn der kürzere Durchschnitt den längeren kreuzt („Golden Cross"), wird gekauft.
- ADX (Average Directional Index): Ein ADX über 20 signalisiert einen starken Trend.
- Einsatzmöglichkeit: Langfristige Trendfolge, besonders geeignet für volatile Märkte oder starke Bullenmärkte.
- Beispiel: Ein Anleger kauft eine Aktie, wenn der 50-Tage-Durchschnitt über den 200-Tage-Durchschnitt steigt, und verkauft, wenn das Gegenteil eintritt.

Momentum-Reversal-Strategie

Bei der Momentum-Reversal-Strategie setzen Sie als Investor darauf, dass der vorherrschende Kurstrend zu Ende geht. Im Gegensatz zur klassischen Momentum-Strategie spekuliert diese Methode also auf eine Trendwende.

Ihre Parameter sind:

- Relative Stärke Index (RSI): Werte über 70 signalisieren eine überkaufte Situation und mögliche Korrekturen.
- Bollinger-Bänder: Ein Kurs, der das obere Band erreicht, könnte bald zurückfallen.
- Einsatzmöglichkeit: Kurzfristige Trades, insbesondere in überhitzten Märkten.
- Beispiel: Eine Aktie, die stark gestiegen ist und überkauft erscheint, wird verkauft oder für einen Short-Trade genutzt.

Sektor-Momentum-Strategie

Beim Fokus auf ganze Anlagemärkte und Indizes können einzelne Sektor-Momentum-Strategien ausgefiltert werden. Dadurch erreichen Sie eine Art Diversifikation Ihres Portfolios und konzentrieren sich verstärkt auf die Leitaktien der einzelnen Indizes. Diese Strategie bezieht sich demnach auf die stärksten Sektoren im Markt.

Ihre Parameter sind:

- Sektorenanalyse: Die Performance verschiedener Branchen-ETFs oder Indizes wird regelmäßig überprüft.
- Rotation: Umschichtung in die stärksten Sektoren basierend auf ihrer jüngsten Performance.
- Einsatzmöglichkeit: Diversifikation auf Sektorenebene.
- Beispiel: Ein Anleger investiert in ETFs wie den XLK (Technologie) oder XLF (Finanzsektor), wenn diese Relative Stärke zeigen.

Parameter zur Umsetzung von Momentum-Strategien

Allen Momentum-Strategien liegen größtenteils dieselben wichtigen Parameter zur deren Umsetzung zugrunde. Diese sind:

Zeitraum der Analyse

- Kurzfristige Strategien (ein bis drei Monate): Häufig bei Day-Tradern und Swing-Tradern.
- Mittelfristige Strategien (sechs bis zwölf Monate): Beliebt bei Investoren.

Volatilität

Momentum-Aktien sind häufig volatil. Verwenden Sie Indikatoren wie die ATR (Average True Range), um Risiken zu messen.

Risikomanagement

- Stop-Loss: Legen Sie klare Verlustgrenzen fest, um das Risiko zu begrenzen.
- Positionsgröße: Diversifikation, um Klumpenrisiken zu vermeiden.

Kursbewegung und Volumen

Ein hohes Volumen während Kursanstiegen signalisiert Glaubwürdigkeit des Trends.

Einsatzmöglichkeiten

Die Einsatzmöglichkeiten der Momentum-Strategien begrenzen sich nicht nur auf Aktien, sondern auch auf viele andere Anlageklassen und -Vehikel, die über entsprechende Kursmomenti verfügen. Es gibt aber dennoch Aktien und Anlageklassen, bei denen solche Strategien nicht funktionieren, da die Underlyings kein Kursmomentum aufbauen. Deshalb ist es wichtig, sich ein genaues Bild über die einzelnen Sektoren, Branchen und Aktien zu machen.

- Aktienhandel: Direktinvestition in Einzelaktien mit starkem Momentum.
- ETF-Strategien: Verwendung von ETFs, die Momentum-Indizes nachbilden, zum Beispiel iShares Edge MSCI USA Momentum Factor ETF.
- Globale Diversifikation: Analyse internationaler Märkte und Investition in Regionen mit starkem Momentum.
- Derivate: Nutzung von Optionen oder CFDs, um von Momentum-Trends zu profitieren – besonders geeignet für Breakout- und Reversal-Strategien.
- Algorithmischer Handel: Programmierung automatisierter Handelssysteme basierend auf Momentum-Indikatoren.

Chancen und Risiken

Die Chancen und Risiken von Momentum-Strategien lassen sich gut gegenüberstellen und zeigen ein grundsätzlich positives Chance-Risiko-Verhältnis. Viele Aktien bilden teilweise über mehrere Handelsmonate oder sogar Jahre ein starkes Momentum aus und bieten sich daher auch für Investoren an.

Die Chancen bestehen in dem hohen Renditepotenzial in dynamischen Märkten. Sie haben eine klare und datengetriebene Handelsstrategie mit sehr wenig Interpretationsspielraum und eindeutigen Investitionsentscheidungen. Außerdem sind Momentum-Strategien für unterschiedliche Zeitrahmen (kurz- bis langfristig) geeignet.

Die Risiken sollen jedoch auch erwähnt werden. So können plötzliche Kurstrendwenden zu hohen Kursverlusten führen. Sie bewegen sich in einem latent überteuerten Marktumfeld, da die Momentum-

Aktien häufig hoch bewertet sind. Auch das oft übermäßig hohe Euphorielevel der Marktteilnehmer für die Momentum-Aktien kann zu Übertreibungen mit negativen Folgen für den Anleger führen (FOMO- oder Meme-Aktien).

Momentum-Strategien bieten Anlegern eine effektive Möglichkeit, von Trends am Markt zu profitieren. Durch den Einsatz systematischer Ansätze wie der Relative-Stärke-Strategie, Trendfolgestrategie oder Breakouts können sowohl kurzfristige als auch langfristige Chancen genutzt werden. Entscheidend für den Erfolg sind ein diszipliniertes Risikomanagement und die kontinuierliche Überwachung der Marktbedingungen. Mit der richtigen individuellen Strategie und der notwendigen Portion Geduld können Anleger das im Finanzmarkt vorherrschende Momentum relativ einfach als mächtiges Werkzeug nutzen, um ihre Rendite zu steigern.

Marktdynamik und Sentiment

Wichtig zu verstehen ist in diesem Zusammenhang auch, wie das Momentum in den Märkten entsteht und wie Sie das entsprechende Sentiment an den Finanzmärkten erkennen und interpretieren können. Die unsichtbaren Kräfte der Märkte geben Ihnen nämlich das notwendige Rüstzeug, damit Sie entscheiden können, welche Anlage- oder Trading-Strategie gerade am besten geeignet ist.

Märkte bewegen sich nicht nur durch Fundamentaldaten oder technische Impulse, sondern auch durch emotionale und psychologische Faktoren. Die Marktdynamik und das Sentiment – also die allgemeine Stimmung unter Anlegern – sind entscheidende Treiber von Preisbewegungen. Fortgeschrittene Anleger verstehen diese subtilen Kräfte und nutzen sie gezielt, um Handelsentscheidungen zu treffen.

Das Sentiment an den Finanzmärkten und makroökonomische Ereignisse beeinflussen die Marktdynamik erheblich. Doch wie können fortgeschrittene Trader diese Informationen in ihre Strategien integrieren und umsetzen? Wie funktionieren Marktdynamik und Sentiment? Dazu eine kurze Einführung.

Die Marktdynamik beschreibt die Kräfte, die Preise in Bewegung setzen, einschließlich Angebot und Nachfrage, Liquidität und Marktteilnehmerverhalten. Dynamiken können kurzfristig (zum Beispiel durch Nachrichten) oder langfristig (zum Beispiel durch Zinsentwicklungen) entstehen und unterschiedlich lange wirken. Kurz gesagt: Bullenmärkte haben keine Widerstände und Bärenmärkte keine Unterstützungen.

Das Marktsentiment ist die Stimmung der Marktteilnehmer und reicht von extrem optimistisch (bullish) bis extrem pessimistisch (bearish). Es zeigt an, wie Marktteilnehmer die aktuelle Lage wahrnehmen und welche Erwartungen sie haben. Das Sentiment kann durch verschiedene Arten erfasst und gemessen werden. Je nach Finanzmarkt und Art des Underlyings muss das entsprechend passende Marktsentiment gesucht und angewendet werden.

Um die Marktstimmung und das Sentiment in der Analyse nutzen zu können, benötigen Sie spezielle Indikatoren:

Ein Indikator im weitesten Sinn ist der Volatilitätsindex (VIX), auch als „Angstbarometer" bekannt. Der VIX misst die erwartete Marktvolatilität der Marktteilnehmer. Ein hoher VIX deutet auf Angst hin, ein niedriger VIX auf eine ruhige Marktphase. Es gibt auch in der Technischen Analyse einige Indikatoren, die zur Messung der Volatilität herangezogen werden können.

Des Weiteren ist die sogenannte Put-Call-Ratio ein interessanter Indikator. Sie wird von vielen Terminmarktbörsen und Börsenbetreibern angeboten. Auch einige Banken bieten eine Art Kauf/Verkaufsbarometer in Indexform an. Die Put-Call-Ratio misst das Verhältnis von Verkaufs- (Put) zu Kaufoptionen (Call). Eine hohe Ratio zeigt ein hohes Maß an Pessimismus an, während eine niedrige Ratio eher auf Optimismus hindeutet.

Zudem sind die Bull-Bear-Sentiment-Umfragen zum Beispiel bei Börsenpublikationen und anderen Instituten interessant. Diese Umfragen geben Einblicke, wie viele Anleger derzeit bullish oder bearish eingestellt sind. In den USA sind diese Umfragen sehr populär und werden von vielen Tradern und Investoren zur Sentimentmessung herangezogen.

Wie können diese Erfassungen nun genutzt werden? Insbesondere psychologische Extreme und Kontrarianismus sind dabei von großer Bedeutung. Der Kontrarianismus besagt, dass es oft lukrativ ist, gegen den Anlegerstrom zu schwimmen und dann Aktien zu kaufen, wenn die Mehrheit der Investoren diese verkauft. Dieser Ansatz beruht auf der Annahme, dass die Märkte teilweise überreagieren oder pessimistisch werden, was zu niedrigeren Aktienkursen führt, die eine Gelegenheit für langfristige Investoren bieten können. Denn in der Vergangenheit hat sich immer wieder gezeigt, dass extreme Sentiments häufig Wendepunkte signalisiert haben. Dabei waren die Märkte überkauft, wenn die Stimmungslevel an den Märkten euphorisch waren. Überverkaufte Stimmungslevel deuten auf Angst oder Panik an den Finanzmärkten hin und können sich als Chancen für Käufe ergeben.

Eine weitere wichtige Rolle spielen Nachrichten bei der Entstehung von Marktdynamik. Nachrichten sind einer der Haupttreiber kurzfristiger Marktbewegungen, da sie die Erwartungen der Marktteilnehmer in der jeweils aktuellen Situation formen. Die wichtigsten Impulse geben dabei in erster Linie Unternehmensnachrichten. Quartalsberichte, Fusionen oder Restrukturierungen können plötzliche Preisschwankungen auslösen. Fortgeschrittene Anleger analysieren, ob die Nachrichten bereits im Kurs eingepreist sind („Buy the rumor, sell the news“).

Zweitens spielen geopolitische Ereignisse eine wichtige Rolle. Kriege, Handelskonflikte, Wahlen oder politische Unsicherheiten beeinflussen Risikoaversion und Kapitalflüsse. Und drittens sollten Sie auf die makroökonomischen Daten achten. So sind unter anderem die Arbeitsmarktdaten von Bedeutung. Positive Arbeitsmarktzahlen können Wachstum in der betroffenen Volkswirtschaft signalisieren, während schwache Daten Rezessionsängste schüren. Zinsentscheide sind ebenfalls wichtige Stellgrößen. Änderungen in der Zinspolitik beeinflussen Anleihe-, Aktien- und Devisenmärkte teilweise extrem. Damit verbunden sind oftmals auch die Inflationsberichte in Form von Preisdaten. Eine starke Inflation kann die Notwendigkeit von Zinserhöhungen signalisieren, was Aktienmärkte häufig belastet.

Grundsätzlich stellen die makroökonomischen Ereignisse eine regelmäßige Stellgröße dar, weil sie oft wöchentlich publiziert werden und große Beachtung bei den Investoren finden. Umso wichtiger ist es, ihre Bedeutung und Auswirkungen auf die Finanzmärkte zu verstehen. Makroökonomische Entwicklungen sind für Anleger von großer strategischer Bedeutung, da sie langfristige Trends prägen. Vor allem bei der Bestimmung des Sentiments an den jeweiligen Finanzmärkten stellen sie wichtige Impulsgeber dar.

An erster Stelle steht grundsätzlich die Zentralbankpolitik, zum Beispiel in den USA und der EWU. Zinserhöhungen dämpfen das wirtschaftliche Wachstum in der betroffenen Volkswirtschaft und belasten risikoreiche Anlagen wie etwa Aktien. Zinssenkungen dagegen fördern Investitionen, da die Kredite günstiger werden und dadurch auch den Konsum fördern. Das kann kurz- und mittelfristig die Aktienmärkte antreiben. Hilfreich sind darüber hinaus die Nachrichten und Erhebungen rund um die betroffenen Konjunkturzyklen in der EWU, den USA und Asien. In den Frühphasen eines Aufschwungs profitieren die zyklischen Sektoren wie Technologie und Industrie. In den Abschwungphasen oder auch Rezessionen werden defensive Sektoren wie Versorger und Gesundheitswesen von den Investoren gesucht und gewinnen daher an Bedeutung.

Ich schaue mir außerdem die Bewegungen der einzelnen Währungspaare an. Dabei nehmen der US-Dollar, der Euro, der Schweizer Franken und der Japanische Yen eine wichtige Rolle ein. Denn die Wechselkurse beeinflussen die Exporte und Importe der jeweiligen Wirtschaftsräume. Eine starke Währung belastet exportorientierte Unternehmen. Des Weiteren gilt es zu berücksichtigen, dass die Rohstoffe derzeit noch überwiegend in Dollar abgerechnet werden. Ein sehr fester Dollar kann in der Folge zu importierten Inflationen in den einzelnen Volkswirtschaften führen und die dortigen Preissteigerungen für Waren und Dienstleistungen anheizen. Dieses Thema ist sehr breit gefächert. Sollten Sie Interesse an dieser Materie haben, empfiehlt es sich, nach spezieller Literatur Ausschau zu halten.

Interpretation und Nutzung von Marktdynamik und Sentiment

Wie können fortgeschrittene Trader die Marktdynamik interpretieren und für ihre individuellen Strategien nutzen? Am besten ist eine Kombination von Datenquellen. Dabei kombinieren Sie fundamentale, Technische und Sentiment-Analysen, um ein umfassendes Bild der derzeitigen Situation zu erhalten. Beispielsweise kann die Analyse einer bullishen Chartformation durch ein optimistisches Sentiment und starke Fundamentaldaten bestätigt werden. Das gibt Ihnen eine wichtige Zweitmeinung und führt zu sicheren Signalen bei Ihrer Handelsstrategie.

Bei Einzelaktien oder Indizes können Reaktionen auf Nachrichten hilfreich sein, um die Rendite nachhaltig verbessern zu können. Sie beurteilen dann, ob eine Nachricht neue Informationen liefert oder nur bestehende Erwartungen bestätigt.

Algorithmische Handelsstrategien können dabei helfen, schnell auf Nachrichten zu reagieren. Professionelle Investoren setzen bereits auf Newsreader-Algorithmen und lassen sie ihre betreuten Portfolien entsprechend anpassen.

Wenn Sie sich im Vorfeld mit den anstehenden Nachrichten und potenziellen Impulsen beschäftigen und einen Terminplan erstellen, können Sie eine Art „vorausschauendes Denken" bei Ihrem Trading beziehungsweise Investing etablieren. Erfahrene Anleger denken stets antizipativ. Sie bedenken, wie die anderen Marktteilnehmer auf künftige Ereignisse wie Zentralbanksitzungen reagieren könnten, und berücksichtigen das bei ihren Anlage- und Trading-Entscheidungen.

Hier nun ein Beispiel für die Anwendung in der Praxis.

In volatilen Marktphasen: Die Nachrichten über eine mögliche Rezession lösen hohe Volatilität an den Finanzmärkten aus. Überprüfen Sie den VIX (hoch) und versuchen Sie zu erkennen, ob ein pessimistisches Sentiment vorliegt. Nun können Sie diese Gelegenheit nutzen, um Positionen in defensiven Sektoren aufzubauen.

In bullishen Marktphasen: Eine Reihe positiver Konjunkturdaten zeigt oft eine robuste Wirtschaft oder eine Konjunkturerholung an. Suchen Sie speziell nach zyklischen Aktien, die von einem längerfristigen Aufschwung profitieren könnten, und positionieren Sie sich entsprechend Ihrer Risikomanagement-Ansätze in den Branchen und Sektoren.

Die Marktdynamik und das Sentiment können wesentliche Faktoren für Handelsentscheidungen sein. Erfahrene Trader interpretieren sie nicht isoliert, sondern als Teil eines ganzheitlichen Ansatzes, der fundamentale, technische und emotionale Aspekte integriert. Das Verständnis der Dynamik hinter den Marktbewegungen, gepaart mit einem klaren Blick auf makroökonomische Entwicklungen, ermöglicht es Ihnen, in dynamischen Märkten erfolgreich zu navigieren. Rationalität, Disziplin und ein strategischer Ansatz sind der Schlüssel, um diese unsichtbaren Kräfte zu meistern.

15. Optionsstrategien für Anfänger: Der Einstieg in ein vielseitiges Investmentuniversum

Optionen gehören zu den flexibelsten und vielseitigsten Instrumenten am Finanzmarkt. Sie bieten Anlegern die Möglichkeit, Risiken abzusichern, Erträge zu steigern oder gezielt auf Marktbewegungen zu spekulieren. Gerade für Einsteiger können Optionen jedoch komplex wirken. In diesem Buchabschnitt versuche ich, grundlegende Optionsstrategien zu erklären, stelle notwendige Parameter dar und zeige, wie Anfänger diese Strategien einsetzen können, um erfolgreich zu investieren.

Was sind Optionen?

Eine Option ist ein Finanzderivat, das dem Käufer das Recht (aber nicht die Verpflichtung) gibt, ein zugrunde liegendes Wertpapier wie eine Aktie, einen Index oder eine Währung zu einem festgelegten Preis (Strike-Preis) innerhalb eines bestimmten Zeitraums zu kaufen oder zu verkaufen.

- Call-Option: Recht, das Wertpapier zu kaufen.
- Put-Option: Recht, das Wertpapier zu verkaufen.

Die wesentlichen Bestandteile von Optionen müssen Sie unbedingt im Vorfeld kennenlernen. Und auch die zahlreichen Fachbegriffe, mit denen Sie im Derivatemarkt konfrontiert werden, möchte ich an dieser Stelle kurz erläutern:

Strike-Preis: Der festgelegte Preis, zu dem das Wertpapier durch das Derivat gekauft/verkauft werden kann.

Prämie: Der Preis, den der Käufer der Option zahlt.

Laufzeit: Der Zeitraum, innerhalb dessen oder an dessen Ende die Option ausgeübt werden kann.

Innerer Wert: Der Unterschied zwischen Strike-Preis und aktuellem Kurs (nur bei „im Geld" liegenden Optionen).

Zeitwert: Teil der Prämie, der auf die verbleibende Laufzeit zurückzuführen ist.

Wie kann man als Investor Optionen für seine Strategien nutzen?

Ganz wesentlich zur einfachen Absicherung (Hedging). Dadurch erreichen Sie einen Schutz vor Kursverlusten oder Volatilität, ohne Ihr gesamtes Depot auflösen zu müssen. Zudem können Sie Optionen zur Ertragssteigerung einsetzen, indem Sie zusätzliche Einnahmen durch

Prämien generieren. Interessant sind diese Derivate auch aufgrund ihrer Hebelwirkung. Mit geringem Kapitaleinsatz können Investoren und Trader im besten Fall von größeren Kursbewegungen profitieren. Derivate bieten ein hohes Maß an Flexibilität. Die vielen derivativen Strategien können an unterschiedliche Markterwartungen angepasst werden und stellen dadurch interessante Möglichkeiten dar. Zunächst zeige ich Ihnen eine kleine Auswahl an einfachen Optionsstrategien für Anfänger.

Einfache Optionsstrategien

Zunächst gebe ich Ihnen einen Überblick über die einfachen Optionsstrategien:

Covered Call Writing

Das Covered Call Writing (Verkauf gedeckter Calls) ist die einfachste und risikoärmste Strategie. Sie besitzen zum Beispiel eine Aktienposition und verkaufen eine entsprechende Position in Call-Optionen darauf. Ziel ist es, zusätzliche Gewinne durch die eingenommenen Optionsprämien zu generieren.

Beispiel:

Sie besitzen 100 Aktien vom Unternehmen X, die aktuell bei 50 Euro pro Aktie stehen. Sie verkaufen einen Call mit einem Strike-Preis von 55 Euro und einer Prämie von zwei Euro. Wenn der Kurs unter 55 Euro bleibt, behalten Sie die Optionsprämie. Steigt der Kurs über 55 Euro, müssen Sie die Aktie zu diesem Preis verkaufen, profitieren aber bis dahin vom Kursanstieg.

Diese Strategie ist für Anleger geeignet, die bereits Aktienpositionen halten und mit begrenztem Risiko zusätzliche Erträge erzielen möchten.

Protective Put

Der Protective Put (Schutz durch Put-Optionen) verläuft ähnlich wie das Covered Call Writing. Jedoch kaufen Sie in diesem Fall eine Put-

Option, um einen bestehenden Aktienbestand gegen Kursverluste abzusichern. In diesem Fall nehmen Sie keine zusätzlichen Optionsprämien ein, sondern begrenzen den Verlust Ihrer Aktienposition bei fallenden Kursen.

Beispiel:

Sie besitzen Aktien vom Unternehmen Y, die aktuell bei 100 Euro stehen. Sie kaufen eine Put-Option mit einem Strike-Preis von 95 Euro für eine Prämie von drei Euro. Fällt der Kurs unter 95 Euro, können Sie die Aktie zu diesem Preis verkaufen, was Ihre Verluste begrenzt.

Diese Strategie ist für langfristige Investoren geeignet, die sich gegen Risiken durch Marktkorrekturen absichern wollen.

Cash Secured Put

Beim Cash Secured Put beziehungsweise dem sogenannten barabgesicherten Put-Verkauf werden Put-Optionen verkauft, wobei der Verkauf durch ausreichend Eigenkapital gedeckt ist, um die Aktien bei Ausübung zu kaufen. Der Investor generiert zusätzliche Gewinne durch die vereinnahmten Optionsprämien und den potenziellen Kauf der Aktie zu einem niedrigeren Preis.

Beispiel:

Sie verkaufen eine Put-Option auf das Unternehmen Z mit einem Strike-Preis von 45 Euro und einer Prämie von zwei Euro. Wenn der Kurs unter 45 Euro fällt, müssen Sie die Aktie kaufen, profitieren aber von der erhaltenen Prämie.

Diese Strategie ist ideal für Anleger, die bereit sind, Aktien zu einem günstigeren Preis zu erwerben und gleichzeitig einen Cashflow durch die erzielten Optionsprämien zu generieren.

Long Call

Bei einem Long Call kaufen Sie Call-Optionen, um von steigenden Kursen zu profitieren. Dabei benötigen Sie weniger Geld, als wenn Sie die Aktien direkt gekauft hätten. Sie nutzen also die Hebelwirkung der Call-Option, um mit geringem Kapitaleinsatz von Kursanstiegen bei der Aktie zu profitieren.

Beispiel:

Der Kurs einer Aktie beträgt 50 Euro und Sie kaufen eine Call-Option mit einem Strike-Preis von 55 Euro für zwei Euro. Steigt der Kurs auf 60 Euro, beträgt Ihr Gewinn (ohne Prämienkosten) fünf Euro pro Aktie, abzüglich der Prämie.

Diese Strategie ist für Anleger geeignet, die auf kurzfristige Kursanstiege spekulieren wollen.

Long Put

Die Long-Put-Strategie, also der Kauf von Put-Optionen, stellt dagegen die Möglichkeit dar, von fallenden Kursen zu profitieren. Sie spekulieren nicht ausschließlich auf Kursverluste, sondern sichern Ihr Depot gegen einen Rückgang ab.

Beispiel:

Der Kurs einer Aktie beträgt 50 Euro und Sie kaufen eine Put-Option mit einem Strike-Preis von 45 Euro für drei Euro. Fällt der Kurs auf 40 Euro, können Sie die Aktie für 45 Euro verkaufen, was Ihnen einen Gewinn von fünf Euro pro Aktie (abzüglich Prämie) einbringt.

Diese Strategie eignet sich für Bärenmärkte oder zur Absicherung bestehender Positionen.

Bei der Umsetzung von den gezeigten Optionsstrategien sollten Sie zumindest die grundlegenden und damit wichtigsten Parameter und Kennzahlen zur Bewertung von Optionen kennen.

Die wichtigsten Parameter und Kennzahlen von Optionen

- Delta: Zeigt die Kursveränderung der Option im Verhältnis zur Kursbewegung des Basiswerts. Ein Delta von 0,5

bedeutet, dass sich der Optionspreis um 0,50 Euro ändert, wenn sich der Basiswert um einen Euro bewegt.
- Theta: Misst den Zeitwertverlust der Option. Optionen verlieren an Wert, je näher das Verfallsdatum rückt.
- Vega: Gibt an, wie empfindlich der Optionspreis auf Änderungen der Volatilität reagiert.
- Implied Volatility (IV): Zeigt die erwartete Schwankungsbreite eines Marktes für einen bestimmten Zeitraum. Eine hohe IV signalisiert hohe Prämien, aber auch größere Risiken.

Überblick über die Einsatzmöglichkeiten von Optionen für Anfänger

- Zur Absicherung des Portfolios: Protective Puts eignen sich sehr gut zum Schutz bestehender Positionen vor Verlusten.
- Zur Einkommensgenerierung: Covered Calls oder Cash Secured Puts sind einfache Wege, um regelmäßige Einnahmen zu erzielen.
- Zur Spekulation mit begrenztem Risiko: Long Calls oder Long Puts erlauben es, mit geringem Kapitaleinsatz auf Kursbewegungen zu spekulieren.
- Zur Kombination mit Aktienanlagen: Anfänger können mit Basisstrategien starten und diese später in komplexere Strategien integrieren.

Komplexere Optionsstrategien

Neben den relativ einfachen Strategien für Einsteiger gibt es auch einige komplexere Optionsstrategien, die ich im Folgenden nur beispielhaft darlegen möchte. Falls Sie Interesse an diesen Strategien haben, empfiehlt es sich, ein darauf spezialisiertes Buch zu lesen oder einen entsprechenden Kurs zu besuchen.

Optionsstrategien sind vielseitige Werkzeuge, mit denen fortgeschrittene Anleger in unterschiedlichsten Marktbedingungen profitieren können. Strategien wie Straddles, Strangles und Iron Condors bieten Flexibilität, um sowohl von Marktvolatilität als auch von Stabilität zu profitieren. Hier ein kurzer Überblick über diese Strategien und deren Einsatzmöglichkeiten:

Straddle

Mit Straddles setzen Sie auf starke Bewegungen bei dem entsprechenden Underlying. Ein Straddle kombiniert den Kauf einer Call- und einer Put-Option mit demselben Basispreis und Verfallsdatum. Diese Strategie eignet sich, wenn der Anleger starke Kursbewegungen erwartet, jedoch nicht sicher ist, in welche Richtung sich der Kurs entwickeln wird.

Sie können die Straddle-Strategie am besten vor wichtigen Ereignissen wie Quartalsberichten oder politischen Entscheidungen einsetzen, bei denen Sie Marktphasen mit hoher Volatilität erwarten. Die Vorteile liegen dann in den entstehenden Gewinnen, die unabhängig von der Trendrichtung sind: Die Hauptsache ist, dass die Kursbewegung groß genug ist, um Ihre Straddle-Position in die Gewinnzone zu bringen. Das Risiko ist dabei auf die gezahlten Optionsprämien begrenzt, wenn der Kurs stabil bleibt.

Beispiel:

Ein Anleger kauft einen Straddle auf eine Aktie bei 50 Euro. Die Call- und Put-Option kosten jeweils zwei Euro. Der Break-even liegt bei 46 oder 54 Euro (Basispreis ± gezahlte Prämien).

Strangle

Ein Strangle ähnelt dem Straddle, jedoch werden Call- und Put-Optionen mit unterschiedlichen Basispreisen gekauft. Diese Strategie ist günstiger, da die Prämien niedriger sind, sie erfordert jedoch stärkere Kursbewegungen, um profitabel zu sein.

Die Straddle-Strategie wird ähnlich wie beim Straddle eingesetzt, allerdings bei geringeren Prämienbudgets. Die Vorteile liegen in den niedrigeren Kosten im Vergleich zum Straddle. Das Risiko liegt in dem höheren Break-even-Punkt, da der Kurs des Underlyings eine größere Kursbewegung benötigt.

Beispiel:

Ein Anleger kauft einen Strangle mit einer Call-Option bei 52 Euro und einer Put-Option bei 48 Euro. Die Prämien betragen 1,50 beziehungsweise 1,20 Euro. Der Break-even liegt bei 53,70 oder 46,30 Euro.

Iron Condor

Der Iron Condor ist eine Optionsstrategie, die daraufsetzt, dass der Kurs eines Vermögenswerts innerhalb einer bestimmten Spanne bleibt. Er kombiniert zwei Short-Optionen (Call und Put) mit zwei Long-Optionen, die weiter vom Basispreis entfernt liegen.

Die Iron-Condor-Strategie kann am besten in Marktphasen mit erwarteter niedriger Volatilität oder stabilen Kursbewegungen eingesetzt werden. Der Vorteil dieser Strategie liegt in dem begrenzten Risiko, dafür nehmen Sie jedoch auch nur einen begrenzten Gewinn hin. Wenn Sie diese Strategie kontinuierlich ausüben, können Sie regelmäßige Einnahmen durch die erzielten Prämien generieren.

Alle genannten Strategien bergen aber auch Risiken. Verluste entstehen dann, wenn der Kurs des Underlyings außerhalb der festgelegten Spanne der Optionen liegt.

Beispiel:

Ein Anleger eröffnet einen Iron Condor mit einer Short-Call-Option bei 52 Euro und einer Short-Put-Option bei 48 Euro, abgesichert durch eine Long-Call-Option bei 54 Euro und eine Long-Put-Option bei 46 Euro. Der maximale Gewinn besteht in den erhaltenen Prämien, wenn der Kurs zwischen 48 und 52 Euro bleibt.

Fortgeschrittene Derivatestrategien

Fortgeschrittene Derivatestrategien gehen über grundlegende Konzepte wie einfache Optionen und deren Kombinationen hinaus und kombinieren oft verschiedene Finanzinstrumente, um spezifische Marktbedingungen oder Anlageziele abzudecken. Ich stelle Ihnen nun eine erweiterte Übersicht über fortgeschrittene Strategien an den Derivatemärkten vor.

Der Butterfly Spread bietet begrenzte Risiken und Gewinne und ist daher ideal für Märkte mit geringer Volatilität. Diese Strategie kombiniert Long- und Short-Positionen in Optionen mit drei unterschiedlichen Basispreisen. Typischer Aufbau: ein Long Call, zwei Short Calls und ein Long Call (oder Put-Optionen für einen Put-Butterfly) mit gleichem Verfallsdatum. Der Butterfly Spread eignet sich am besten, wenn der Anleger erwartet, dass der Kurs in einer engen Spanne bleibt.

Der Calendar Spread (Zeitertragsstrategie) kombiniert Optionen mit unterschiedlichen Verfallsdaten. Hierfür verkaufen Sie eine Option mit kurzem Verfallsdatum und kaufen eine Option mit längerem Verfallsdatum. Diese Strategie wird eingesetzt, um von Zeitwertverlusten der kurzfristigen Option zu profitieren. Das Risiko besteht darin, dass dieser Ansatz empfindlich gegenüber Kursbewegungen und Volatilitätsänderungen ist.

Der Ratio Spread kombiniert eine ungleiche Anzahl von Long- und Short-Positionen, also zum Beispiel einen Long Call und zwei Short Calls mit demselben Verfallsdatum. Diese Strategie eignet sich für Anleger, die von einer mäßigen Bewegung in eine Richtung profitieren möchten. Allerdings kann es bei extremen Kurbewegungen zu einem unbegrenzten Verlustpotenzial kommen.

Der Box Spread ist eine Arbitrage-Strategie, die eine garantierte Rendite bei geringem Risiko bietet. Er kombiniert einen Bull Call Spread und einen Bear Put Spread mit denselben Basispreisen und Verfallsdaten. Diese Strategie wird bei einer Arbitrage in ineffizienten Märkten eingesetzt. Als Anleger sollten Sie jedoch die begrenzten Gewinne und die geringe Marktverfügbarkeit beachten.

Der Collar ist eine Absicherungsstrategie, die den maximalen Gewinn und Verlust begrenzt. Der Anleger kauft eine Put-Option und verkauft eine Call-Option auf denselben Basiswert. Somit kann er sich vor großen Verlusten schützen, bei gleichzeitiger Begrenzung potenzieller Gewinne.

Der Iron Butterfly ist eine Variante des Butterfly Spreads, die Short-Straddle-Elemente integriert. Diese Strategie verkauft einen Straddle (Short Call und Short Put) und kauft zur Absicherung Long-Optionen mit weiter entfernten Basispreisen. So kann der Anleger von der Stabilität in engen Preisspannen profitieren.

Synthetic Positions sind Strategien, bei denen Derivate klassische Positionen imitieren. Beispiele sind der Synthetic Long Stock (Kombination aus Kauf einer Call-Option und Verkauf einer Put-Option mit demselben Basispreis) und der Synthetic Short Stock (umgekehrte Kombination).

Vega-neutrale Strategien neutralisieren die Veränderungen in der impliziten Volatilität. Sie nutzen Long- und Short-Optionen in unterschiedlichen Basiswerten oder Verfallsdaten und werden in Märkten mit hohen Volatilitätsschwankungen eingesetzt.

Das Delta-Hedging ist eine Methode zur Absicherung gegen kleine Preisänderungen im Basiswert. Es kombiniert Optionen und die zugrunde liegende Aktie in einem Verhältnis, das das Delta neutralisiert. Diese Strategie eignet sich für Marketmaker oder institutionelle Anleger, die Preisrisiken minimieren möchten. Für private Anleger kann Delta-Hedging interessant sein, ist aber eher für erfahrene Trader mit großem Kapital und hoher Marktkenntnis geeignet. Wer die Strategie nicht aktiv überwachen und anpassen kann, sollte sich eher auf einfachere Absicherungsstrategien konzentrieren, wie das Covered Call Writing, den Kauf von Protective Puts oder Spread Strategien.

Credit Spreads nehmen Prämien ein, indem Optionen verkauft und mit billigeren Optionen abgesichert werden. Beispiele sind der Bull Put Spread (Verkauf einer Put-Option und Kauf einer Put-Option mit niedrigerem Basispreis) und der Bear Call Spread (Verkauf einer Call-Option und Kauf einer Call-Option mit höherem Basispreis).

Dispersion Trading ist eine Strategie, die auf der Korrelation zwischen einzelnen Aktien und einem Index basiert. Hierbei verkauft der Anleger Indexoptionen und kauft Optionen auf die Einzelwerte des Index (oder umgekehrt). Auf diese Weise kann er von Fehlbewertungen in der Volatilitätsstruktur profitieren.

Das Gamma Scalping zieht seine Gewinne aus Kursschwankungen. Diese Strategie hält eine Position mit positiver Gamma-Exponierung und passt die zugrunde liegende Position an. Sie eignet sich für Märkte mit unvorhersehbaren Schwankungen.

Wie Sie an diesem kurzen Auszug sehen können, bieten fortgeschrittene Derivatestrategien Anlegern eine Vielzahl von Möglichkeiten, unterschiedliche Marktbedingungen zu nutzen. Von Volatilitäts-Trading bis hin zu schlichten Arbitrage-Strategien haben Sie die Möglichkeit, sich an den Terminmärkten auszutoben. Diese Strategien erfordern jedoch tiefgehendes Wissen über Derivate, ein solides Risikomanagement und eine ständige Überwachung der Märkte, um erfolgreich eingesetzt werden zu können. Bei richtiger Anwendung können sie jedoch eine wertvolle Bereicherung der vorhandenen Handelsstrategien sein.

Wie können Anleger diese Strategien am besten nutzen?

- Zur Diversifikation und Ergänzung bei klassischen Investments, um von Marktvolatilität oder -stabilität zu profitieren.
- Zum Risikomanagement, da jede Strategie ein begrenztes Risiko besitzt, das im Voraus kalkuliert werden kann.
- Zur Ertragsoptimierung, da Anleger regelmäßige Einnahmen durch Prämien erzielen können, insbesondere mit Strategien wie dem Iron Condor.

- Zur Absicherung, da beispielsweise Straddles und Strangles als Absicherung gegen unvorhersehbare Ereignisse dienen und die daraus resultierende Volatilität nutzen können.

Chancen und Risiken

Fortgeschrittene Optionsstrategien wie Straddles, Strangles und Iron Condors bieten vielseitige Einsatzmöglichkeiten, um in unterschiedlichen Marktsituationen erfolgreich aktiv zu sein. Sie erfordern jedoch ein tiefes Verständnis der Funktionsweise von Optionen, eine sorgfältige Planung und ein diszipliniertes Risikomanagement. Anleger, die diese Strategien beherrschen, können ihre Investmentportfolios effektiv diversifizieren und optimieren.

Die Chancen und Risiken von fortgeschrittenen Optionsstrategien liegen auf der Hand. Die Chancen bestehen in der hohen Flexibilität durch die Anpassung an verschiedene Marktphasen. Die Hebelwirkung der Optionsstrategien erzielt hohe Renditen bei geringem Kapitaleinsatz. Außerdem können die Strategien in das bestehende Risikomanagement integriert und durch ihren strategischen Einsatz Verlustbegrenzungen erzielt werden.

Die Risiken liegen in der Komplexität der Strategien, da diese ein solides Grundverständnis der Derivatemärkte und deren Funktionalität erfordern. Der Zeitwertverlust bei den Optionsstrategien ist ebenfalls ein latentes Risiko. Optionen verlieren bei Annäherung an das Verfallsdatum an Zeitwert Theta. Zuletzt können unvorhersehbare Volatilitäten oder Kursschwankungen hohe Verluste verursachen, da sich in solchen Marktphasen die Optionspreise stark verteuern.

Wie Sie sehen, stellen Optionsstrategien ein mächtiges Werkzeug dar, das es Anlegern und Tradern ermöglicht, auf vielfältige Weise von Marktbewegungen zu profitieren. Mit Basisstrategien wie Covered Calls, Protective Puts und Long Calls können Anfänger erste Erfahrungen sammeln und ihr Derivatewissen vertiefen. Entscheidend sind ein klares Verständnis der wichtigen Parameter, eine disziplinierte

Vorgehensweise und der Einsatz eines soliden Risikomanagements. Mit der Zeit können Anleger ihr Wissen erweitern und komplexere Strategien anwenden, um das volle Potenzial von Optionen auszuschöpfen.

16. Fortgeschrittene Technische Analyse: Chartmuster und Indikatoren beim Investieren einsetzen

Wie ich Ihnen bereits kurz dargelegt habe, stellt die Technische Analyse ein wichtiges Werkzeug für Trader und Investoren dar, um Marktbewegungen zu verstehen und fundierte Handelsentscheidungen zu treffen. Fortgeschrittene Technische Analysen bauen auf den Grundlagen auf, indem sie komplexere Chartmuster und Indikatoren verwenden, um Trends zu erkennen, Ein- und Ausstiegspunkte zu bestimmen und Risiken zu minimieren.

In diesem Kapitel werde ich die wichtigsten fortgeschrittenen Strategien, basierend auf Chartmustern und technischen Indikatoren, detailliert beschreiben. Ich zeige Ihnen, wie diese Werkzeuge kombiniert und effektiv eingesetzt werden können. Einen tiefergehenden Einblick kann ich Ihnen leider nicht geben, da dies den Rahmen dieses Buches sprengen würde. In der Medienlandschaft gibt es aber dazu viele interessante und lehrreiche Inhalte, die ich Ihnen ans Herz lege.

Chartmuster helfen Ihnen dabei, die Strukturen des Marktes zu lesen, denn sie sind visuelle Formationen in Kursdiagrammen, die häufig bestimmte Marktverhaltensweisen der Marktteilnehmer widerspiegeln. Dank ihnen können Sie Trendfortsetzungen oder -umkehrungen prognostizieren und entsprechende Positionen in den betroffenen Underlyings aufbauen.

Trendfortsetzungsmuster

Die wichtigsten Formationen stellen meiner Meinung nach die Trendfortsetzungsmuster dar. Sie deuten darauf hin, dass ein bestehender Kurstrend zum Beispiel nach einer Seitwärtsphase oder Kurskorrektur weitergeht. Die wichtigsten sind:

Dreiecke (symmetrisch, aufsteigend, absteigend)

- Strategie: Dreiecke entstehen, wenn sich Kurse in einer enger werdenden Preisspanne bewegen. Ein Ausbruch aus dem Dreieck signalisiert eine Fortsetzung des Trends.
- Parameter: Ein hoher Handelsvolumenanstieg beim Ausbruch bestätigt die Bewegung. Platzierung eines Stop-Loss knapp unterhalb der unteren Linie (bei Long-Trades) oder oberhalb (bei Short-Trades).
- Beispiel: Ein aufsteigendes Dreieck in einem Aufwärtstrend signalisiert eine bevorstehende bullishe Fortsetzung.

Flaggen und Wimpel

- Strategie: Flaggen und Wimpel zeigen kurze Konsolidierungsphasen innerhalb starker Trends.
- Parameter: Die Länge des Trends vor der Konsolidierung gibt Hinweise auf die Stärke der Fortsetzung. Der Einstieg erfolgt beim Ausbruch aus der Formation.
- Einsatzmöglichkeiten: Besonders nützlich für Day-Trader und Swing-Trader.

Trendumkehrmuster

Diese Muster signalisieren das Ende eines bestehenden Trends und den Beginn eines neuen.

Kopf-Schulter-Muster (Head and Shoulders)

- Strategie: Das Muster besteht aus drei Spitzen, wobei die mittlere (Kopf) höher ist als die beiden äußeren (Schultern). Ein Durchbruch der „Nackenlinie" bestätigt die Umkehr.
- Parameter: Das Volumen sollte während der rechten Schulter sinken und beim Durchbruch der Nackenlinie steigen.
- Zielpreis: Abstand zwischen Kopf und Nackenlinie wird projiziert.
- Beispiel: Eine Aktie in einem Aufwärtstrend bildet ein Kopf-Schulter-Muster – ein Verkaufssignal.

Doppelte Hochs und Tiefs

- Strategie: Zwei aufeinanderfolgende Hochs oder Tiefs auf ähnlichem Niveau zeigen eine Umkehr an.
- Parameter: Stop-Loss über/unter den Hochs oder Tiefs setzen. Bestätigung durch Durchbruch des Zwischentiefs/-hochs.
- Einsatzmöglichkeiten: Geeignet für mittelfristige Handelsansätze.

Technische Indikatoren: Tiefer in die Daten eintauchen

Technische Indikatoren basieren auf mathematischen Berechnungen, die Kurs- und Volumendaten verwenden, um Trends, Momentum und Überkauft-/Überverkauft-Situationen zu analysieren.

Trendfolgende Indikatoren

Diese Indikatoren sind nützlich, um bestehende Trends zu identifizieren.

Gleitende Durchschnitte (Moving Averages)

- Strategie: Der Durchschnitt wird verwendet, um den Trend zu glätten und Ein- und Ausstiegspunkte zu finden.
- Parameter: Simple Moving Average (SMA): Durchschnitt über eine festgelegte Anzahl von Tagen (zum Beispiel 50 oder 200).
- Exponential Moving Average (EMA): Gewichtung liegt auf jüngeren Datenpunkten. Kreuzung: Wenn der 50-Tage-SMA den 200-Tage-SMA von unten nach oben durchbricht („Golden Cross"), wird ein Kauf signalisiert.

MACD (Moving Average Convergence Divergence)

- Strategie: Der MACD misst den Unterschied zwischen zwei EMAs (zum Beispiel 12 und 26 Tage) und zeigt Momentum sowie Trendstärke an.
- Parameter: Der MACD kreuzt die Signallinie – Kauf- oder Verkaufssignal. Divergenzen zwischen MACD und Kursentwicklung können auf Trendwenden hinweisen.

Momentum-Indikatoren

Momentum-Indikatoren messen die Geschwindigkeit der Kursbewegung.

Relative Stärke Index (RSI)

- Strategie: Der RSI identifiziert überkaufte (über 70) und überverkaufte (unter 30) Bedingungen.
- Parameter: Divergenzen: Wenn der RSI ein neues Tief bildet, der Kurs jedoch steigt, könnte dies eine bullishe

Wende signalisieren. Verwendung in Kombination mit anderen Indikatoren für zusätzliche Bestätigung.

Stochastik-Oszillator

- Strategie: Misst die Lage des aktuellen Kurses im Vergleich zu einer definierten Kursspanne der Vergangenheit.
- Parameter: Überkauft bei Werten über 80, überverkauft bei Werten unter 20.
- Einsatzmöglichkeiten: Besonders nützlich in Seitwärtsmärkten.

Volatilitätsindikatoren

Diese Indikatoren helfen, die Marktvolatilität zu bewerten.

Bollinger-Bänder

- Strategie: Zwei Standardabweichungen um einen gleitenden Durchschnitt herum. Kurse, die das obere Band durchbrechen, signalisieren eine mögliche Überhitzung.
- Parameter: Enge Bänder signalisieren geringe Volatilität, mögliche bevorstehende Ausbrüche. Weite Bänder signalisieren hohe Volatilität, größere Schwankungen erwartet.
- Einsatzmöglichkeiten: Ideal für Breakout-Trades.

Kombinierte Strategien: Chartmuster und Indikatoren vereinen

Die Kombination von Chartmustern und Indikatoren bietet eine robustere Analysebasis. Nachfolgend einige Beispiele:

Dreieck-Chartformation + RSI:

Ein symmetrisches Dreieck wird durch einen RSI über 50 bestätigt, bevor ein Kauf erfolgt.

Kopf-Schulter-Chartformation + MACD:

Ein Kopf-Schulter-Muster wird durch einen MACD-Durchbruch der Signallinie bestätigt.

Bollinger-Bänder + Stochastik:

Enge Bollinger-Bänder in Kombination mit einem überverkauften Stochastik-Wert deuten auf eine potenzielle Aufwärtsbewegung hin.

Wie Sie sehen können, ist die Technische Analyse ein mächtiges Werkzeug, um potenzielle Handelsmöglichkeiten zu identifizieren. Während grundlegende Chartmuster und Indikatoren für Einsteiger hilfreich sind, nutzen fortgeschrittene Trader komplexere Ansätze wie Fibonacci-Retracements, Elliott-Wellen und den Ichimoku-Kinko-Hyo. Diese Werkzeuge bieten tiefere Einblicke in Marktbewegungen und helfen dabei, präzisere Entscheidungen zu treffen. Die Charttechnik hat sich in den letzten Jahren drastisch verändert und immer neue und modernere Indikatoren und Anwendungskombinationen sind ans Tageslicht gekommen.

Fibonacci-Retracements: Ursprung und Anwendung in den Finanzmärkten

Die Fibonacci-Retracements basieren auf der mathematischen Fibonacci-Zahlenfolge, die bereits im 13. Jahrhundert von dem italienischen Mathematiker Leonardo Fibonacci beschrieben wurde. Diese Zahlenfolge beginnt mit 0 und 1, wobei jede nachfolgende Zahl die Summe der beiden vorhergehenden ist: 0, 1, 1, 2, 3, 5, 8, 13 und so weiter. Die Besonderheit liegt in den Verhältnissen, die sich aus den Zahlen ergeben. Zwei zentrale Werte sind das Verhältnis von 61,8 % (der sogenannte „Goldene Schnitt") und dessen Komplement von 38,2 %. Diese und weitere Verhältnisse – wie 23,6 % oder 50 % – bilden die Grundlage der Fibonacci-Retracements.

In den Finanzmärkten werden Fibonacci-Retracements als technisches Analyseinstrument genutzt, um potenzielle Unterstützungs- und

Widerstandsniveaus zu identifizieren. Trader verwenden sie, um Rücksetzer (auf Englisch: Retracements) innerhalb eines Trends zu messen. Das Grundprinzip besagt, dass der Markt oft einen bestimmten Teil einer vorherigen Bewegung korrigiert, bevor er seine Haupttrendbewegung fortsetzt.

Die Anwendung ist einfach: Nach der Identifikation eines signifikanten Hoch- und Tiefpunkts wird das Fibonacci-Retracement-Tool angewendet, um die Schlüsselzonen zu bestimmen. Diese Level helfen dabei, mögliche Einstiegs- oder Ausstiegspunkte zu finden. In der Praxis gelten die Niveaus von 38,2 %, 50 % und 61,8 % als besonders wichtig.

Obwohl Fibonacci-Retracements keine Garantie für die Marktbewegung sind, nutzen sie viele Marktteilnehmer aufgrund ihrer Verbreitung. Dadurch können diese Level auch eine selbstbewahrheitende Wirkung entfalten. Die Aussagekraft der Fibonacci-Retracements liegt somit nicht nur in ihrer mathematischen Logik, sondern auch in der Psychologie der Masse, die sie in ihre Handelsentscheidungen einbezieht.

Fibonacci-Retracements helfen Tradern dabei, potenzielle Wendepunkte im Markt zu identifizieren. Die gängigen Retracement-Level sind 23,6 %, 38,2 %, 50 %, 61,8 % und 78,6 %.

Anwendung: Nach einer starken Kursbewegung (Auf- oder Abwärtstrend) zeichnen Trader die Fibonacci-Retracements zwischen dem Hoch und dem Tief, um potenzielle Unterstützungs- und Widerstandszonen zu ermitteln.

Handelsmöglichkeiten: Kauf oder Verkauf bei Berührung eines wichtigen Fibonacci-Levels, insbesondere bei einer Trendfortsetzung.

Tipp für Trader: Kombinieren Sie Fibonacci-Retracements mit anderen Indikatoren wie gleitenden Durchschnitten oder dem RSI, um die Wahrscheinlichkeit für erfolgreiche Trades zu erhöhen.

Die Elliott-Wellen-Theorie: Ursprung und Bedeutung in den Finanzmärkten

Die Elliott-Wellen-Theorie ist eine Methode der Technischen Analyse, die von Ralph Nelson Elliott in den 1930er-Jahren entwickelt wurde. Sie basiert auf der Beobachtung, dass sich Finanzmärkte in wiederholbaren Zyklen bewegen, die durch kollektive Psychologie und die Dynamik von Angebot und Nachfrage geprägt sind. Elliott erkannte, dass sich diese Bewegungen in einem bestimmten Muster strukturieren lassen, das sich aus Impuls- und Korrekturwellen zusammensetzt.

Ein vollständiger Zyklus in der Elliott-Wellen-Theorie besteht aus fünf Impulswellen, die in Richtung des Haupttrends verlaufen, und drei Korrekturwellen, die gegen den Haupttrend gerichtet sind. Die Struktur dieser Wellen folgt oft den Fibonacci-Verhältnissen, was die Verbindung zur mathematischen Fibonacci-Folge erklärt. Dies unterstützt die Identifikation von Ziel- und Wendepunkten in den Märkten.

Die Theorie geht davon aus, dass die grundsätzliche Marktentwicklung nicht rein zufällig ist, sondern durch die Stimmungen der Marktteilnehmer geprägt wird. Diese kollektive Psychologie manifestiert sich in wiederkehrenden Mustern, die auf allen Zeitebenen zu finden sind. Vom langfristigen Makrotrend bis hin zu kurzfristigen Schwankungen spiegelt die Elliott-Wellen-Theorie das Fraktalverhalten der Finanzmärkte wider.

Trader und Analysten nutzen diese Methode, um potenzielle Marktwenden, Zielniveaus und den Verlauf künftiger Bewegungen abzuschätzen. Trotz ihrer Komplexität bleibt die Elliott-Wellen-Theorie ein wertvolles Werkzeug, vor allem für diejenigen, die die tieferliegende Marktstruktur analysieren wollen. Ihre Stärke liegt darin, dass sie Technische Analysen mit einem psychologischen Rahmenwerk kombiniert und dadurch eine tiefere Perspektive auf die Dynamik der Märkte bietet.

Die Elliott-Wellen-Theorie geht insbesondere von der Voraussetzung aus, dass Marktbewegungen in wiederkehrenden Zyklen stattfinden und diese Zyklen von menschlicher Psychologie beeinflusst werden.

Anwendung: Identifikation der aktuellen Welle, um die nächste Marktbewegung vorherzusagen.

Handelsmöglichkeiten: Einstieg in Welle 3 oder Welle 5 des Impulszyklus, da hier oft die stärksten Bewegungen stattfinden. Absicherung oder Take-Profit während der Korrekturwellen.

Tipp für Trader: Nutzen Sie Fibonacci-Tools, um die Länge der Wellen zu messen und mögliche Zielpunkte zu bestimmen.

Ichimoku-Kinko-Hyo: Ein umfassender Indikator

Der Ichimoku-Kinko-Hyo ist ein komplexer Indikator, der auf einen Blick den Trend, die Marktstärke sowie potenzielle Unterstützungs- oder Widerstandszonen zeigt. Er besteht aus fünf Linien:

Tenkan-Sen (kurzfristige Durchschnittslinie): Zeigt kurzfristige Trends an.

Kijun-Sen (Standardlinie): Unterstützt die Trendbestimmung.

Senkou-Span A und B (Wolke): Zeigt Unterstützungs- und Widerstandszonen sowie den allgemeinen Trend.

Chikou-Span (Verzögerungslinie): Hilft, die Marktdynamik zu bewerten.

Anwendung: Einstieg in Trades bei Kreuzungen von Tenkan-Sen und Kijun-Sen in Richtung des Trends. Nutzung der „Wolke“ zur Identifikation von wichtigen Unterstützungs- und Widerstandszonen.

Handelsmöglichkeiten: Long-Trades bei bullishen Wolken (Senkou-Span A über B), Short-Trades bei bearishen Wolken (Senkou-Span B über A).

Wie Sie sehen können, haben die Marktteilnehmer in vielen verschiedenen Ländern und über die letzten Jahrzehnte hinweg immer komplexere charttechnische Marktindikationen entwickelt. Ich wollte

Ihnen lediglich eine kleine Auswahl aufzeigen, um Ihr Interesse für diese Methodik zu wecken. Bei tiefergehendem Interesse empfiehlt es sich, auf die spezialisierten Lehrbücher und Lehrprogramme zurückzugreifen.

Komplexere Chartanalysen

Kommen wir nun zu den komplexeren Chartanalysen für erfahrene Trader. Da wäre als Erstes die Multi-Timeframe-Analyse zu nennen. Bei diesem Ansatz analysieren Sie das Underlying auf mehreren Zeitebenen und stellen so sicher, dass der kurzfristige Trend mit dem übergeordneten übereinstimmt.

Beispiel:

Analyse eines Marktes auf mehreren Zeitebenen (zum Beispiel Tages-, Stunden- und 15-Minuten-Chart).

Handelsmöglichkeiten:

Nutzung eines kurzfristigen Charts für den Einstieg und eines langfristigen Charts für die Trendbewertung.

Ich habe Ihnen in diesem Buch bereits einige grundlegende Chartmuster erläutert. Natürlich besteht die Möglichkeit zur Kombination von verschiedenen Chartmustern und Indikatoren. Erfahrene Trader kombinieren verschiedene Werkzeuge, um ihre Analysen zu verfeinern. Dadurch schließen sie Fehlinterpretationen aus und verschaffen sich eine stabilere Basis für ihre Trading- und Anlageentscheidungen.

Beispiel: Identifikation einer Kopf-Schulter-Formation in Verbindung mit Fibonacci-Retracements, um präzise Einstiegspunkte zu finden. Sie können zusätzlich noch den MACD-Indikator miteinbeziehen, um ein besseres Marktsentiment zu erhalten.

Auch die Volumenanalyse wird häufig benutzt. Dabei schauen Sie sich die Volumenveränderungen des Underlyings an und achten auf bestätigende oder widerlegende Marktbewegungen. Dabei gilt beispielsweise, dass ein hohes Volumen bei Breakouts als ausbruchsbestätigend gilt, während Breakouts unter geringem Handelsvolumen mit Vorsicht betrachtet werden sollten. Ähnliche Volumenanalysen können auch an Top- und Bodenbildungsphasen getätigt werden.

Bei Topbildungsphasen nimmt oft das Handelsvolumen zunehmend ab, die Marktteilnehmer ziehen sich aus dem Markt zurück. Im Anschluss kommt es häufig zu ausgedehnteren Verkaufsphasen mit anziehendem Handelsvolumen. Bei den Bodenbildungsphasen in Märkten achten Sie darauf, dass es zu einem finalen Sell-off kommt. Das bedeutet, dass das Handelsvolumen bestenfalls seinen Höhepunkt erreicht hat und die Kurse nicht mehr so stark fallen. Das ist dann ein Hinweis auf den finalen Ausverkauf in dem betroffenen Markt und kann auf eine Trendumkehr hindeuten.

Marktsentiment einbeziehen

Wie bereits beschrieben kann es für fortgeschrittene Trader sinnvoll sein, auch Daten zum Marktsentiment zu benutzen. So kann der Volatilitätsindex (VIX) einbezogen werden, um mögliche Wendepunkte zu identifizieren.

Bei der Kombination verschiedener Handelsansätze und -techniken können Sie Ihrer Fantasie freien Lauf lassen. Es gibt grundsätzlich keine richtigen oder falschen Ansätze. Der Erfolg zeigt sich immer in der Robustheit Ihrer Renditen und der Risk-Reward-Ratio Ihres konzipierten Handelsansatzes.

Sie sollten sich jedoch klarmachen, dass fortgeschrittene Technische Analysen ein tiefes Verständnis für komplexe Indikatoren und Muster wie Fibonacci-Retracements, Elliott-Wellen und den Ichimoku-Kinko-Hyo erfordern. Erfolgreiche Trader kombinieren diese Werkzeuge mit einer Multi-Timeframe-Analyse und einem klaren Risikomanagement, um fundierte Entscheidungen zu treffen. Diese Strategien sind anspruchsvoll, aber für erfahrene Anleger unerlässlich, um in dynamischen Märkten profitabel zu bleiben.

Einsatzmöglichkeiten und Risiken

Einsatzmöglichkeiten auf der Zeitebene:

- Kurzfristiger Handel: Breakout-Muster und Momentum-Indikatoren sind ideal für Day-Trading.
- Mittelfristige Strategien: Trendfolgende Indikatoren eignen sich für Swing-Trader.
- Langfristige Anlage: Gleitende Durchschnitte und Chartmuster helfen bei der Identifikation von Makrotrends.

Grundsätzliche Risiken über alle Zeitebenen hinweg:

- Fehlsignale: Kein Chartmuster oder Indikator bietet 100 Prozent Genauigkeit.
- Überoptimierung: Zu viele Indikatoren können die Analyse verwässern.
- Marktanomalien: Plötzliche Nachrichten oder externe Faktoren können technische Signale überflüssig machen.

Die fortgeschrittene Technische Analyse bietet Tradern und Anlegern die Möglichkeit, tiefere Einblicke in die Märkte zu gewinnen und ihre Handelsentscheidungen präziser zu gestalten. Der Schlüssel liegt in der Kombination verschiedener Werkzeuge, wie Chartmustern und Indikatoren, und deren Anpassung an den individuellen Handelsstil. Durch Übung und Erfahrung können Trader lernen, diese Methoden effektiv einzusetzen und so langfristig von den Märkten zu profitieren.

17. Contrarian-Investing: Wenn alle verkaufen, kaufe ich – erfolgreich gegen den Strom investieren

Das Contrarian-Investing ist eine der faszinierendsten und herausforderndsten Strategien an den Finanzmärkten. Der Ansatz basiert auf der Idee, von der Psychologie der Masse zu profitieren, indem man entgegen der vorherrschenden Marktstimmung handelt. Während die Mehrheit von Panik oder von Euphorie geleitet wird, sieht der Contrarian-Investor Chancen, wo andere Risiken sehen, und Risiken, wo andere Chancen wittern. Dieses Kapitel beleuchtet detailliert die Prinzipien, Strategien und Einsatzmöglichkeiten des Contrarian-Investings. Insbesondere in der Zeit als Marketmaker habe ich diese Strategie sehr häufig angewendet. Sie ist zwar nicht frei von Risiken, kann jedoch erhebliche Renditen in sehr kurzer Zeit erzeugen.

Was ist Contrarian-Investing?

Hierbei geht es darum, antizyklisch zu handeln, indem man Vermögenswerte kauft, die von anderen ignoriert oder verkauft werden, und verkauft, wenn die allgemeine Marktstimmung zu optimistisch wird. Es basiert auf der Annahme, dass Märkte zu Extremen neigen – sowohl in Euphorie- als auch in Panikphasen – und diese Übertreibungen oft Gelegenheiten für geduldige und informierte Marktteilnehmer bieten.

Die Prinzipien des Contrarian-Investings sind relativ einfach. Dafür müssen Sie sich ein Bild über das Marktsentiment machen und die Marktpsychologie verstehen. Die Märkte werden häufig von Emotionen wie Angst und Gier dominiert. Contrarian-Investoren versuchen, diese Emotionen zu ignorieren und sich auf Fundamentaldaten und langfristige Perspektiven zu konzentrieren.

Dabei werden die Phasen der Überbewertung und Unterbewertung in den einzelnen Finanzmärkten identifiziert. Überbewertungen treten meist in Euphoriephasen auf, wenn Vermögenswerte über ihrem intrinsischen Wert gehandelt werden. Unterbewertungen entstehen, wenn die Mehrheit der Marktteilnehmer pessimistisch ist und Vermögenswerte unter ihrem eigentlichen Wert gehandelt werden.

Sie können diese Strategie sowohl kurzfristig im Trading als auch langfristig im Investing benutzen. Bei Letzterem brauchen Sie Geduld und Disziplin, damit Sie den daraus resultierenden Gewinnhebel vollends ausschöpfen können. Contrarian-Investing erfordert Geduld, da die Märkte oft länger irrational bleiben können als erwartet.

Da Sie gegen den Markt handeln, ist ein solides Risikomanagement entscheidend, um Verluste zu begrenzen. Sie sollten die Positionen entsprechend anpassen und nicht alles auf eine Karte setzen.

Contrarian-Investing-Strategien

Es gibt verschiedene Strategien des Contrarian-Investings, die je nach Marktphase eingesetzt werden können.

Bottom-Fishing

Das Bottom-Fishing zielt darauf ab, den Tiefpunkt zu finden. Bei dieser Strategievariante kaufen Sie Aktien, die stark gefallen sind, weil sie als überverkauft gelten. Dabei wird vorausgesetzt, dass der Markt überreagiert hat und sich die Kurse erholen werden.

Potenzielle Marktparameter sind:

- Relative Stärke Index (RSI): Werte unter 30 signalisieren eine Überverkauft-Situation.
- Fundamentaldaten: Ein niedriges Kurs-Gewinn-Verhältnis (KGV) oder hohe Dividendenrenditen deuten auf Unterbewertung hin.
- Volumenanalyse: Ein ansteigendes Volumen nach einem Kursrückgang kann auf eine bevorstehende Trendwende hinweisen.

- Die Einsatzmöglichkeiten sind besonders in Krisenzeiten oder bei Branchen geeignet, die temporär unter Druck stehen, zum Beispiel bei Rohstoffen oder Technologiewerten.

Contrarian-Trading bei Überbewertung

Beim Contrarian-Trading bei Überbewertung verkaufen Sie Aktien (oder gehen short), wenn der Markt euphorisch ist und die Preise über den intrinsischen Wert hinaussteigen.

Potenzielle Marktparameter sind:

- Sentiment-Indikatoren: Ein hoher Anteil optimistischer Analystenbewertungen oder ein überkaufter RSI (über 70) signalisieren mögliche Überbewertungen.
- Bewertungskennzahlen: Extrem hohe KGVs oder KUVs (Kurs-Umsatz-Verhältnisse) deuten auf eine Überbewertung hin.
- Mustererkennung: Parabolische Kursanstiege oder „Blasenbildung“ in einzelnen Sektoren.
- Besonders effektiv in spekulativen, überhitzten Marktphasen, zum Beispiel während einer Blasenbildung in der Technologiebranche oder im Immobilienmarkt.

Branchenrotation

Mithilfe dieser Strategie können Sie in Ihrem Depot auch eine bessere Allokation der Branchenrotation vornehmen. Das heißt, dass Sie antizyklisch in Sektoren investieren, die sich gerade in einer Schwächephase befinden. Dabei fokussieren Sie sich auf derzeit unbeliebte Sektoren oder Branchen und investieren einen Teil Ihres Depots in Aktien, die von den anderen Anlegern gerade gemieden werden. Sobald die Branche sich erholt, profitieren Sie als Contrarian-Investor von den steigenden Kursen.

Potenzielle Marktparameter sind:

- Branchenanalyse: Ermittlung von Sektoren, die unterdurchschnittlich performen.
- Makrotrends: Antizyklisch auf Änderungen in Bezug auf die wirtschaftlichen Rahmenbedingungen setzen, zum Beispiel steigende Energiepreise als Chance für die Ölindustrie.
- Relative Stärke: Branchen mit schwacher Relativer Stärke können potenzielle Chancen bieten.

So wurden zum Beispiel während der Covid-19-Pandemie-Zeit Fluggesellschaften stark abverkauft. Contrarian-Investoren kauften diese Werte jedoch, als die Marktstimmung besonders pessimistisch war, und konnten anschließend von den sich ändernden Investorenstimmungen profitieren. Diese Wirkung war allerdings nicht bei allen Fluggesellschaften gleich, sodass es auch innerhalb der Branche enorme Unterschiede gab. Dieses Risiko bleibt Ihnen auch bei dieser Strategie nicht erspart.

Contrarian-Sentiment-Strategie

Bei der Contrarian-Sentiment-Strategie analysieren Sie das Marktsentiment, um übertriebene Optimismus- oder Pessimismusphasen in den Finanzmärkten zu identifizieren.

Potenzielle Marktparameter sind:

- Put-Call-Ratio: Ein hoher Anteil an Puts signalisiert übermäßigen Pessimismus, was ein Kaufsignal sein kann.
- Fear & Greed Index: Dieser Indikator misst die Stimmung am Markt. Werte nahe „Fear“ deuten auf Kaufchancen hin.
- Analystenempfehlungen: Wenn die Mehrheit der Analysten pessimistisch ist, können sich Chancen ergeben.

- Diese Strategie ähnelt sehr stark dem Branchenrotationsansatz und eignet sich besonders gut in volatilen Märkten oder nach starken Kursbewegungen. In diesem Fall ist der Betrachtungshorizont eher kurzfristig gesetzt und tendenziell auf marktspezifische Ereignisse begrenzt.

Contrarian-Investing bei Makrotrends

Sie können das Contrarian-Investing natürlich auch für Makrotrends nutzen. Dann setzen Sie auf langfristige makroökonomische Trends, die von der Mehrheit unterschätzt werden. Dieser Strategieansatz lässt sich gut in den Rohstoff- und Zinsmärkten anwenden.

Potenzielle Marktparameter sind:

- Zyklische Wendepunkte: Erkennung von Wendepunkten in Konjunkturzyklen.
- Langfristige Trends: Technologien oder Branchen identifizieren, die sich noch in der Frühphase befinden, zum Beispiel erneuerbare Energien vor einigen Jahren.

Ein etwas weiter zurückliegendes Beispiel ist die Finanzkrise 2008. Etliche Banken und Immobilienwerte waren in dieser Zeit stark unterbewertet. Contrarian-Investoren profitierten in den folgenden Jahren von der Erholung dieser Sektoren. Aber auch in diesem Fall muss betont werden, dass es nicht alle Banken und Immobilienunternehmen erfolgreich aus dieser Krisenzeit geschafft haben. Wenn Sie jedoch auf die großen Unternehmen aus diesen Sektoren gesetzt haben, ist die Strategie in weiten Teilen sehr erfolgreich verlaufen.

Risikomanagement beim Contrarian-Investing

Das Risikomanagement spielt hier eine zentrale Rolle. Somit gelten auch hier die bekannten und wichtigsten Instrumente zur Risikobegrenzung:

- Diversifikation: Nicht alle Investments werden sich erholen. Eine breite Streuung minimiert das Risiko.
- Stop-Loss-Strategien: Klare Verlustbegrenzungen festlegen, um bei Fehlinvestitionen Verluste zu minimieren.
- Zeitlicher Horizont: Contrarian-Investments erfordern Geduld. Der Markt kann länger irrational bleiben als erwartet.
- Kontinuierliche Analyse: Marktbedingungen und Fundamentaldaten regelmäßig überprüfen, um die Strategie gegebenenfalls anzupassen.

Gerade für Neubörsianer ist es anfangs nicht leicht, sich ein gutes Bild über die Chancen und Risiken des Contrarian-Investings zu machen. Daher stelle ich diese in Kurzform noch einmal dar:

Chancen:

- Überdurchschnittliche Renditen: Contrarian-Investoren profitieren von Marktübertreibungen.
- Günstige Einstiegsgelegenheiten: Pessimismus führt oft zu stark unterbewerteten Kursen.
- Unabhängigkeit von der Masse: Wer antizyklisch handelt, wird weniger von kurzfristigen Emotionen beeinflusst.

Risiken:

- Timing: Der Markt kann länger irrational bleiben, als der Investor solvent ist.
- Fehlsignale: Nicht alle scheinbar unterbewerteten Vermögenswerte erholen sich.
- Illiquidität: In Krisenzeiten können bestimmte Werte schwer handelbar werden.

Einsatzmöglichkeiten und Zielgruppe der Contrarian-Strategie

Das Contrarian-Investing ist ideal für erfahrene Anleger, die bereit sind, umfangreiche Analysen durchzuführen und antizyklische Chancen zu nutzen. Die Strategien eignen sich sowohl für langfristige Investoren als auch für aktive Trader, die kurzfristig von Marktübertreibungen profitieren möchten.

Das Contrarian-Investing erfordert Mut, Geduld und Disziplin. Es bietet die Möglichkeit, erhebliche Renditen zu erzielen, indem man dort kauft, wo andere verkaufen, und dort verkauft, wo Euphorie herrscht. Der Erfolg hängt jedoch von einer gründlichen Analyse, einem klaren Risikomanagement und der Fähigkeit ab, gegen die breite Masse zu handeln. Mit der richtigen Vorbereitung kann das Contrarian-Investing ein mächtiges Werkzeug für Trader und Investoren sein, die imstande sind, sich von der Herdenmentalität zu lösen und die Chancen der Marktpsychologie zu nutzen. Jeder Marketmaker an den Handelsplätzen dieser Welt ist automatisch ein Contrarian-Trader, da er sich zur Liquiditätsbereitstellung gegen den jeweiligen Markttrend wenden muss.

Emotionen im Trading: Herausforderungen für Fortgeschrittene

Je weiter Sie sich bei Ihren Aktivitäten an den internationalen Finanzmärkten entwickeln, desto größer wird die Bedeutung der Psychologie des fortgeschrittenen Tradings. Das Motto lautet: Emotionen kontrollieren, rational handeln. Während Einsteiger oft an impulsiven Entscheidungen scheitern, erkennen erfahrene Trader, dass Erfolg weniger von der Strategie als von der mentalen Stärke abhängt. Emotionen wie Angst und Gier können selbst die besten Trading-Pläne sabotieren, wenn sie nicht unter Kontrolle gehalten werden. Das sollte Ihnen im bisherigen Leseprozess immer bewusster geworden sein.

In diesem Abschnitt zeige ich Ihnen deshalb noch einmal, wie vor allem fortgeschrittene Anleger ihre Emotionen meistern, rationalere

Entscheidungen treffen und welche mentalen Fähigkeiten erforderlich sind, um an den Märkten langfristig erfolgreich zu sein. Anfänger haben zu Beginn ihrer Investmentkarriere oftmals mit komplett anderen emotionalen Unwägbarkeiten zu tun. Je fortgeschrittener sie werden, desto komplexer werden auch die psychologischen Anforderungen an sie. So haben sie beispielsweise durch höhere Handelsfrequenzen und zunehmende Positionsgrößen mehr Stress. Die Verantwortung und der Druck wachsen mit ihrem persönlichen Erfolg an den Finanzmärkten.

Die größten Herausforderungen für fortgeschrittene Anleger sind:

- Angst: Angst vor Verlusten führt dazu, Positionen zu früh zu schließen oder Risiken zu vermeiden, auch wenn der Plan einen anderen Ansatz vorsieht. Nach einer Serie von Verlusten tritt oft die sogenannte „Verlustaversion“ auf, bei der Trader irrationale Entscheidungen treffen, um Verluste zu vermeiden.
- Gier: Gier kann dazu führen, dass Trader in der Hoffnung auf noch höhere Gewinne Positionen zu lange halten, was jedoch häufig in Verlusten endet. Überhebelung ist ein weiteres Symptom von Gier, wenn Trader versuchen, ihre Gewinne durch übermäßiges Risiko zu maximieren.
- Overtrading: Durch die ständige Jagd nach Gelegenheiten handeln Trader öfter als nötig, was zu höheren Transaktionskosten und mehr Verlusten führen kann.
- Selbstüberschätzung: Nach einer Gewinnserie glauben viele Trader, dass sie „den Markt geschlagen“ haben, und übernehmen unnötige Risiken. Dieses Phänomen kommt nicht selten vor und kann ganze, anfangs erfolgreiche Trader-Karrieren schnell wieder beenden. Dafür gibt es viele Beispiele gerade aus dem Bereich der institutionellen Investoren.

Daher empfiehlt es sich, geeignete Strategien zur Kontrolle von Emotionen und rationalem Handeln parat zu haben:

- Nutzen Sie ein klares und eindeutiges Regelwerk für Ihre Aktivitäten: Ausnahmslos jeder erfolgreiche Trader entwickelt strikte Regeln für Ein- und Ausstiege sowie für das individuelle Risikomanagement. Regeln minimieren den Einfluss von Emotionen, da sie vordefiniert sind und nicht im Moment entschieden werden müssen.
- Führen Sie ein Trading-Journal: Ein Trading-Tagebuch hilft, vergangene Entscheidungen zu analysieren und emotionale Muster zu erkennen. Es dient als Lernwerkzeug, um zukünftige Fehler zu vermeiden. Das ist gerade für fortgeschrittene Trader wichtig, da diese erheblich mehr handeln und oft komplexere Trading-Strategien umsetzen. Es ist ein großer Unterschied, ob Sie zehn Transaktionen in einer Handelswoche oder pro Handelsstunde tätigen.
- Das Risikomanagement ist das A und das O für Ihr Überleben an den Finanzmärkten: Der Einsatz von Stop-Loss-Orders und Positionsgrößenbegrenzungen reduziert emotionale Belastungen und ist an dieser Stelle ein Muss. Sie sollten wissen, dass begrenzte Verluste die Angst minimieren und den Stress reduzieren.
- Folgen Sie dem Motto „Rationalisierung durch Planung“: Vor jedem Trade sollte ein klarer Plan stehen: Einstiegspunkt, Zielpunkt, maximaler Verlust. Sobald der Trade aktiv ist, wird der Plan strikt befolgt. Dadurch vermeiden Sie impulsives Handeln und beherrschen zu jederzeit Ihre Emotionen. Lieber einen undurchdachten Trade weniger umsetzen als unnötige Risiken eingehen.
- Die Akzeptanz von Verlusten wird schnell Ihr treuer Begleiter: Sie werden ganz schnell lernen, dass Kursverluste

ein unvermeidlicher Teil des Tradings sind. Fortgeschrittene Trader akzeptieren Kursverluste als Kosten des Geschäfts, anstatt sie persönlich zu nehmen. Es gilt im Endeffekt nur, von 100 Trades 51 Mal richtigzuliegen. Den Rest steuern Sie über Ihre Risiko- und Money-Management-Systeme.

Mentale Fähigkeiten

Sie benötigen gute mentale Fähigkeiten und Disziplin für einen langfristigen Erfolg an den Finanzmärkten. Dazu zählen:

- Geduld: Geduld ist entscheidend, um auf die richtigen Handelsmöglichkeiten zu warten und nicht impulsiv zu agieren. Erfahrene Trader wissen, dass weniger Trades oft bessere Ergebnisse liefern.
- Selbstdisziplin: Disziplin ist notwendig, um Trading-Pläne konsequent umzusetzen, auch in schwierigen Marktphasen. Abweichungen vom Plan erhöhen das Risiko irrationaler Entscheidungen.
- Emotionale Resilienz: Die Fähigkeit, Verluste zu verkraften, ohne die emotionale Balance zu verlieren, ist unerlässlich. Resilienz ermöglicht es, nach Verlusten weiterzumachen und rational zu bleiben.
- Kritisches Denken: Erfolgreiche Trader hinterfragen ihre Annahmen ständig und passen ihre Strategien an veränderte Marktbedingungen an.
- Konzentration: Märkte erfordern ständige Aufmerksamkeit und schnelle Entscheidungen. Ablenkungen können teure Fehler verursachen.
- Anpassungsfähigkeit: Märkte sind dynamisch und erfolgreiche Trader entwickeln die Fähigkeit, sich schnell an neue Bedingungen anzupassen.

- Langfristige Perspektive: Fortgeschrittene Trader denken in Monaten oder Jahren, nicht in Minuten oder Stunden. Sie fokussieren sich auf die Gesamtperformance und nicht auf einzelne Trades.

Um diese mentale Stärke und Disziplin erlangen zu können, möchte ich Ihnen noch einmal einige praktische Übungen mitgeben:

- Meditation und Achtsamkeit helfen: Dank regelmäßiger Meditation können Sie Stress abbauen und sich besser auf das Wesentliche konzentrieren. Achten Sie auf sich und Ihren Stresspegel.
- Visualisieren Sie Ihr Trading-Verhalten: Erfolgreiche Trader stellen sich sowohl Gewinn- als auch Verlustszenarien vor, um sich mental darauf vorzubereiten. Das hört sich profan an, nimmt aber einen Großteil der psychischen Belastungen vorweg. Es ist wie eine Art Trockenschwimmen. Ihr Körper kennt dadurch die Bewegungsabläufe.
- Achten Sie auf Ihre Fitness und Ernährung: Ein gesunder Körper unterstützt einen klaren Geist. Sport hilft, Stress zu reduzieren, und eine ausgewogene Ernährung hält die Konzentration hoch. Es kann sein, dass Sie teilweise acht bis zehn Stunden vor den Monitoren sitzen. Dann sollten Sie auf ein ausgewogenes und gesundes Verhältnis zwischen Ihrer Trading-Aktivität und Ihrem Wohlbefinden achten.
- Pausen einlegen: Regelmäßige Auszeiten verhindern Overtrading und ermöglichen es, den Markt objektiver zu bewerten. Speziell nach Gewinn- und Verlustphasen ist es ratsam, einfach mal eine Pause zu machen.

Die Psychologie des Tradings ist oft der entscheidende Faktor zwischen Erfolg und Misserfolg. Das Agieren an den Finanzmärkten ist eigentlich keine Zauberei. Sie können relativ schnell und einfach ein gut funktionierendes Handelssystem oder eine ebensolche Investmentstrategie entwerfen. Schlussendlich stehen Sie sich nur selbst im Weg.

Emotionen wie Angst und Gier sind unvermeidlich, aber sie können durch Disziplin, Planung und mentale Stärke kontrolliert werden. Erfolgreiche Trader wissen, dass langfristiger Erfolg nicht nur von der Strategie, sondern vor allem von ihrer Fähigkeit abhängt, rational und emotionsfrei zu handeln. Mit den richtigen mentalen Fähigkeiten, Disziplin und einem klaren Fokus auf die langfristigen Ziele können Anleger in den Märkten erfolgreich bestehen. An dieser Stelle sollten Sie sich spätestens Gedanken über den Einsatz von algorithmischen Ansätzen und quantitativen Handelsmodellen machen. Sowohl die Komplexität der Strategien und Finanzmärkte als auch die vielen Fallstricke durch den zunehmenden psychologischen Druck können langfristig belastend sein. Was liegt da näher, als den Kollegen Computer mit ins Boot zu holen und ihm die stressvollen Aufgaben zu übertragen?

Daher gehe ich im Folgenden kurz auf das algorithmische Trading und den Einsatz von quantitativen Handelsmethoden ein. Wenn Sie mehr darüber lesen wollen, lege ich Ihnen gern mein erstes Buch „Erfolgreich strategisch anlegen“ ans Herz. Dort finden Sie ein ganzes Kapitel über den algorithmischen Handel und lernen, worauf Sie bei der Umsetzung achten sollten. Nicht nur Sie machen sich Gedanken über den Einsatz von algorithmischen Handelsmodellen. Die Finanzmärkte sind bereits seit einigen Jahren zunehmend von Algorithmen und mathematischen Modellen geprägt. Algorithmisches Trading und quantitative Handelsmethoden gehören zu den modernsten Ansätzen, die fortgeschrittene Anleger nutzen können, um systematische, datengetriebene Entscheidungen zu treffen. Doch zuerst sollten Sie wissen, was algorithmisches Trading ist, wie automatisierte Handelssysteme entwickelt und quantitative Methoden wie statistische Arbitrage und maschinelles Lernen in Anlagestrategien integriert werden können.

18. Die Grundlagen des algorithmischen Tradings

Algorithmisches Trading, oft auch „Algo-Trading" genannt, ist der Einsatz von Computeralgorithmen zur Durchführung von Handelsgeschäften. Diese Algorithmen handeln nach vordefinierten Regeln und Kriterien, zum Beispiel Preis, Volumen oder Timing.

Die Merkmale des algorithmischen Tradings sind:

- Schnelligkeit: Algorithmen können Orders in Millisekunden ausführen und nutzen so kleinste Marktineffizienzen aus.
- Automatisierung: Trades werden ohne menschliches Eingreifen durchgeführt, was Emotionen aus dem Entscheidungsprozess eliminiert.
- Skalierbarkeit: Algorithmen können simultan mehrere Märkte und Vermögenswerte überwachen und handeln.

Die Entwicklung und der Einsatz automatisierter Handelssysteme erfordern einen systematischen Ansatz:

Zuerst müssen Sie die Strategie definieren. Basierend auf fundamentalen oder technischen Indikatoren wird eine Regel erstellt, zum Beispiel: „Kaufe, wenn der 50-Tage-Durchschnitt den 200-Tage-Durchschnitt überschreitet."

Außerdem benötigen Sie eine gute Datenanalyse mittels historischer Daten, um die Strategie zu testen und zu optimieren (Backtesting).

Anschließend erfolgt die Programmierung der Strategie in einer Programmiersprache wie Python, R oder C++. Plattformen wie MetaTrader oder QuantConnect unterstützen die Implementierung der Strategie. Sollten Sie nicht programmieren können, kann es hilfreich sein, sich um einen Programmierer zu bemühen, der für Sie Ihre Handelsstrategie programmiert und umsetzt.

Essenziell ist die Validierung der algorithmischen Handelsstrategie. Forward-Testing und Walk-Forward-Analyse überprüfen die Robustheit der Strategie in verschiedenen Marktbedingungen. Dies sollte natürlich nicht live geschehen, sondern auf dem Papier. Denken Sie daran, dabei auch die Handelskosten und die Slippage zu berücksichtigen.

Es gibt verschiedene Arten von algorithmischen Handelssystemen und deren Einsatz.

- High-Frequency Trading (HFT): Hierbei handelt es sich um extrem schnelle Algorithmen, die von minimalen Preisbewegungen profitieren.
- Portfolio-Automatisierung: Algorithmen können Portfolios dynamisch anpassen, zum Beispiel durch regelmäßiges Rebalancing.
- Order-Optimierung: Automatisierte Systeme nutzen Techniken wie „Iceberg Orders", um große Orders unbemerkt zu platzieren.

Sie werden schnell erkennen, dass Sie sich dann im Bereich der quantitativen Analyse und deren Methoden aufhalten, bei denen datengetriebene Ansätze zur Anwendung kommen. Quantitative Handelsmethoden nutzen mathematische und statistische Modelle, um Anlagestrategien zu optimieren. Der klassische Ansatz ist die statistische Arbitrage (Stat-Arb). Diese nutzt Preisabweichungen zwischen zusammenhängenden Finanzinstrumenten. In dieser Form des Pair-Tradings, bei dem zwei stark korrelierte Aktien analysiert werden, wird die Abweichung von ihrem historischen Verhältnis untersucht. Im Endeffekt wird dann die unterbewertete Aktie gekauft und die überbewertete leerverkauft. Ein ähnlicher Ansatz ist der Mean-Reversion-Ansatz. Dieser zielt darauf ab, dass Märkte dazu tendieren, nach starken Bewegungen zu einem Mittelwert zurückzukehren. Die Algorithmen identifizieren diese Übertreibungen und handeln entsprechend in Richtung der Mean Reversion.

Zudem gibt es die Möglichkeit, den wesentlich komplexeren Ansatz des maschinellen Lernens (ML) anzuwenden. Mit diesem können Sie komplexe Muster in großen Datenmengen erkennen, die traditionelle Methoden nicht sehen. Unterschieden wird dabei zwischen zwei Formen:

- Supervised Learning: Algorithmen werden mit historischen Daten trainiert, um Marktbewegungen vorherzusagen. Beispiele sind Entscheidungsbäume oder neuronale Netze.
- Unsupervised Learning: Diese Methode identifiziert unbekannte Muster oder Cluster in Daten, zum Beispiel Handelsmuster bei bestimmten Marktbedingungen.

Die Sentiment-Analyse kennen Sie bereits. Sie ist geradezu prädestiniert, um von Algorithmen umgesetzt zu werden. Durch Natural Language Processing (NLP) können Algorithmen Nachrichten, Tweets oder Analystenkommentare analysieren, um das Marktsentiment zu bestimmen. Es gibt bereits Anbieter, die diese Analysen auf Plattformen anbieten.

Vorteile und Herausforderungen

Ein Vorteil des algorithmischen Tradings ist die Objektivität. Sie vermeidet emotional getriebene Entscheidungen. Algorithmen handeln emotionslos und konsequent nach festgelegten Regeln. Der algorithmische Handel ist außerdem sehr effizient, da er riesige Datenmengen verarbeitet und schneller und mehr Trading-Chancen identifiziert als der Mensch. Dies führt indirekt zu einer besseren Diversifikation. Denn die quantitativen Strategien können simultan auf verschiedene Märkte angewendet werden.

Die Herausforderungen sind jedoch nicht zu unterschätzen und können sehr aufwendig und kostspielig sein. Sie benötigen eine ausgezeichnete Datenqualität. Ungenaue oder unvollständige Daten können zu fehlerhaften Ergebnissen führen. Das gilt zwar auch bei den anderen Trading- und Anlagestrategien, allerdings können diese Mängel insbesondere durch die höhere Trade-Aktivität der Algorithmen verheerender sein. Das Overfitting ist auch ein wichtiges Thema – zu gut, um wahr zu sein. Überoptimierte Modelle funktionieren oft nur in den getesteten historischen Daten und versagen in der Realität. Die Handelsstrategien sind auf die vorgegebenen Daten abgestimmt und optimiert und haben nichts mehr mit der Realität zu tun. Zudem gilt es regulatorische Risiken zu berücksichtigen. Vor allem das High-Frequency Trading und der Handel mittels Algorithmen unterliegen strengen Regulierungen. Verstöße dagegen können sehr teuer werden.

Einsatzmöglichkeiten

Folgend noch ein kleiner Leitfaden zur Integration von quantitativen Methoden in Anlagestrategien:

- Schritt 1: Zieldefinition – Klare Definition des Anlageziels: Alpha-Generierung, Risikominimierung oder Diversifikation.
- Schritt 2: Datenanalyse – Verwendung historischer und Echtzeitdaten, um Muster und Anomalien zu identifizieren.
- Schritt 3: Hybridstrategien entwickeln – Kombination aus fundamentaler Analyse (langfristiger Kontext) und quantitativen Modellen (kurzfristige Chancen).
- Schritt 4: Risikomanagement einbauen – Integration von Stop-Loss-Mechanismen und Szenarioanalysen in die Algorithmen.

Zum Schluss möchte ich noch ein Beispiel zur Anwendung des maschinellen Lernens zeigen. Ein Investor möchte mithilfe von maschinellem Lernen eine Aktienstrategie entwickeln. Dabei sollte er folgendermaßen vorgehen:

- Daten sammeln: Historische Aktienpreise, Volumen, makroökonomische Daten und Nachrichtenartikel.

- Merkmalauswahl: Identifikation relevanter Variablen, zum Beispiel Preis-Volumen-Trends oder Sentiment-Indikatoren.
- Training: Ein neuronales Netzwerk wird mit Daten trainiert, um Preisbewegungen vorherzusagen.
- Echtzeit-Implementierung: Das Modell wird live getestet und angepasst, um den sich ändernden Marktbedingungen gerecht zu werden.

Algorithmisches Trading und quantitative Handelsmethoden repräsentieren die Spitze moderner Investmenttechniken. Während diese Ansätze technische Expertise und eine tiefe Kenntnis mathematischer Modelle erfordern, ermöglichen sie Anlegern, systematische, datenbasierte Entscheidungen zu treffen. Für fortgeschrittene Trader und Investoren bieten sie die Chance, Märkte effizienter und präziser zu navigieren – mit dem Potenzial, Alpha auf eine Weise zu generieren, die herkömmliche Strategien meist nicht erreichen. Es ist auf jeden Fall lohnenswert, sich mit den Entwicklungen in diesem Segment weiter auseinanderzusetzen, ohne mit der Anwendung direkt zu tun haben zu müssen. Letztlich ist dies ein sehr spannendes Umfeld, das sich in den letzten Jahren zunehmend an den Finanzmärkten breitgemacht hat und nicht mehr wegzudenken ist – zumal ein Großteil der aktuellen Handelsaktivitäten durch Algorithmen verursacht wird.

19. Checkliste

Jetzt kennen Sie:

- Fortgeschrittene Investmentstrategien:
  - Welche fortgeschrittenen Investmentstrategien stehen zur Verfügung (zum Beispiel Growth-Investing, Momentum-Strategien, Contrarian-Investing)?

    - Wie unterscheiden sich diese Strategien von den Grundlagenstrategien, die für Anfänger empfohlen werden?

- Options- und Derivatehandelsstrategien:
    - Wie funktionieren Optionen und andere Derivateinstrumente?
    - Welche fortgeschrittenen Optionsstrategien können Anleger nutzen (zum Beispiel Straddles, Strangles, Iron Condors)?

- Algorithmisches Trading und quantitative Handelsmethoden:
    - Was ist algorithmisches Trading und wie können fortgeschrittene Anleger automatisierte Handelssysteme entwickeln und einsetzen?
    - Wie können quantitative Methoden wie statistische Arbitrage und maschinelles Lernen in Anlagestrategien integriert werden?

- Fortgeschrittene Technische Analysen:
    - Welche fortgeschrittenen Chartmuster und Indikatoren sind für erfahrene Trader relevant (zum Beispiel Fibonacci-Retracements, Elliott-Wellen, Ichimoku-Kinko-Hyo)?
    - Wie können fortgeschrittene Trader komplexe Chartanalysen durchführen, um potenzielle Handelsmöglichkeiten zu identifizieren?

- Riskante Strategien und Absicherungstechniken:
    - Welche Risiken sind mit fortgeschrittenen Anlagestrategien verbunden und wie können fortgeschrittene Anleger diese Risiken managen?

    - Welche Absicherungstechniken können verwendet werden, um potenzielle Verluste zu begrenzen (etwa Optionshandel zur Absicherung von Aktienpositionen)?

- Marktdynamik und Sentiment:
    - Wie können fortgeschrittene Anleger die Marktdynamik und das Sentiment interpretieren, um Handelsentscheidungen zu treffen?
    - Welche Rolle spielen Marktstimmung, Nachrichten und makroökonomische Ereignisse bei der Analyse von Marktbewegungen?

- Internationale Märkte und geopolitische Risiken:
    - Welche Besonderheiten gelten für internationale Finanzmärkte und wie können fortgeschrittene Anleger diese in ihre Strategien einbeziehen?
    - Wie können geopolitische Risiken wie Handelskonflikte oder politische Unruhen die Finanzmärkte beeinflussen und wie können fortgeschrittene Anleger darauf reagieren?

- Psychologie des fortgeschrittenen Tradings:
    - Wie können fortgeschrittene Anleger ihre Emotionen unter Kontrolle halten und rationalere Handelsentscheidungen treffen?
    - Welche spezifischen mentalen Fähigkeiten sind für fortgeschrittene Trader erforderlich, um langfristig erfolgreich zu sein?

Durch die Berücksichtigung dieser Fragestellungen können Sie als fortgeschrittener Anleger und Trader Ihre Strategien besser weiterentwickeln und Ihre Chancen auf langfristigen Erfolg an den internationalen Finanzmärkten vorantreiben.

IV

TRADING-STRATEGIEN FÜR ANFÄNGER

20. Einführung in das Trading: Grundlagen und Werkzeuge

Trading – der aktive Kauf und Verkauf von Finanzinstrumenten wie Aktien, Währungen, Rohstoffen oder Derivaten – ist eine der dynamischsten Methoden, um an den Finanzmärkten Renditen zu erzielen. Während Investieren oft auf langfristige Wertsteigerung abzielt, konzentriert sich Trading auf kurzfristige Kursbewegungen, um Gewinne zu generieren. Dieser Abschnitt gibt eine Einführung in die Grundlagen des Tradings und stellt die wesentlichen Werkzeuge vor, die Trader benötigen, um erfolgreich zu sein.

Die Grundlagen des Tradings

Trading beschreibt die kurzfristige Spekulation auf Preisänderungen von Finanzinstrumenten. Ziel ist es, durch die Ausnutzung von Kursbewegungen Gewinne zu erzielen. Im Gegensatz zum Investieren konzentriert sich das Trading auf wesentlich kürzere Haltezeiträume, um die Rendite über die gesamte Zeit zu maximieren. Der Trader versucht also wesentlich öfter, seine Handelspositionen umzuschlagen.

Trader können in verschiedenen Märkten aktiv sein, darunter:

- Aktienmärkte: Handel mit Unternehmensanteilen.
- Devisenmärkte (Forex): Handel mit Währungen, auch mit Kryptowährungen wie etwa Bitcoin.
- Rohstoffmärkte: Handel mit physischen Gütern wie Gold, Öl oder Weizen.
- Derivatemärkte: Handel mit Finanzinstrumenten wie Optionen oder Futures, die von einem Basiswert abgeleitet sind.

Handelsinstrumente: Die Auswahl für jeden Trading-Stil

Beim Trading stehen zahlreiche Finanzinstrumente zur Verfügung, die für unterschiedliche Strategien und Ziele geeignet sind. Die Wahl des richtigen Instruments hängt von den persönlichen Vorlieben, dem Zeithorizont, der Risikobereitschaft und den finanziellen Zielen des Traders ab. In diesem Abschnitt stelle ich die wichtigsten Handelsinstrumente vor und gebe Hinweise darauf, welche am besten zu den verschiedenen Trader-Typen passen.

Aktien: Unternehmensanteile handeln

Definition: Aktien sind Anteile an einem Unternehmen, die an Börsen gehandelt werden. Sie repräsentieren einen Anteil am Eigenkapital des Unternehmens und berechtigen oft zu Dividenden.

Vorteile:

- Diversifikation: Breite Auswahl an Unternehmen aus verschiedenen Branchen. Langfristige Rendite: Historisch gesehen bieten Aktien langfristig attraktive Renditen.
- Transparenz: Viele Informationen und Analysen sind öffentlich verfügbar. Insbesondere bei den großen Indexunternehmen bekommen Sie einfach unzählige Analysen und Einschätzungen von Analysten und Banken.

Nachteile:

- Volatilität: Kursbewegungen können unvorhersehbar sein und damit auch die künftige Rendite.
- Kapitalbindung: Nicht ideal für kurzfristige Trader, die schnelle Gewinne suchen. Die Volatilität kann bei einzelnen Aktien hoch sein, ist es aber in der Gesamtheit der Aktien nicht. Die wenigsten Aktien zeichnen sich durch hohe Volatilität aus. Sicherlich sind Ihnen die großen US-Technologiekonzerne mit ihren teilweise großen Kurssprüngen bekannt. Sie stellen aber nicht den Standard bei den gehandelten Aktien dar, sondern eher die Ausnahme.

Geeignet für Anleger mit mittel- bis langfristigen Zielen, die auf Wachstum oder Dividenden setzen. Auch für Swing-Trader, die von kurzfristigen Trends profitieren wollen.

Devisen (Forex): Handel mit Währungen

Definition: Der Devisenmarkt (Forex) ist der größte und liquideste Finanzmarkt der Welt. Hier werden Währungspaare wie EUR/USD oder GBP/JPY gehandelt. Im weitesten Sinn gehören auch die Kryptowährungen zu diesem Segment.

Vorteile:

- Hohe Liquidität: Rund-um-die-Uhr-Handel an fünf Tagen in der Woche. Kryptowährungen sind sogar 24/7 handelbar, das heißt 24 Stunden an sieben Tagen in der Woche.
- Hebelwirkung: Ermöglicht den Handel großer Positionen mit geringem Kapital. Die Banken und Devisenbroker ermöglichen es ihren Kunden, mittels Krediten wesentlich größere Handelspositionen einzugehen, als sie an liquiden Mitteln hinterlegt haben.
- Geringe Handelskosten: Enge Spreads und keine Kommissionen bei vielen Brokern.

Nachteile:

- Hohe Volatilität: Kann zu schnellen Verlusten führen, besonders bei gehebeltem Handel.
- Komplexität: Erfordert Kenntnisse über makroökonomische und geopolitische Zusammenhänge. Bei den Währungen treffen sehr viele Impulse und Einflussfaktoren aus Wirtschaft und Politik aufeinander, die sich rasant entladen können.

Geeignet für Trader, die kurzfristig handeln möchten (zum Beispiel Day-Trading oder Scalping) und bereit sind, sich intensiv mit den Märkten auseinanderzusetzen.

Futures: Derivate für Profis

Definition: Futures sind standardisierte Verträge, die den Kauf oder Verkauf eines Basiswerts (zum Beispiel Rohstoffe, Indizes) zu einem bestimmten Preis und Datum vorschreiben.

Vorteile:

- Vielfalt: Handel mit Rohstoffen, Indizes und mehr.
- Hebelwirkung: Erlaubt hohe Gewinne mit relativ wenig Kapital.
- Transparenz: Standardisierte Verträge und regulierte Märkte.

Nachteile:

- Hoher Kapitalbedarf: Futures-Märkte erfordern oft größere Einsätze.
- Komplexität: Für Einsteiger schwierig zu verstehen.

Geeignet für erfahrene Trader mit spezifischem Wissen über die Märkte und der Bereitschaft, ein höheres Risiko einzugehen.

Optionen: Flexibilität durch Wahlrechte

Definition: Optionen geben dem Käufer das Recht, aber nicht die Pflicht, einen Basiswert zu einem festgelegten Preis bis zu einem bestimmten Datum zu kaufen (Call-Option) oder zu verkaufen (Put-Option). Darauf bin ich bereits im vorherigen Kapitel eingegangen.

Vorteile:

- Flexibilität: Viele Strategien (zum Beispiel Absicherung, Spekulation).
- Begrenztes Risiko: Der Käufer kann nur den Einsatz verlieren.
- Hebelwirkung: Große potenzielle Gewinne mit geringem Kapitaleinsatz.

Nachteile:

- Komplexität: Erfordert fundiertes Wissen über Preise und Strategien.
- Zeitwertverlust: Optionen verlieren mit der Zeit an Wert.

Geeignet für fortgeschrittene Trader, die Strategien wie Absicherung oder komplexe Trades (zum Beispiel Iron Condors) nutzen möchten.

ETFs (Exchange Traded Funds): Einfacher Zugang zu Märkten

Definition: ETFs sind Fonds, die einen Index (zum Beispiel S&P 500) oder einen Marktsektor nachbilden und an der Börse gehandelt werden. Auch mit dieser Kategorie kann durchaus erfolgreich an den Finanzmärkten gehandelt werden. Zudem gibt es gehebelte ETFs, die dem Trader einen konstanten Hebel für ganze Indizes geben.

Vorteile:

- Diversifikation: Geringeres Risiko durch breite Streuung.
- Einfache Handhabung: Wie Aktien handelbar.
- Niedrige Kosten: Günstiger als aktiv verwaltete Fonds.

Nachteile:

- Begrenzte Flexibilität: Nicht geeignet für hochspekulative Strategien.
- Geringe Hebelwirkung: Weniger Potenzial für schnelle Gewinne.

Geeignet für Anleger, die passive Strategien bevorzugen und auf Diversifikation setzen. Auch für langfristige Investitionen geeignet.

CFDs (Contracts for Difference): Flexible Derivate

Definition: CFDs sind Derivate, mit denen Trader auf Preisbewegungen eines Basiswerts spekulieren können, ohne ihn tatsächlich zu besitzen.

Vorteile:

- Hebelwirkung: Hohe Gewinne mit geringem Kapital möglich.
- Vielfalt: Zugang zu vielen Märkten (Aktien, Indizes, Rohstoffe, Währungen).
- Einfachheit: Direkter Zugang über Brokerplattformen.

Nachteile:

- Hohe Risiken: Verluste können das eingesetzte Kapital übersteigen. Kontrahentenrisiko, da Sie immer mit einem Broker/Marketmaker handeln.
- Regulatorische Einschränkungen: In einigen Ländern stark reguliert.

Geeignet für erfahrene Trader mit Risikobereitschaft und einer Vorliebe für kurzfristige Strategien.

Kryptowährungen: Die neue Ära des Tradings

Definition: Kryptowährungen wie Bitcoin und Ethereum sind digitale Währungen, die auf Blockchain-Technologie basieren und eigentlich als Devisen angesehen werden können. Es gelten jedoch einige Besonderheiten, da die Kryptowährungen nur auf speziellen Handelsplattformen und nicht an den regulierten Börsen gehandelt werden.

Vorteile:

- Hohe Volatilität: Große Gewinnmöglichkeiten durch schnelle Kursbewegungen.
- Innovatives Potenzial: Attraktiv für technologieaffine Trader.

Nachteile:

- Regulierungsunsicherheit: Politische und rechtliche Risiken.
- Volatilität: Können zu erheblichen Verlusten führen.

Geeignet für spekulative Trader, die sich mit neuen Technologien auskennen und bereit sind, hohe Risiken einzugehen.

Die Wahl des richtigen Instruments

Die Wahl des Handelsinstruments sollte immer mit den eigenen Zielen, der Risikobereitschaft und dem verfügbaren Zeitaufwand übereinstimmen. Hier sind einige Empfehlungen für die entsprechenden Anleger- beziehungsweise Trader-Gruppen:

- Für langfristige Investoren: Aktien, ETFs.
- Für kurzfristige Trader: Forex, CFDs, Optionen.
- Für spekulative Anleger: Kryptowährungen, Futures.
- Für risikoaverse Anleger: ETFs, Blue-Chip-Aktien.

Die Vielfalt der Handelsinstrumente bietet für jeden Trader und Anleger eine passende Möglichkeit, seine Ziele zu erreichen. Während Anfänger mit Aktien oder ETFs beginnen sollten, können erfahrene Trader sich an komplexere Instrumente wie Optionen oder Futures wagen. Entscheidend ist, sich mit den Eigenschaften des jeweiligen Instruments vertraut zu machen und eine klare Strategie zu verfolgen.

Zuerst sollten Sie sich ein Bild darüber machen, wie viel Zeit Sie aufwenden wollen und wie stark Ihr persönliches Nervenkostüm ist. Nicht jedem Menschen wurde es in die Wiege gelegt, stundenlang vor dem Monitor zu sitzen und auf Kurse zu starren. Daher ist es ratsam, sich vorher Gedanken über den potenziellen Trading-Stil zu machen.

Handelsstile und Zeitrahmen

- Day-Trading: Positionen werden innerhalb eines Handelstages eröffnet und geschlossen. Darauf werde ich in diesem Kapitel noch näher eingehen.
- Swing-Trading: Positionen werden mehrere Tage bis Wochen gehalten. Auch darauf werde ich in diesem Kapitel noch näher eingehen.
- Scalping: Sehr kurzfristiges Trading, das auf minimalen Kursbewegungen basiert. Dazu folgen im nächsten Kapitel V weitere Informationen.
- Positions-Trading: Langfristiger Ansatz, bei dem Positionen Wochen oder Monate gehalten werden. Darüber haben Sie bereits viel in diesem Buch gelesen.

Wichtige Grundkenntnisse

- Bid und Ask/Geld und Brief: Der Kauf- und Verkaufspreis eines Finanzinstruments.
- Spread: Die Differenz zwischen Bid und Ask, die oft die Kosten eines Trades darstellt.
- Leverage (Hebel): Ermöglicht es Tradern, größere Positionen zu handeln, als es ihr Kapital erlauben würde. Dies erhöht das Gewinnpotenzial, aber auch das Risiko.
- Margin: Das notwendige Sicherheitskapital, um gehebelte Trades zu platzieren.

Die verschiedenen Arten des Tradings: Ein Überblick

Trading umfasst eine Vielzahl von Ansätzen und Strategien, die sich vor allem in Bezug auf den Zeithorizont, die Risikobereitschaft und die Häufigkeit der Trades unterscheiden. Dieser Beitrag beleuchtet die gängigsten Trading-Stile – darunter Day-Trading, Swing-Trading und Scalping – und zeigt ihre Besonderheiten sowie die jeweiligen Vor- und Nachteile.

Für jeden Trading-Stil gilt allerdings, dass der Trading-Anfänger sich zu Beginn oftmals stark überschätzt und die langfristigen Möglichkeiten unterschätzt.

Abb. 12: Leistungs-Delta zwischen Annahme/Realität

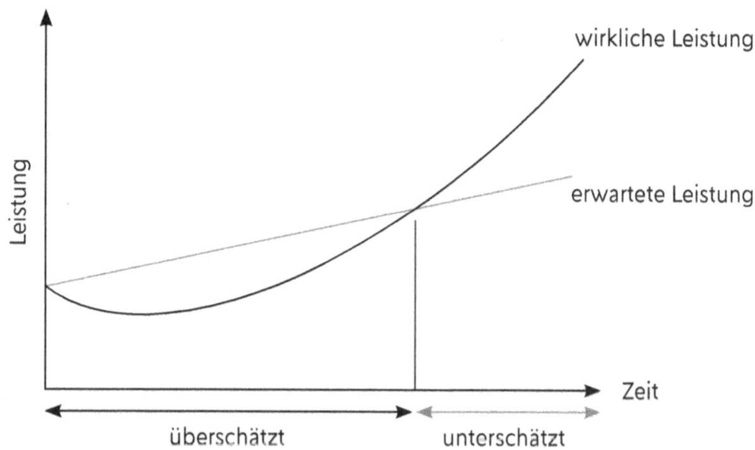

Day-Trading: Intraday-Handel

Das Day-Trading beschreibt den Kauf und Verkauf von Finanzinstrumenten innerhalb eines Handelstages. Alle Positionen werden vor Handelsschluss geschlossen, um Übernachtrisiken zu vermeiden.

Merkmale:

- Zeithorizont: Minuten bis Stunden.
- Ziel: Profit aus kurzfristigen Kursbewegungen ziehen.
- Werkzeuge: Echtzeit-Charts, technische Indikatoren, Level-2-Marktdaten.

Vorteile:

- Keine Übernachtrisiken: Marktbewegungen außerhalb der Handelszeiten beeinflussen keine offenen Positionen.
- Hohe Gewinnmöglichkeiten durch häufige Trades.

Nachteile:

- Hohe psychische Belastung durch schnellen Entscheidungsdruck.
- Hoher Kapitalbedarf, da viele Broker für Day-Trader eine Mindestkapitalanforderung stellen.

Geeignet für erfahrene Trader, die bereit sind, viel Zeit und Konzentration in den Markt zu investieren.

Swing-Trading: Profite aus mittelfristigen Trends

Das Swing-Trading nutzt Kursbewegungen, die sich über mehrere Tage oder Wochen erstrecken. Swing-Trader suchen nach „Schwüngen" im Markt, die von Kursmustern oder technischen Signalen ausgelöst werden.

Merkmale:

- Zeithorizont: Tage bis Wochen.
- Ziel: Gewinne aus mittelfristigen Trends ziehen.

- Werkzeuge: Technische Analyse (zum Beispiel gleitende Durchschnitte, RSI), Kombination mit Fundamentalanalyse.

Vorteile:

- Weniger zeitaufwendig als Day-Trading.
- Flexibler, da Positionen nicht ständig überwacht werden müssen.

Nachteile:

- Übernachtrisiken durch Kurslücken („Gaps") bei Markteröffnung.
- Langsamer Gewinnaufbau im Vergleich zum Day-Trading oder Scalping.

Geeignet für Trader mit einem mittleren Zeitaufwand, die Märkte täglich analysieren, aber nicht ständig überwachen möchten. Außerdem geeignet für kleinere Konten, da weniger Trades erforderlich sind.

Scalping: Gewinne aus kleinsten Kursbewegungen

Das Scalping ist eine sehr kurzfristige Trading-Strategie, bei der Trader versuchen, aus minimalen Kursbewegungen in kurzer Zeit Gewinne zu erzielen.

Merkmale:

- Zeithorizont: Sekunden bis wenige Minuten.
- Ziel: Kleine, aber häufige Gewinne durch schnelle Trades.
- Werkzeuge: Hochfrequente Handelsplattformen, extrem liquide Märkte, niedrige Spreads.

Vorteile:

- Hohe Gewinnmöglichkeiten durch viele Trades.
- Unabhängigkeit von langfristigen Markttrends.

Nachteile:

- Hohe Transaktionskosten durch häufige Trades.
- Enorme Konzentration und Stress, da schnelle Entscheidungen erforderlich sind.

Geeignet für sehr erfahrene Trader, die über schnelles technisches Equipment verfügen und eine hohe Belastbarkeit mitbringen.

Positions-Trading: Langfristiges Halten von Positionen

Positions-Trader verfolgen einen langfristigen Ansatz und halten ihre Positionen über Wochen, Monate oder sogar Jahre. Dabei wird immer nur ein Teil der Gesamtposition in den einzelnen Marktphasen getradet, also entweder die Long-Position weiter ausgebaut oder aus dem Long-Bestand geshortet. Die Position wird dann zu einem späteren Zeitpunkt und bestenfalls günstiger wieder in den Ausgangszustand gebracht.

Merkmale:

- Zeithorizont: Wochen bis Jahre.
- Ziel: Gewinne aus langfristigen Markttrends oder fundamentalen Entwicklungen ziehen.
- Werkzeuge: Fundamentalanalyse, langfristige Technische Analysen.

Vorteile:

- Geringerer Zeitaufwand, da Positionen nicht regelmäßig überwacht werden müssen.
- Weniger Einfluss durch kurzfristige Marktvolatilität.

Nachteile:

- Kapital ist über einen längeren Zeitraum gebunden.
- Marktbedingungen können sich drastisch ändern, was Anpassungen erfordert.

Geeignet für langfristig orientierte Trader und Investoren, die sich auf fundamentale Daten stützen.

Algorithmisches Trading: Automatisierter Handel
Algorithmisches Trading verwendet automatisierte Handelsprogramme, welche auf mathematischen Modellen und Algorithmen basieren. Zu diesem Thema haben Sie bereits im dritten Kapitel einige Informationen erhalten.

Merkmale:

- Zeithorizont: Sekunden bis Wochen (abhängig vom Programm).
- Ziel: Effiziente Ausführung von Handelsstrategien basierend auf festgelegten Kriterien.

Vorteile:

- Minimiert Emotionen im Handel.
- Erlaubt hohe Geschwindigkeit und Präzision.

Nachteile:

- Erfordert technisches Know-how und die Fähigkeit, Handelsalgorithmen zu entwickeln.
- Abhängigkeit von Technologie und Datenqualität.

Geeignet für technologisch versierte Trader mit einem tiefen Verständnis für quantitative Handelsstrategien.

Vergleich der Trading-Stile

Trading-Stil	Zeithorizont	Risikoprofil	Zeitaufwand	Komplexität
Day-Trading	Minuten bis Stunden	Hoch	Sehr hoch	Hoch
Swing-Trading	Tage bis Wochen	Mittel	Mittel	Mittel
Scalping	Sekunden bis Minuten	Sehr hoch	Extrem hoch	Sehr hoch
Positions-Trading	Wochen bis Jahre	Niedrig bis mittel	Niedrig	Gering bis mittel
Algorithmisches Trading	Variabel	Hoch	Niedrig (nach Set-up)	Sehr hoch

Die Wahl des richtigen Trading-Stils hängt von der Persönlichkeit, der Risikobereitschaft, dem verfügbaren Kapital und der zeitlichen Verfügbarkeit des Traders ab. Jeder Stil hat seine Vor- und Nachteile und es gibt keinen „richtigen“ oder „falschen“ Ansatz. Entscheidend ist, dass der gewählte Stil zur Lebensweise und den Zielen des Traders passt. Anfänger sollten sich zunächst auf einen Stil konzentrieren, diesen intensiv lernen und erst später zu komplexeren Strategien übergehen.

Bei den aufgezeigten Trading-Stilen gilt es auf die Konsistenz der Trading-Ergebnisse zu achten. Auch wenn das Wachstum bei den Trading-Renditen nicht linear verläuft, hilft es, sich die folgende Aufstellung vor Augen zu führen:

Bei circa 250 Trading-Tagen pro Jahr gilt:

- 200 Euro pro Handelstag = 50.000 Euro pro Handelsjahr
- 400 Euro pro Handelstag = 100.000 Euro pro Handelsjahr
- 1.000 Euro pro Handelstag = 250.000 Euro pro Handelsjahr

Der langfristige Erfolg im Trading liegt in der konsistenten, regelmäßigen Trading-Rendite.

Bewertung von Liquidität und Volatilität: Entscheidende Faktoren für den erfolgreichen Handel

Die Liquidität und Volatilität eines Handelsinstruments sind entscheidende Faktoren, die Trader vor dem Einstieg in eine Position sorgfältig analysieren sollten. Diese beiden Merkmale beeinflussen nicht nur die Kosten des Handels, sondern auch das Risiko und die potenziellen Renditen. In diesem Abschnitt werden die Konzepte der Liquidität und Volatilität erläutert, Methoden zu deren Bewertung vorgestellt und deren Bedeutung für die Handelsentscheidungen von Tradern aufgezeigt.

Liquidität: Die Handelsfähigkeit eines Instruments

Die Liquidität beschreibt, wie einfach ein Handelsinstrument gekauft oder verkauft werden kann, ohne den Marktpreis wesentlich zu beeinflussen. Dabei gilt es zu beachten, dass jeweils nur die isolierte Liquidität an einem Handelsplatz oder einer Börse betrachtet wird. Es macht also keinen Sinn, sich die kumulierten Umsätze an den verschiedenen Handelsplätzen und Börsen anzusehen.

Merkmale eines liquiden Marktes:

- Enger Bid-Ask-Spread: Der Unterschied zwischen Kauf- und Verkaufspreis ist gering.

- Hohes Handelsvolumen: Viele Marktteilnehmer sorgen für stetigen Handel.
- Geringe Slippage: Der tatsächliche Ausführungspreis weicht kaum vom erwarteten Preis ab.

Wie bewerten Sie nun die Liquidität?

Zunächst müssen Sie das Handelsvolumen analysieren, denn ein hohes tägliches Handelsvolumen weist auf starke Marktaktivität hin. Darüber hinaus sollten Sie Quellen wie Börsenberichte oder Broker-Plattformen miteinbeziehen. Als Nächstes steht die Prüfung des Bid-Ask-Spreads an. Ein enger Spread zeigt, dass viele Käufer und Verkäufer aktiv sind. Instrumente mit einem breiten Spread sind in der Regel illiquider und verursachen höhere Transaktionskosten. Zu guter Letzt müssen Sie die Markttiefe überprüfen. Die Markttiefe zeigt, wie viele Orders auf verschiedenen Preisniveaus vorhanden sind. Eine hohe Markttiefe deutet auf Stabilität und Liquidität hin. Dazu benötigen Sie den Zugang zu Level-2-Daten der Börsenbetreiber. Für elektronische Handelsplätze ist das Orderbuch oftmals leicht verfügbar. Für Handelsplätze mit Marketmakern bekommen Sie diese Daten nicht, da Sie nur den Quote des jeweiligen Marketmakers oder Maklers sehen können.

Die Bedeutung der Liquidität für Trader lässt sich kurz zusammenfassen:

- Für kurzfristige Trader: Liquidität ist entscheidend, um schnell in Positionen ein- oder auszusteigen. Instrumente mit hohem Handelsvolumen eignen sich besonders für Day-Trader und Scalper.
- Für langfristige Trader: Liquidität ist weniger kritisch, da sie Positionen länger halten und Transaktionskosten weniger ins Gewicht fallen. Dennoch muss die Trading-Position immer in einem gesunden Verhältnis zum täglichen Han-

delsvolumen stehen, ansonsten sind Sie mit Ihrer Trading-Position der Elefant am Markt und kommen nur sehr schwer aus ihr wieder heraus.

Volatilität: Die Preisschwankungen eines Instruments

Die Volatilität misst die Geschwindigkeit und das Ausmaß von Preisbewegungen eines Handelsinstruments. Sie ist ein Indikator für das Risiko und die potenzielle Rendite. Volatilität misst dabei die Intensität der Schwankungen eines Wertpapierpreises oder eines Index um den eigenen Mittelwert.

Dabei gilt: Je höher die Volatilität ist, desto höher ist die Abweichung zum Beispiel des Aktienkurses von seinem Mittelwert. Während sich die historische Volatilität auf die Schwankungsstärke in der Vergangenheit bezieht, misst die implizite Volatilität die zukünftig erwartete Schwankungsstärke. Letztere ist ein wichtiger Gradmesser zur Bewertung von vielen Derivaten.

Die verschiedenen Arten der Volatilität im Überblick:

- Historische Volatilität: Rückblick auf vergangene Preisschwankungen.
- Implizite Volatilität: Erwartete zukünftige Schwankungen, oft abgeleitet aus Optionspreisen.

Wie können Sie die Volatilität für Ihre Aktivitäten am besten messen?

Dafür können Sie zum einen die Standardabweichung berechnen. Die Standardabweichung der Preisbewegungen zeigt, wie stark ein Instrument von seinem Durchschnittspreis abweicht. Eine hohe Abweichung weist auf größere Volatilität hin. Zum anderen steht Ihnen die ATR (Average True Range) zur Verfügung. Der ATR-Indikator misst die durchschnittliche Handelsspanne eines Instruments über einen bestimmten Zeitraum. Er hilft Ihnen, Stop-Loss-Level festzulegen. Darüber hinaus gibt es Volatilitätsindizes. Der VIX (Volatility

Index) misst die Markterwartung für Volatilität speziell für den S&P 500. Trader können ähnliche Indizes für spezifische Märkte nutzen. Der VIX ist über viele Kursanbieter abrufbar. Und auch die Chartanalyse ist eine geeignete Methode, um die Volatilität zu messen. Abrupte Preissprünge oder häufige Umkehrmuster deuten auf erhöhte Volatilität hin.

Die Bedeutung der Volatilität für Trader lässt sich so zusammenfassen:

- Für risikobereite Trader: Hohe Volatilität bietet Chancen für schnelle und große Gewinne, birgt aber auch ein höheres Verlustrisiko. Für das Marketmaking und Scalping sind Phasen hoher Volatilität wünschenswert.
- Für risikoaverse Trader: Geringe Volatilität ist ideal für konservative Strategien, da Preisbewegungen berechenbarer sind.

Kombination von Liquidität und Volatilität in der Handelsstrategie

Optimale Kombinationen sind:

- Märkte mit hoher Liquidität und niedriger Volatilität: Ideal für langfristige Investoren, die Stabilität suchen, zum Beispiel Blue-Chip-Aktien.
- Märkte mit hoher Liquidität und hoher Volatilität: Geeignet für Day-Trader, die von schnellen Preisbewegungen profitieren wollen, zum Beispiel Devisen oder Rohstoffe.
- Märkte mit geringer Liquidität und hoher Volatilität: Risiko für Slippage und unerwartete Preisbewegungen – erfordern spezielle Strategien und Vorsicht. In solchen Märkten oder Phasen passt das Positions-Trading am besten, wobei darauf zu achten ist, dass die gehaltene Position insgesamt nicht zu groß wird.

Tools zur Bewertung von Liquidität und Volatilität

- Broker-Plattformen: Viele Broker bieten Echtzeitdaten zu Volumen, Spreads und ATR.
- Charting-Tools: Plattformen wie TradingView oder MetaTrader ermöglichen die Analyse von Volatilitätsindikatoren.
- Finanzportale: Websites wie Bloomberg oder Yahoo Finance liefern Informationen zu Handelsvolumen und Volatilität.
- Volatilitätsanalyse-Software: Spezialisierte Tools wie OptionMetrics zur Analyse der impliziten Volatilität.

Liquidität und Volatilität sind entscheidende Faktoren, die den Erfolg beim Trading maßgeblich beeinflussen. Während Liquidität sicherstellt, dass Trader zu fairen Preisen ein- und aussteigen können, bietet Volatilität das Potenzial für attraktive Gewinne – birgt jedoch auch Risiken. Ein erfolgreicher Trader versteht es, diese beiden Merkmale zu analysieren und sie in seine Handelsstrategie zu integrieren. Mit den richtigen Tools und einer gründlichen Vorbereitung können Trader ihre Chancen auf profitables Handeln maximieren.

Wichtige Werkzeuge für Trader und Anleger

Kommen wir nun zu den wichtigen Werkzeugen für Trader und Anleger. Zuerst sollten Sie sich mit dem Ort Ihres Geschehens und Wirkens auseinandersetzen: den Handelsplattformen. Das können Börsen, MTFs (Multilateral Trading Facilities) oder sonstige Plattformen sein.

Eine Handelsplattform ist das zentrale Werkzeug eines Traders. Sie ermöglicht den Zugriff auf Märkte, das Platzieren von Trades und die Analyse von Charts. Beispiele sind MetaTrader, TradingView oder Thinkorswim. Eine Handelsplattform sollte über folgende wichtige Funktionen verfügen: Echtzeit-Kurse und Marktdaten, Charting-Tools für Technische Analysen sowie Order-Typen wie Market, Limit und

Stop-Loss. Als Nächstes sollten Sie sich Gedanken über den Zugang und die Abwicklung Ihrer Handelsaktivitäten mittels eines Brokers oder einer Bank machen. Broker sind Vermittler, die Tradern Zugang zu den Finanzmärkten bieten. Dabei sollten Sie auf die Gebührenstruktur (zum Beispiel Kommissionen, Spreads), die Regulierung und Sicherheit sowie das Handelsangebot (zum Beispiel verfügbare Märkte und Instrumente) achten. Es gibt zwei unterschiedliche Arten von Brokern. Erstens den Marketmaker – dieser stellt eigene Preise und Spreads. Zweitens den ECN/STP-Broker – dieser bietet direkten Zugang zu Marktpreisen ohne Zwischenhändler.

Im nächsten Schritt müssen Sie sich um die Kursdaten und die Werkzeuge der Technischen Analyse kümmern. Die Technische Analyse ist eine zentrale Methode, um Kursbewegungen zu verstehen und Prognosen zu treffen. Dafür benötigen Sie die entsprechenden Kursdaten, die idealerweise von dem Handelsplatz stammen sollten, an dem Sie Ihre Geschäftsaktivitäten ausüben. Es macht also keinen Sinn, sich die Kursdaten von Handelsplatz A anzusehen und technisch auszuwerten, wenn Sie Ihre Trades über Börse B abwickeln. Das kann auf lange Sicht zu erheblichen Problemen führen.

Der Vollständigkeit halber erwähne ich nur noch einmal kurz die wesentlichen Typen und Indikatoren.

Charttypen:

- Liniencharts: Zeigen den Schlusskurs über eine bestimmte Zeitspanne.
- Kerzencharts: Bieten detaillierte Informationen über Eröffnungs-, Schluss-, Höchst- und Tiefstkurse.

Indikatoren:

- Gleitende Durchschnitte, RSI, MACD und Bollinger-Bänder sind gängige Werkzeuge zur Identifikation von Trends und Umkehrpunkten.

Auch die Fundamentalanalyse-Werkzeuge sind wichtig. Wie Sie bereits erfahren haben, betrachtet die Fundamentalanalyse die zugrunde liegenden wirtschaftlichen und finanziellen Daten eines Finanzinstruments. Beispiele für Analyseinstrumente sind etwa die Gewinn- und Verlustrechnung, die Bilanz- und Cashflow-Analyse für Aktien oder ein Wirtschaftskalender für makroökonomische Ereignisse.

Die fundamentale Analyse: Bewertung von Handelsmöglichkeiten durch wirtschaftliche Daten und Unternehmensberichte

Die fundamentale Analyse ist eine der zentralen Methoden, um Handelsmöglichkeiten zu identifizieren und langfristige Anlageentscheidungen zu treffen. Sie konzentriert sich auf die Bewertung des „inneren Wertes" einer Aktie oder eines Wertpapiers, indem wirtschaftliche Daten, Unternehmenskennzahlen und branchenspezifische Informationen untersucht werden. Ziel ist es, Preisabweichungen zwischen dem aktuellen Marktwert und dem tatsächlichen, von Ihnen ermittelten Wert zu erkennen und davon zu profitieren.

Die fundamentale Analyse basiert auf der Annahme, dass der Wert eines Vermögenswerts von zugrunde liegenden wirtschaftlichen und finanziellen Faktoren beeinflusst wird. Dazu gehören:

- Makroökonomische Daten: Wirtschaftswachstum, Zinssätze, Inflation, Arbeitslosenquote und so weiter.

- Branchen- und Markttrends: Entwicklungen innerhalb spezifischer Sektoren.
- Unternehmensspezifische Daten: Finanzergebnisse, Managementqualität und Wettbewerbsvorteile.

Die fundamentale Analyse kann auf verschiedene Arten angewendet werden:

Top-down- und Bottom-up-Ansätze in der Fundamentalanalyse

Beide Methoden haben ihre spezifischen Vorzüge und Einsatzgebiete und ihre Kombination kann zu einer umfassenderen Investment-Entscheidung führen.

Der Top-down-Ansatz beginnt mit einer Makroperspektive und arbeitet sich schrittweise zur Mikroebene vor. Dieser Ansatz eignet sich besonders für Anleger, die Wert auf globale und sektorale Trends legen.

Schritte im Top-down-Ansatz:

- Makroökonomische Analyse: Investoren analysieren globale Wirtschaftstrends, etwa Wachstumsraten, Zinspolitik, Inflation und geopolitische Entwicklungen. Ziel ist es, attraktive Märkte oder Regionen zu identifizieren.
- Sektorale Auswahl: Innerhalb dieser Märkte werden aussichtsreiche Sektoren evaluiert. Beispielsweise könnten steigende Ölpreise die Energiebranche attraktiver machen.
- Unternehmensanalyse: Abschließend werden innerhalb der favorisierten Sektoren die besten Unternehmen identifiziert. Kriterien sind zum Beispiel Marktstellung, Wachstumspotenzial und finanzielle Stabilität.

Die Vorteile liegen in der Betrachtung des „großen Ganzen“ und reduzieren das Risiko, in makroökonomisch schwache Märkte zu investieren. Besonders geeignet ist der Ansatz für langfristige Strategien und die Allokation von Kapital in verschiedenen Regionen und Sektoren. Die Nachteile bestehen darin, dass attraktive Einzelunternehmen übersehen werden können, die in schwachen Märkten oder Sektoren agieren. Zudem ist die Betrachtung stark abhängig von korrekten makroökonomischen Prognosen, die oft unsicher sind.

Der Bottom-up-Ansatz verfolgt das Gegenteil des Top-down-Ansatzes: Hier beginnt die Analyse auf der Unternehmensebene, unabhängig von makroökonomischen Bedingungen.

Folgende Schritte sind im Bottom-up-Ansatz zu berücksichtigen:

- Unternehmensanalyse: Fokus auf spezifische Unternehmen, mit Schwerpunkt auf fundamentalen Kennzahlen wie Umsatz, Gewinn, Verschuldung und Wettbewerbsvorteilen.
- Branchen- und Marktbetrachtung: Nachdem ein Unternehmen identifiziert wurde, wird geprüft, wie es sich in seiner Branche und im Marktumfeld positioniert.
- Makrofaktoren: Makroökonomische Faktoren spielen eine nachgelagerte Rolle und beeinflussen die endgültige Investitionsentscheidung.

Ein großer Vorteil ist, dass der Anleger dadurch die Chance hat, unentdeckte Unternehmen aufzuspüren. Dies ist auch nützlich bei der Identifikation von „Hidden Champions“ oder Unternehmen mit überdurchschnittlichem Wachstumspotenzial. Andererseits besteht die Gefahr, zu Beginn potenziell relevante makroökonomische Risiken zu ignorieren und Sektoren oder Märkte zu wählen, die strukturelle Schwächen aufweisen.

Vergleich und Anwendung

Kriterium	Top-down	Bottom-up
Ausgangspunkt	Makroebene (Wirtschaft, Sektoren)	Mikroebene (Unternehmen)
Fokus	Globale Trends und Branchen	Individuelle Unternehmensstärke
Zeithorizont	Langfristig	Kurz- bis mittelfristig
Risikomanagement	Reduktion makroökonomischer Risiken	Potenzial für hohe Renditen
Hauptnutzer	Asset-Manager, Sektorstrategen	Stock-Picker, aktive Fondsmanager

Idealerweise lassen sich beide Ansätze kombinieren. Zum Beispiel kann der Top-down-Ansatz helfen, die makroökonomischen Rahmenbedingungen zu verstehen und wachstumsstarke Märkte auszuwählen. Innerhalb dieser Märkte kann der Bottom-up-Ansatz verwendet werden, um die besten Unternehmen zu identifizieren.

Beispiel:

Ein Investor erkennt im Top-down-Ansatz, dass die Energiewende zu einem Boom im Bereich erneuerbarer Energien führen wird. Mithilfe des Bottom-up-Ansatzes wird dann ein Unternehmen ausgewählt, das in der Solarenergiebranche führend ist und solide Finanzen aufweist.

Die Wahl zwischen Top-down- und Bottom-up-Ansatz hängt von den Zielen und dem Investmentstil des Anlegers ab. Während der Top-down-Ansatz für globale Trends und strategische Allokationen nützlich ist, eignet sich der Bottom-up-Ansatz zur Identifikation von Outperformern auf Unternehmensebene. Die Kombination beider Ansätze ermöglicht eine fundierte und ganzheitliche Investment-Entscheidung.

Wirtschaftliche Daten als Grundlage für die Bewertung

Wirtschaftliche Daten liefern Einblicke in die allgemeine Verfassung der Volkswirtschaft und geben Hinweise auf potenzielle Chancen oder Risiken in bestimmten Märkten.

Wichtige makroökonomische Indikatoren sind:

- Bruttoinlandsprodukt (BIP): Gibt die Wachstumsrate einer Volkswirtschaft an. Ein steigendes BIP signalisiert eine wachsende Wirtschaft, was positiv für Unternehmen und Märkte ist.
- Zinssätze: Zinsentscheidungen der Zentralbanken beeinflussen die Finanzierungskosten von Unternehmen und das Konsumverhalten. Niedrige Zinsen fördern Investitionen und Konsum.
- Inflation: Eine moderate Inflation zeigt wirtschaftliche Stabilität, während hohe Inflation die Kaufkraft verringern kann.
- Arbeitsmarktberichte: Beschäftigungszahlen und Lohnwachstum geben Hinweise auf die Konsumnachfrage.
- Währungsbewegungen: Wechselkurse beeinflussen den Handel und die Wettbewerbsfähigkeit exportorientierter Unternehmen.

Beispiel:

Ein Anstieg der Zinssätze könnte eine Chance für Banken schaffen, die von höheren Margen profitieren, während verschuldete Unternehmen mit steigenden Finanzierungskosten belastet werden.

Analyse von Unternehmensberichten

Bekanntlich sind Unternehmensberichte eine der wichtigsten Informationsquellen für die fundamentale Analyse. Sie enthalten wesentliche Daten zur finanziellen Gesundheit, Rentabilität und Zukunftsperspektive eines Unternehmens. Daraus lassen sich künftige Kursentwicklungen der Aktien und die Bewertung ableiten.

Schlüsselkomponenten aus den Bilanzdaten für die Analyse sind:

- Gewinn- und Verlustrechnung: Zeigt Umsätze, Kosten und Gewinne.
- Kennzahlen: Bruttomarge, operative Marge, Nettogewinnmarge.
- Bilanz: Liefert Informationen über Vermögenswerte, Verbindlichkeiten und Eigenkapital.
- Kennzahlen: Verschuldungsgrad, Liquiditätskennzahlen (zum Beispiel Current Ratio).
- Kapitalflussrechnung: Analysiert den Cashflow aus operativer Tätigkeit, Investitionen und Finanzierung.
- Kennzahlen: Freier Cashflow, Cashflow-Deckungsgrad.
- Management-Kommentare: Erläuterungen zu den Zahlen und strategischen Plänen.

Daraus ergeben sich wichtige Bewertungskennzahlen für die Aktien:

- Kurs-Gewinn-Verhältnis (KGV): Vergleich des Aktienpreises mit dem Gewinn je Aktie.
- Kurs-Buchwert-Verhältnis (KBV): Verhältnis vom Aktienpreis zum Buchwert je Aktie.
- Eigenkapitalrendite (Return on Equity – ROE): Zeigt, wie effizient ein Unternehmen das Eigenkapital einsetzt.
- Verschuldungsgrad: Verhältnis von Schulden zum Eigenkapital

Beispiel:
Ein Unternehmen mit einem niedrigen KGV im Vergleich zur Branche, einer hohen Eigenkapitalrendite und stabilem Cashflow könnte im Peergroup-Vergleich unterbewertet sein und eine attraktive Kaufgelegenheit darstellen.

Wie können Sie die Fundamentalanalyse in der Praxis anwenden? Zum einen zur Bewertung von Aktien, denn durch die Analyse von Unternehmensberichten und Branchenkennzahlen können Anleger unterbewertete Aktien identifizieren. Zum anderen zur Branchenanalyse und zur Erkennung makroökonomischer Trends. So können steigende Rohstoffpreise positiv für Energieunternehmen sein, während sie für Industriefirmen negativ wirken. Darüber hinaus können Sie die Fundamentalanalyse für geplante langfristige Investitionen in Unternehmen einsetzen. Die Fundamentaldaten sind entscheidend, um die Tragfähigkeit eines Unternehmens zu bewerten, insbesondere für Value-Investoren. Zu guter Letzt eignet sich die fundamentale Analyse zur Risikoanalyse von Unternehmen. Hierfür benötigen Sie die aufgezeigten Kennzahlen beziehungsweise müssen diese entsprechend ermitteln. Schwache finanzielle Kennzahlen oder makroökonomische Risiken (zum Beispiel Rezession) können helfen, potenzielle Verluste zu vermeiden und fundamental schwache Unternehmen herauszufiltern.

Der fundamentalen Analyse sind aber auch Grenzen gesetzt. Diese liegen unter anderem in dem damit verbundenen Zeitaufwand. Eine detaillierte Analyse erfordert umfangreiche Recherchen. Eine weitere Herausforderung ist die subjektive Interpretation der Daten, denn diese können von Unternehmen zu Unternehmen stark variieren. Und auch auf die Markteffizienz müssen Sie achtgeben. In effizienten Märkten sind alle fundamentalen Daten bereits im aktuellen Preis enthalten – auch die von Ihnen analysierten Daten.

Die fundamentale Analyse ist grundsätzlich ein mächtiges Werkzeug, um Handelsmöglichkeiten zu bewerten. Indem Trader wirtschaftliche Daten und Unternehmensberichte analysieren, können sie fundierte Entscheidungen treffen und langfristig erfolgreiche Strategien entwickeln. Ob für die Auswahl einzelner Aktien oder die Beurteilung ganzer Märkte – die fundamentale Analyse liefert eine solide Basis für intelligentes Investieren.

Steigen wir an dieser Stelle etwas tiefer in die Materie ein und werfen einen Blick auf die grundlegenden Fundamentaldaten, die für Trading-Anfänger interessant sein könnten.

Die wichtigsten Fundamentaldaten für Anfänger

Die fundamentale Analyse sollte ein wesentlicher Bestandteil des Tradings sein, vor allem für Anfänger, die verstehen möchten, wie der Wert eines Unternehmens oder Marktes zustande kommt. Fundamentaldaten bieten Einblicke in die finanzielle Gesundheit und Geschäftsperspektiven eines Unternehmens. Dieser Abschnitt stellt die wichtigsten Fundamentaldaten vor, die für Anfänger relevant sind, und erklärt, wie diese interpretiert werden können.

Umsatz: Der Ausgangspunkt jeder Analyse

Der Umsatz zeigt, wie viel ein Unternehmen durch den Verkauf seiner Produkte oder Dienstleistungen in einem bestimmten Zeitraum verdient hat. Er wird häufig als Maßstab für die Größe eines Unternehmens verwendet.

Interpretation:

- Steigender Umsatz: Signalisiert Wachstum und potenziell steigende Marktanteile.
- Stagnierender oder rückläufiger Umsatz: Könnte auf eine schwache Nachfrage oder operative Probleme hinweisen.

Beispiel:

Ein Technologieunternehmen mit einem kontinuierlichen Umsatzwachstum zeigt, dass seine Produkte auf dem Markt gefragt sind, was eine positive Entwicklung signalisiert.

Gewinn und Gewinnwachstum: Die Rentabilität des Unternehmens

Der Gewinn ist der Betrag, der nach Abzug aller Kosten (einschließlich Betriebskosten, Zinsen und Steuern) vom Umsatz übrig bleibt.

Interpretation:

- Positiver Gewinn: Das Unternehmen ist profitabel.
- Wachsender Gewinn: Signalisiert eine effektive Kostenkontrolle und steigende Effizienz.
- Verlust: Kann auf hohe Kosten, sinkende Umsätze oder andere Probleme hinweisen.

Beispiel:
Ein Unternehmen mit steigendem Gewinnwachstum, insbesondere in rezessiven Phasen, zeigt Stabilität und ein starkes Management.

Gewinn je Aktie (EPS – Earnings per share): Der Gewinn aufgeteilt auf die Aktionäre

Der Gewinn je Aktie zeigt, wie viel Gewinn auf jede ausstehende Aktie entfällt. Diese Kenngröße sollte immer auf Mehrjahressicht Betrachtung finden. Dabei kann zum Beispiel der EPS aus dem vergangenen Jahr mit dem des aktuellen Geschäftsjahres und der Prognose für das kommende Geschäftsjahr ins Verhältnis gesetzt werden.

Interpretation:

- Ein wachsender EPS deutet darauf hin, dass ein Unternehmen profitabler wird.
- Ein stagnierender oder sinkender EPS könnte auf Probleme im Geschäft oder gestiegene Kosten hinweisen.

Beispiel:

Ein Unternehmen mit einem EPS von fünf Euro und einem Wachstum von zehn Prozent pro Jahr ist attraktiver als eines mit einem stagnierenden EPS von drei Euro.

Kurs-Gewinn-Verhältnis (KGV): Bewertung der Aktie

Das KGV setzt den aktuellen Aktienkurs ins Verhältnis zum Gewinn je Aktie und gibt an, wie viele Jahre ein Unternehmen bei konstantem Gewinn braucht, um seinen Aktienpreis zu rechtfertigen.

Interpretation:

- Hohes KGV: Der Markt erwartet starkes Wachstum, die Aktie könnte jedoch überbewertet sein.
- Niedriges KGV: Die Aktie könnte unterbewertet sein, was für Value-Investoren interessant ist. Zugleich besteht die Gefahr, dass der Markt Gewinnrückgänge erwartet und deswegen die Aktien zu niedrigen KGVs handelt.

Es gilt eine gewisse Sorgfalt und Weitsicht bei der Interpretation der KGVs. Sie sollten immer noch zusätzliche Bewertungskennzahlen wie das Wachstum oder die Dividendenrendite heranziehen.

Beispiel:

Eine Aktie mit einem KGV von 12 gilt als günstiger bewertet als eine mit einem KGV von 30 – vorausgesetzt, beide Unternehmen haben ähnliche Wachstumschancen und kommen aus dem gleichen Sektor.

Dividendenrendite: Einkommen durch Investitionen

Die Dividendenrendite zeigt, wie viel Dividende ein Anleger im Verhältnis zum aktuellen Aktienkurs erhält.

Interpretation:

- Hohe Dividendenrendite: Interessant für Anleger, die ein passives Einkommen suchen. Es gilt jedoch zu beachten, dass die Dividendenrendite immer auf das vergangene Geschäftsjahr bezogen wird, daher kann es sein, dass der Markt bereits Gewinnrückgänge für die Zukunft antizipiert.
- Sinkende Dividenden: Könnten auf finanzielle Schwierigkeiten des Unternehmens hindeuten. Bei der Dividendenrenditebetrachtung sollte immer ein Mehrjahresvergleich herangezogen werden.

Beispiel:

Ein Energieversorger mit einer stabilen Dividendenrendite von vier Prozent ist für einkommensorientierte Anleger attraktiv.

Der Verschuldungsgrad: Auskunft über die finanzielle Stabilität eines Unternehmens

Der Verschuldungsgrad misst, wie stark ein Unternehmen fremdfinanziert ist. Die Fremdfinanzierung wird dabei ins Verhältnis zum Eigenkapital gesetzt. Sie sollten jedoch beachten, dass diese Kenngröße von Branche zu Branche anders zu bewerten ist. Banken haben andere Verschuldungsgrade als Industrieunternehmen oder Technologiekonzerne.

Interpretation:

- Niedriger Verschuldungsgrad: Signalisiert oft eine finanzielle Stabilität innerhalb der Vergleichsbranche.

- Hoher Verschuldungsgrad: Könnte auf ein Risiko hinweisen, besonders in Zeiten steigender Zinsen. Es muss jedoch miteinbezogen werden, ob das Unternehmen zuletzt größere Käufe getätigt hat, neue Produkte oder höhere Marketingaufwendungen vornehmen musste und so weiter.

Beispiel:

Ein Unternehmen mit einem Verschuldungsgrad von 0,5 hat mehr Eigenkapital als Fremdkapital und ist daher weniger anfällig für wirtschaftliche Abschwünge.

Der Cashflow: Die Liquidität des Unternehmens

Der Cashflow ist ein Gradmesser dafür, wie viel Bargeld ein Unternehmen aus seinen operativen Geschäften generiert.

Interpretation:

- Positiver Cashflow: Das Unternehmen hat genug Geld, um Schulden zu bedienen und Investitionen zu tätigen.
- Negativer Cashflow: Könnte auf Probleme mit der Liquidität hinweisen.

Beispiel:

Ein Unternehmen mit einem starken operativen Cashflow kann zum Beispiel Kredite bedienen, Dividenden zahlen und in Wachstum investieren, was positiv für Anleger ist.

Sie merken schon, dass es gerade für Anfänger wichtig ist, sich auf einige wenige Fundamentaldaten zu konzentrieren, um nicht von der Fülle an Informationen überwältigt zu werden. Die Kombination aus Umsatz, Gewinn, KGV und Dividendenrendite bietet eine solide Basis für die erste Bewertung eines Unternehmens.

Hier noch einige Tipps zur Interpretation und Anwendung der aufgezeigten Kennzahlen:

- Vergleich mit der Branche: Fundamentaldaten eines Unternehmens sollten immer im Kontext seiner Branche analysiert werden.
- Langfristige Trends beobachten: Einzelne Quartalszahlen sind weniger aussagekräftig als langfristige Entwicklungen. Ziehen Sie immer Daten aus mehreren Geschäftsjahren zur Analyse heran.
- Qualität über Quantität: Nicht jedes Unternehmen mit hoher Dividendenrendite ist eine gute Investition – die finanzielle Stabilität zählt fast noch mehr. Was bringt es Ihnen, wenn das Unternehmen einmal eine hohe Dividende zahlt und danach in die Insolvenz gerät?

Das Verständnis grundlegender Fundamentaldaten ist der erste Schritt für Anfänger, um fundierte Anlageentscheidungen zu treffen. Indem Trader diese Daten analysieren und interpretieren, können sie potenziell lukrative Handelsmöglichkeiten identifizieren und gleichzeitig Risiken minimieren. Mit der Zeit und Erfahrung lässt sich diese Basisanalyse um fortgeschrittene Kennzahlen erweitern. Mittels dieses fundamentalen Ansatzes können Sie für sich die vorherrschende Trade-Richtung ermitteln. Hoch bewertete oder finanziell schwach aufgestellte Unternehmen könnten dann eher geshortet werden, während solide Unternehmen und niedrig bewertete Aktien eher zum Long-Trade dienen würden.

Die Psychologie des Tradings

Trading ist nicht Investieren und somit sind auch die psychologischen Auswirkungen andere. Erfolgreiches Trading erfordert nicht nur technische Kenntnisse, sondern auch eine starke mentale Disziplin. Ich bin auf diesen Aspekt bereits ausgiebig eingegangen, möchte diesen aber auch beim Trading kurz erwähnen.

Auf diese Dinge sollten Sie bei Ihrem Trading achten:

- Denken Sie daran, Ihre Emotionen zu kontrollieren. Angst und Gier können zu impulsiven Entscheidungen führen und sind schlechte Berater.
- Entwickeln Sie Geduld. Nicht jeder Markt bietet gute Handelsmöglichkeiten und es muss auch nicht jeden Handelstag getradet werden.
- Akzeptieren Sie Kursverluste. Kalkulierte Kursverluste gehören zum Trading dazu. Erfolgreiche Trader lernen aus ihren Fehlern und passen ihre Strategien an. Niemand kann immer an den Finanzmärkten richtigliegen.

Spezielle Erfolgsfaktoren für Trading-Anfänger sind:

- Bildung und Vorbereitung: Trader sollten sich mit Marktgrundlagen, Handelsstrategien und den verwendeten Werkzeugen vertraut machen.
- Demo-Konto nutzen: Ein Demo-Konto ermöglicht es Anfängern, ohne finanzielles Risiko zu üben und die eigenen Strategien zu testen.
- Handelsplan erstellen: Ein klarer Plan hilft, diszipliniert zu bleiben und emotionale Entscheidungen zu vermeiden.
- Risikomanagement anwenden: Kapital begrenzen – nicht mehr als ein bis zwei Prozent des Handelskapitals pro Trade riskieren.
- Stop-Loss-Orders setzen: Um Verluste zu minimieren.

Trading bietet spannende Möglichkeiten, birgt jedoch auch erhebliche Risiken. Anfänger sollten sich auf eine solide Grundlage stützen, indem sie die Märkte verstehen, zuverlässige Werkzeuge nutzen und einen durchdachten Plan erstellen. Mit Disziplin, kontinuierlicher Weiterbildung und der Fähigkeit, aus Fehlern zu lernen, können sich Trader langfristig erfolgreich entwickeln.

Bevor ich Ihnen weitere Handelsstrategien vorstelle, will ich Ihnen noch einmal eine Liste der größten Trading-Fehler an die Hand geben:

- Einer Aktie über dem eigentlichen Kauflimit nachjagen.
- Keine Stop-Loss-Limits setzen oder kleine Verluste hinnehmen.
- Das Stop-Loss-Limit nicht nachziehen, wenn der Trade in die Gewinnzone gelaufen ist, und dadurch den Gewinn wieder hergeben oder sogar wieder in die Verlustzone laufen lassen.
- Overtrading, wenn ein Trade an Momentum verliert.
- Nicht agieren und nicht aufstocken, wenn ein Trade an Momentum gewinnt.
- Zu stark an einer Aktie hängen und blind für die Warnzeichen sein.
- Verbilligen einer bestehenden Trading-Position.

21. Swing-Trading: Gewinne aus kurzfristigen Trends ziehen

Das Swing-Trading ist eine beliebte Handelsstrategie, die von kurzfristigen Kursbewegungen innerhalb eines größeren Trends profitieren will. Im Gegensatz zum Day-Trading, bei dem Positionen innerhalb eines Tages geschlossen werden, werden beim Swing-Trading die Positionen in der Regel mehrere Tage bis Wochen gehalten. Diese Strategie erfordert eine Kombination aus Technischer Analyse, Marktverständnis und Disziplin. In diesem Abschnitt beleuchte ich die Grundlagen des Swing-Tradings, effektive Strategien, die Technische und fundamentale Analyse sowie die wichtigsten Erfolgsfaktoren.

Grundlagen des Swing-Tradings

Bei den verschiedenen Swing-Trading-Strategien versucht der Trader, das im Markt vorhandene Kursmomentum für seine Trades zu nutzen. Bei Long-Positionen ist vorgesehen, dass sich die Trendrichtung weiter fortsetzt und die Kurse weiter ansteigen. Bei Short-Positionen kann es häufig zu beschleunigten Trend-Dynamiken kommen, da abwärtsgerichtete Marktphasen oft von kürzerer Dauer sind und schnellere Kursbewegungen ausprägen. Grundsätzlich bezieht sich das Swing-Trading auf kurz- bis mittelfristige Zeithorizonte, das heißt, Positionen werden für wenige Tage bis Wochen gehalten. Dabei hängt es von den Trendrichtungen und deren Dynamik ab, die meist mithilfe von technischen Ansätzen ermittelt werden. Swing-Trader nutzen hauptsächlich Charts und technische Indikatoren, um Trends und Einstiegspunkte zu identifizieren. Zusätzlich setzt das Swing-Trading – im Gegensatz zu vielen anderen Trading- und Investment-Ansätzen – auf Volatilität, da es von Schwankungen innerhalb eines übergeordneten Trends profitieren möchte.

Zu den Vorteilen des Swing-Tradings gehört auf jeden Fall der geringere Zeitaufwand. Im Vergleich zum Day-Trading ist Swing-Trading weniger zeitintensiv, da Positionen über Nacht gehalten werden. Das Swing-Trading verleiht Ihnen also auch eine größere Flexibilität. Das bedeutet, dass Sie als Swing-Trader auch nebenberuflich handeln können. Damit einhergehend haben Sie wesentlich weniger Stress durch Ihre Handelsaktivitäten. Da Trades länger gehalten werden, ist eine ständige Marktüberwachung weniger notwendig.

Allerdings sollten Sie auch die Herausforderungen und Risiken des Swing-Tradings beachten. So müssen die Übernachtrisiken berücksichtigt werden. Overnight-Positionen sind anfällig für Nachrichten und Ereignisse außerhalb der Handelszeiten und es kann zu unpassenden Eröffnungslücken an den folgenden Handelstagen kommen. Dieses Risiko sollte nicht unterschätzt und in Ihre Swing-Trading-Strategie miteinbezogen werden. Außerdem sind manchmal die Marktphasen nicht eindeutig. Schwache oder unklare Trends können die Wirksamkeit der Strategie einschränken und zu einem zähen Verlauf führen, wenn das Kursmomentum doch nicht so groß ist wie im Vorfeld angenommen.

Swing-Trading-Strategien

Bei der Anwendung von Swing-Trading-Strategien können Sie Ihrer Fantasie freien Lauf lassen und das bisher Gelernte umsetzen. Ich zeige Ihnen nun einige effektive Swing-Trading-Strategien.

Trendfolge-Strategie – grundlegende Strategie

Ziel: Profite aus Bewegungen in Richtung des Haupttrends.

Vorgehen: Identifizieren Sie den übergeordneten Trend mithilfe von gleitenden Durchschnitten (zum Beispiel 50-Tage- und 200-Tage-Durchschnitt). Kaufen Sie bei Rücksetzern (Pullbacks) in einem Aufwärtstrend oder verkaufen Sie bei Erholungen in einem Abwärtstrend.

Beispiel: Ein Trader erkennt einen Aufwärtstrend und wartet, bis der Kurs auf die 50-Tage-Linie zurücksetzt, bevor er kauft.

Counter-Trend-Strategie – gegen den Strom schwimmen

Ziel: Gewinne aus kurzfristigen Umkehrbewegungen innerhalb eines Trends erzielen.

Vorgehen: Nutzen Sie Oszillatoren wie den Relative Stärke Index (RSI) oder den Stochastik-Indikator, um überkaufte oder überverkaufte Bedingungen zu erkennen. Setzen Sie auf eine Umkehrbewegung, bevor der Kurs wieder in Richtung des Haupttrends geht.

Beispiel: Wenn der RSI eines Vermögenswerts unter 30 fällt, könnte dies eine Kaufgelegenheit für eine bevorstehende Erholung signalisieren.

Breakout-Strategie – Trendverstärkungen nutzen

Ziel: Gewinne aus dem Durchbruch wichtiger Unterstützungs- oder Widerstandsniveaus erzielen.

Vorgehen: Identifizieren Sie Konsolidierungsphasen, in denen sich der Kurs in einer engen Spanne bewegt. Platzieren Sie eine Kauforder über dem Widerstand oder eine Verkaufsorder unter der Unterstützung.

Beispiel: Eine Aktie, die längere Zeit zwischen 100 und 110 Euro gehandelt wird, könnte bei einem Ausbruch über 110 Euro ein Kaufsignal liefern.

Retracement-Trading – die Rücksetzer-Strategie

Ziel: Profite aus Kursbewegungen innerhalb eines bestehenden Trends erzielen.

Vorgehen: Nutzen Sie Fibonacci-Retracements, um potenzielle Unterstützungs- und Widerstandsniveaus zu finden. Kaufen Sie, wenn der Kurs auf ein Fibonacci-Niveau (zum Beispiel 38,2 % oder 50 %) zurücksetzt.

Beispiel: Ein Trader erkennt in einem Aufwärtstrend einen Rücksetzer auf das 61,8 %-Retracement-Niveau und kauft an diesem Punkt.

Technische Analyse im Swing-Trading

Nun stellt sich die Frage, welche Indikatoren für Swing-Trading-Strategien am besten geeignet sind. Hier sollte der Fokus auf alle trendbestimmenden Indikatoren gelegt werden. Diese wären zum Beispiel:

- Gleitende Durchschnitte: Helfen, den übergeordneten Trend zu bestimmen.

- Kreuzt der 50-Tage-Durchschnitt den 200-Tage-Durchschnitt von unten nach oben (Golden Cross), deutet dies auf einen Aufwärtstrend hin.
- Relative Stärke Index (RSI): Identifiziert überkaufte (> 70) und überverkaufte (< 30) Bedingungen.
- Bollinger-Bänder: Zeigen Volatilität und potenzielle Umkehrpunkte.
- Wenn der Kurs die unteren Bänder erreicht, könnte dies ein Kaufsignal sein.
- MACD (Moving Average Convergence Divergence): Hilft, Trendstärke und potenzielle Umkehrpunkte zu identifizieren.

Um den Markteintritt noch besser bestimmen zu können, sollten Sie zusätzlich auf die passenden und bestätigenden Chartmuster für Ihre Swing-Trading-Strategie achten. Besonders interessant sind dafür:

- Flaggen und Wimpel: Indizieren kurze Konsolidierungsphasen innerhalb eines Trends und signalisieren Fortsetzungen.
- Doppeltops und -böden: Deuten auf potenzielle Trendwenden hin.
- Kopf-Schulter-Muster: Signalisieren oft eine Umkehr des Trends.

Fundamentale Analyse im Swing-Trading

Obwohl Swing-Trader hauptsächlich die Technische Analyse verwenden, können fundamentale Daten die Handelsentscheidungen untermauern. Dadurch ermitteln Sie den übergeordneten Trend und können Ihre Swing-Trading-Strategie in diese Trendrichtung fertigstellen beziehungsweise Ihr Risikomanagement-System daran justieren. Die wichtigsten Fundamentaldaten dafür sind:

- Quartalsberichte von Unternehmen: Plötzliche Kursbewegungen nach besser als erwarteten Ergebnissen bieten Chancen.
- Nachrichten: Ereignisse wie Fusionen oder neue Produkte können kurzfristige Trends auslösen.

In der Vergangenheit hat sich gezeigt, dass die nach solchen Meldungen eingeschlagenen Trendrichtungen bei Aktien lange Nachhalleffekte haben können. Dies hängt sehr stark von den betroffenen Unternehmen und deren Größe und Handelsverhalten ab, kann aber eine wertvolle Bereicherung für Ihren grundsätzlichen Handelsansatz sein.

Die Schlüsselfaktoren für den Erfolg im Swing-Trading

- Risikomanagement: Setzen Sie Stop-Loss-Orders, um Verluste zu begrenzen. Riskieren Sie pro Trade nicht mehr als ein bis zwei Prozent Ihres Kapitals.
- Geduld und Disziplin: Warten Sie auf bestätigte Signale, bevor Sie handeln. Vermeiden Sie Overtrading – nicht jeder Markttag bietet lohnende Gelegenheiten.
- Marktkenntnis: Beobachten Sie die Marktbedingungen. Trendmärkte sind ideal für Swing-Trader, während Seitwärtsmärkte schwieriger sein können.
- Emotionale Kontrolle: Lassen Sie sich nicht von Gier oder Angst leiten. Befolgen Sie Ihren Handelsplan strikt, unabhängig von Emotionen.

Das Swing-Trading bietet Tradern die Möglichkeit, von kurzfristigen Marktbewegungen zu profitieren, ohne dem Zeitdruck des Day-Tradings ausgesetzt zu sein. Durch die Kombination von Technischer Analyse, einem klaren Handelsplan und diszipliniertem Risikomanagement können Trader die Schwankungen der Märkte nutzen, um konstante

Gewinne zu erzielen. Die Strategie eignet sich besonders für Trader, die flexibel, analytisch und geduldig sind. Mit der richtigen Vorbereitung und Praxis kann das Swing-Trading zu einer lukrativen Handelsmethode werden.

22. Day-Trading: Schnelle Gewinne durch Intraday-Strategien

Das Day-Trading ist eine aktive Handelsstrategie, bei der Positionen innerhalb eines einzigen Handelstages eröffnet und geschlossen werden. Ziel ist es, von kurzfristigen Preisbewegungen in Aktien, Devisen, Futures oder anderen Finanzinstrumenten zu profitieren. Diese Methode erfordert Präzision, Disziplin und ein tiefes Verständnis der Märkte. In diesem Kapitelabschnitt beleuchte ich die Grundlagen des Day-Tradings, effektive Strategien für schnelle Gewinne und die Schlüsselprinzipien, die erfolgreiche Day-Trader beachten sollten.

Die Grundlagen des Day-Tradings

Day-Trader konzentrieren sich auf die Erzielung kleiner Gewinne durch häufige Handelsaktivitäten, die sich im Idealfall über den Handelstag zu größeren Beträgen summieren. Der Fokus liegt auf der Nutzung von Volatilität und kurzfristigen Trends.

Typische Ziele sind:

- Kapitalwachstum durch eine Vielzahl kleiner Gewinne.
- Risikokontrolle: Begrenzung von Verlusten durch schnelles Eingreifen.
- Unabhängigkeit von fundamentalen Risiken: Keine Positionen über Nacht, daher geringere Gefahr von Nachrichtenrisiken oder Marktlücken.

Das Day-Trading umfasst ausschließlich Intraday-Positionen. Der Trader schließt alle Trades vor Ende des Handelstages, unabhängig davon, ob die Position im Gewinn oder Verlust liegt. Der Fokus liegt häufig auf liquiden Märkten mit engen Spreads wie:

- Aktien (vorzugsweise Large Caps mit hoher Volatilität)
- Futures (zum Beispiel auf Indizes oder Rohstoffe)
- Forex (Devisenpaare mit hoher Liquidität wie EUR/USD)
- Kryptowährungen (hohe Volatilität, aber auch erhöhtes Risiko)

Es ist wichtig, sich vorher mit den Marktgegebenheiten und der Liquidität der verschiedenen Märkte auseinanderzusetzen. Fundamentaldaten spielen im Day-Trading eine untergeordnete Rolle. Stattdessen stützen sich Trader auf:

- Charts: Analyse von Kursmustern, Unterstützungs- und Widerstandsniveaus.
- Indikatoren: Nutzung von Tools wie gleitende Durchschnitte, RSI, MACD oder Bollinger-Bänder.
- Volumen: Identifikation von Handelsaktivitäten zur Bestätigung von Bewegungen.

Day-Trader suchen Märkte oder Wertpapiere, die starke Intraday-Kursbewegungen aufweisen. Nur so lassen sich genügend Gewinnmöglichkeiten und Trades generieren. Um auch von kleinen Kursbewegungen profitieren zu können, werden oft Hebelprodukte wie CFDs oder Futures verwendet. Diese verstärken sowohl die Gewinne als auch die Verluste. Das Day-Trading erfordert eine strikte Kontrolle von Risiken. Wenn Sie kein gut funktionierendes Risikomanagement-System haben, kann Ihr Ausflug ins Day-Trading sehr schnell wieder beendet sein. Dazu sollten Sie auf die folgenden Punkte als Minimalanforderung achten:

- Setzen von Stop-Loss-Orders: Begrenzen Verluste bei unvorhergesehenen Kursbewegungen.
- Vorheriges Position-Sizing: Anpassung der Positionsgröße an das verfügbare Kapital und die Risikobereitschaft.
- Definition des maximalen Verlusts pro Tag: Viele Day-Trader setzen ein Limit, um emotionale Entscheidungen zu vermeiden.

Das Day-Trading ist schnell, anspruchsvoll und erfordert von den ausführenden Protagonisten:

- Marktkenntnisse: Verständnis der Marktdynamik und Handelspsychologie.
- Disziplin: Fähigkeit, einen Handelsplan konsequent umzusetzen.
- Emotionale Kontrolle: Vermeidung von impulsiven Entscheidungen durch Angst oder Gier.
- Schnelligkeit: Fähigkeit, in Sekundenbruchteilen auf Marktveränderungen zu reagieren.
- Technologische Ausstattung: Zugang zu einer schnellen und zuverlässigen Handelsplattform sowie Tools wie Echtzeit-Charts und Nachrichtenfeeds.

Ihnen sollte im Vorfeld klar sein, dass das Day-Trading keine Tätigkeit ist, die Sie nebenbei ausführen können. Es kann schnell zu einer stressigen und sehr anspruchsvollen Aufgabe werden, die nur wenig Raum für andere Dinge lässt. Das Day-Trading ist zeitintensiv und erfordert eine ständige Marktbeobachtung während der Handelszeiten. Auch wenn Sie keine offenen Positionen besitzen, sollten Sie die Finanzmärkte stets im Auge behalten.

Die ständige Entscheidungsfindung und die Volatilität können emotional belastend sein. Nicht jeder ist dafür geschaffen, permanent Entscheidungen zu treffen und selbst in schnellen Marktphasen einen kühlen Kopf zu behalten. Die Trades dauern von wenigen Sekunden bis hin zu mehreren Stunden, aber niemals über Nacht. Sie benötigen zudem ein hohes Zeitbudget und die Bereitschaft, intensiv zu lernen. Nicht zu vernachlässigen sind auch die notwendige Risikobereitschaft und die daraus resultierende Akzeptanz, Verluste als Teil des Prozesses anzuerkennen. Niemand wird zu 100 Prozent Trading-Gewinne erzielen können.

Achten Sie auf Ihre Transaktionskosten und wählen Sie einen Broker oder eine Bank, welche Ihre Day-Trading-Aktivitäten durch ein entsprechendes Gebührenmodell fördert. Eine hohe Handelsaktivität führt zu erhöhten Gebühren, die Ihre Trading-Gewinne schmälern werden. Trotz eines sorgfältigen Risikomanagements können hohe Hebelwirkungen und falsche Entscheidungen schnell zu schmerzlichen Verlusten führen. Das sollte Ihnen immer bewusst sein und daher einen wichtigen Parameter bei Ihrem Money-Management darstellen.

Für wen ist das Day-Trading geeignet?

Das Day-Trading ist nicht für jeden Investor die passende Strategie, sondern richtet sich an Personen mit:

- Kapital: In den USA benötigen Day-Trader mindestens 25.000 US-Dollar für ein Margin-Konto (Pattern Day Trader Rule). In Europa gibt es keine solchen spezifischen Anforderungen, aber ein ausreichendes Kapital ist entscheidend, um das Risiko zu diversifizieren.
- Technischem Interesse: Affinität zu Trading-Software und -Plattformen.
- Schnellen Handelsplattformen: Für eine reibungslose Orderausführung.
- Marktdaten in Echtzeit: Um aktuelle Preisbewegungen und Volumenmuster zu analysieren.

- Disziplin und Erfahrung: Day-Trader müssen in der Lage sein, emotionale Entscheidungen zu vermeiden und einem klaren Handelsplan zu folgen.

Das Day-Trading ist eine der dynamischsten und anspruchsvollsten Handelsstrategien, die sowohl Chancen als auch Risiken bietet. Erfolgreiche Day-Trader kombinieren Disziplin, Marktkenntnisse und technologische Hilfsmittel, um von kurzfristigen Bewegungen zu profitieren. Es ist jedoch von zentraler Bedeutung, sich der Herausforderungen bewusst zu sein und nur Kapital zu investieren, dessen Verlust verkraftbar ist.

Day-Trading-Strategien

Nun stellt sich die Frage, wie Sie die effektivste und beste Day-Trading-Strategie für sich finden können. Dazu zeige ich Ihnen im Folgenden ein paar der gängigsten und wirkungsvollsten Strategien. Einige davon werde ich in Kapitel V noch näher erläutern. Hier eine kurze Übersicht:

Scalping – dem Markt einige Gewinne herausschneiden

Ziel: Schnelle Gewinne aus kleinen Preisbewegungen.

Merkmale: Viele Trades pro Tag mit geringen Gewinnzielen (zum Beispiel 0,1 bis 0,5 Prozent). Erfordert schnelle Reaktionszeiten und geringe Transaktionskosten.

Beispiel: Ein Trader kauft eine Aktie bei 50,00 Euro und verkauft sie bei 50,10 Euro, um von der winzigen Bewegung zu profitieren.

Momentum-Trading – folge dem Trend mit Dynamik

Ziel: Gewinne aus starken Kursbewegungen erzielen, die durch Nachrichten oder technisches Momentum ausgelöst werden.

Merkmale: Trader kaufen, wenn der Kurs steigt, und verkaufen schnell, bevor der Schwung nachlässt.

Beispiel: Eine Aktie, die nach positiven Quartalszahlen in den ersten Handelsstunden stark steigt, bietet Chancen für Momentum-Trades.

Breakout-Trading – von Beginn des Trends dabei

Ziel: Profite aus dem Durchbruch wichtiger Unterstützungs- oder Widerstandsniveaus erzielen.

Merkmale: Erfordert Identifikation von Konsolidierungsbereichen. Trader setzen eine Order knapp über einem Widerstand oder unter einer Unterstützung.

Beispiel: Eine Aktie, die längere Zeit bei 100 Euro gehandelt wurde, bricht plötzlich auf 105 Euro aus – ein klarer Einstiegspunkt für Breakout-Trader.

Reversal-Trading – auf Trendwechsel setzen

Ziel: Gewinne aus plötzlichen Richtungswechseln erzielen.

Merkmale: Trader suchen nach überkauften oder überverkauften Märkten. Indikatoren wie der Relative Stärke Index (RSI) helfen, potenzielle Umkehrpunkte zu erkennen.

Beispiel: Eine Aktie mit einem RSI von über 70 wird möglicherweise verkauft, sobald Anzeichen für eine Korrektur auftreten.

News-Trading – dort agieren, wo Impulse sind

Ziel: Aus schnellen Kursbewegungen aufgrund von Nachrichten (zum Beispiel Unternehmensberichte, makroökonomische Daten) Kapital schlagen.

Merkmale: Sehr reaktionsschnell. Trader nutzen Nachrichtenfeeds und handeln innerhalb von Sekunden nach Veröffentlichung.

Beispiel: Die Veröffentlichung besser als erwarteter Arbeitsmarktdaten könnte zu einem raschen Anstieg von Indizes führen.

Die wichtigsten Prinzipien für erfolgreiches Day-Trading

Risikomanagement

- Setzen Sie klare Stop-Loss-Orders, um Verluste zu begrenzen.
- Riskieren Sie nie mehr als ein bis zwei Prozent Ihres Gesamtkapitals pro Trade.
- Nutzen Sie Positionsgrößenrechner, um Ihre Trades genau zu planen.

Klare Handelsregeln

- Erstellen Sie einen schriftlichen Handelsplan mit Ein- und Ausstiegskriterien.
- Vermeiden Sie impulsives Handeln und halten Sie sich an Ihre Strategie.

Zeitmanagement

- Handeln Sie nur während der aktivsten Marktzeiten, zum Beispiel nach der Markteröffnung oder vor dem Handelsschluss.

Emotionale Kontrolle

- Vermeiden Sie Overtrading: Übermäßiges Handeln führt oft zu hohen Kosten und Fehlern.
- Entwickeln Sie mentale Disziplin, um Verluste zu akzeptieren und Gewinne nicht zu früh mitzunehmen.

Das Day-Trading bietet eine dynamische Möglichkeit, von kurzfristigen Marktbewegungen zu profitieren. Es ist jedoch keine Strategie für

Anfänger oder emotionale Trader. Erfolgreiche Day-Trader nutzen präzise Strategien, setzen strikte Risikomanagement-Regeln um und bleiben diszipliniert. Die Kombination aus technischer Expertise, mentaler Stärke und kontinuierlichem Lernen macht den Unterschied zwischen Erfolg und Misserfolg im Day-Trading. Wer bereit ist, Zeit und Mühe in die Entwicklung seiner Fähigkeiten zu investieren, kann das schnelle und spannende Tempo dieser Handelsstrategie für sich nutzen.

Eine Handelsstrategie für Anfänger: Ziele, Risikoprofil und Persönlichkeit

Für Anfänger im Trading ist es entscheidend, eine Handelsstrategie zu entwickeln, die individuell zu ihren Zielen, ihrem Risikoprofil und ihrer Persönlichkeit passt. Eine klare Strategie dient als Leitfaden für Entscheidungen und hilft, Emotionen zu kontrollieren. Dieser Beitrag zeigt, wie Anfänger Schritt für Schritt eine solche Strategie entwickeln können.

Zunächst müssen Sie Ihre persönlichen Ziele klären, das heißt klare und realistische Ziele festlegen.

Fragen, die sich Anfänger stellen sollten:

- Will ich kurzfristige Gewinne erzielen (zum Beispiel durch Day-Trading) oder ein langfristiges Vermögen aufbauen?
- Wie viel Zeit kann ich täglich oder wöchentlich in das Trading investieren?

Welche Rendite erwarte ich in einem bestimmten Zeitraum?

Ein Anfänger, der ein Nebeneinkommen erzielen möchte, könnte sich auf das Swing-Trading konzentrieren. Ein langfristig orientierter Investor könnte dagegen Value-Investing- oder Buy-and-Hold-Strategien bevorzugen.

Im nächsten Schritt müssen Sie Ihr eigenes Risikoprofil bestimmen. Das Risikoprofil ist eine der wichtigsten Grundlagen für jede Handelsstrategie. Es beschreibt die Bereitschaft und Fähigkeit, finanzielle Verluste zu tragen. Die Hauptfaktoren sind:

- Risikobereitschaft: Wie komfortabel fühle ich mich mit der Möglichkeit, Kapital zu verlieren?
- Finanzielle Situation: Wie viel Kapital kann ich riskieren, ohne meine Lebensqualität zu beeinträchtigen?
- Erfahrungsstand: Unerfahrene Trader sollten zunächst mit niedrigem Risiko handeln.

Ein konservativer Trader wird risikoärmere Instrumente wie ETFs oder Staatsanleihen wählen. Ein risikofreudiger Trader könnte in volatile Instrumente wie Kryptowährungen investieren.

Berücksichtigung der Persönlichkeit

Eine Handelsstrategie muss zur eigenen Persönlichkeit passen, da sie sonst schwer durchzuhalten ist. Typische Persönlichkeitsmerkmale sind:

- Diszipliniert und methodisch: Diese Trader profitieren von regelbasierten Strategien wie algorithmischem Trading.
- Emotional und impulsiv: Eine langfristige Buy-and-Hold- oder eine Swing-Trading-Strategie könnte besser geeignet sein, da sie weniger emotionale Entscheidungen erfordert.
- Abenteuerlustig: Solche Trader könnten mit dynamischen Strategien wie dem Scalping oder Momentum-Trading erfolgreich sein.

An dieser Stelle sollten Sie sich selbst reflektieren, um den richtigen Trading-Stil zu finden. Es ist sinnlos, sich etwas vorzumachen, im

Nachgang müssten Sie umso mehr mit Verlustphasen und Frustration kämpfen. Anfänger sollten ihre Stärken und Schwächen ehrlich analysieren, um eine Strategie zu wählen, die mit ihrer Persönlichkeit harmoniert.

Auswahl eines Handelsstils

Basierend auf den Zielen, dem Risikoprofil und der Persönlichkeit sollten Anfänger einen Handelsstil wählen, der zu ihnen passt. Beliebte Handelsstile, wie in diesem Kapitel beschrieben, sind:

- Day-Trading: Tägliche Handelsaktivität mit schnellen Gewinnen; erfordert hohe Disziplin und Zeitinvestition.
- Swing-Trading: Ausnutzung kurzfristiger Trends; ideal für Trader mit begrenzter Zeit.
- Positions-Trading: Langfristiger Ansatz, bei dem Positionen über Wochen oder Monate gehalten werden.
- Scalping: Sehr kurzfristiger Handel mit kleinen, häufigen Gewinnen; erfordert starke Nerven und schnelle Entscheidungsfähigkeit.

Ein Trader, der berufstätig ist und wenig Zeit hat, könnte das Swing- oder Positions-Trading in Betracht ziehen.

Entwicklung der eigentlichen Handelsstrategie

Nun geht es los und Sie müssen sich über die wesentlichen Elemente Gedanken machen. Diese sind:

- Einstiegs- und Ausstiegskriterien: Definieren Sie klare Bedingungen, unter denen Sie eine Position eröffnen oder schließen.
- Beispiel: Kaufen, wenn der RSI (Relative Stärke Index) unter 30 fällt (überverkaufter Bereich).

- Risikomanagement: Legen Sie fest, wie viel Kapital Sie pro Trade riskieren. Eine gängige Regel ist, nicht mehr als ein bis zwei Prozent des Gesamtkapitals pro Trade zu riskieren.
- Zeitrahmen: Wählen Sie einen Zeitrahmen, der zu Ihrem Handelsstil passt (zum Beispiel Minutencharts für Day-Trading, Tages- oder Wochencharts für Swing-Trading).
- Analysewerkzeuge: Entscheiden Sie, ob Sie auf Technische Analyse (Chartmuster, Indikatoren) oder fundamentale Analyse (Unternehmenskennzahlen) setzen.

Test und Anpassung der Strategie

Bevor Sie Ihr eigenes Kapital einsetzen, sollte die Strategie im Papertrading auf ihre Wirksamkeit getestet werden.

- Backtesting: Testen Sie Ihre Strategie mit historischen Daten, um deren Leistung zu bewerten.
- Demo-Konten: Nutzen Sie simulierte Handelsumgebungen, um praktische Erfahrungen zu sammeln, ohne echtes Geld zu riskieren.

Überprüfen Sie regelmäßig Ihre Trading-Strategie auf Rendite und Risiko. Anfänger sollten ihre Strategie regelmäßig analysieren und bei Bedarf anpassen, zum Beispiel bei sich ändernden Marktbedingungen oder persönlichen Lebensumständen.

Disziplin und emotionale Kontrolle

Selbst die beste Strategie scheitert ohne Disziplin. Anfänger müssen lernen, ihre Emotionen – insbesondere Angst und Gier – zu kontrollieren und die Strategie konsequent umzusetzen. Tipp: Halten Sie sich an Ihren Plan und vermeiden Sie impulsive Entscheidungen, insbesondere in volatilen Märkten. Ein plötzlicher Marktrückgang kann Anfänger dazu verleiten, unüberlegt zu verkaufen. Trader mit einer klaren Strategie bleiben jedoch ruhig und halten an ihren definierten Ausstiegsregeln fest.

Eine Handelsstrategie, die zu den individuellen Zielen, dem Risikoprofil und der Persönlichkeit eines Traders passt, ist der Schlüssel zu langfristigem Erfolg. Anfänger sollten sich die Zeit nehmen, ihre Strategie gründlich zu planen, zu testen und diszipliniert umzusetzen. Mit Erfahrung und Wissen lässt sich diese Strategie im Laufe der Zeit weiter verfeinern und an neue Marktbedingungen anpassen.

Schritte zur Entwicklung, Testung und Optimierung einer Handelsstrategie

Die Entwicklung einer Handelsstrategie ist nur der erste Schritt auf dem Weg zum erfolgreichen Trading. Damit eine Strategie auch langfristig profitabel ist, muss sie sorgfältig getestet und bei Bedarf optimiert werden. Dieser Abschnitt beschreibt die wichtigsten Schritte, die notwendig sind, um eine Handelsstrategie effizient zu testen und anzupassen.

Klare Definition der Strategie

Bevor die Testphase beginnen kann, muss die Handelsstrategie klar definiert werden. Dabei müssen folgende Aspekte berücksichtigt werden:

- Einstiegskriterien: Welche Signale oder Bedingungen führen zum Kauf? Beispiel: Kauf einer Aktie, wenn der Relative Stärke Index (RSI) unter 30 fällt (überverkaufte Zone).
- Ausstiegskriterien: Wann wird eine Position geschlossen? Beispiel: Verkauf, wenn der Kurs einen Widerstand erreicht oder der RSI über 70 steigt.
- Zeitrahmen: Definieren Sie den Zeitrahmen, in dem die Strategie angewendet wird (zum Beispiel Minuten-, Stunden- oder Tagescharts).

- Risikomanagement: Legen Sie fest, wie viel Kapital pro Trade riskiert wird. Faustregel: Nicht mehr als ein bis zwei Prozent des Gesamtkapitals pro Trade.

Eine Swing-Trading-Strategie könnte darauf abzielen, kurzfristige Trends in Tagescharts auszunutzen und Gewinne mitzunehmen, wenn ein bestimmter prozentualer Anstieg erreicht ist.

Backtesting: Test mit historischen Daten

Das Backtesting ist ein essenzieller Schritt, um die Leistungsfähigkeit einer Strategie anhand historischer Marktdaten zu bewerten. Dafür wenden Sie die Strategie auf vergangene Kursdaten an, als ob Sie in der Vergangenheit gehandelt hätten. Anschließend messen Sie die Ergebnisse: Rendite, Trefferquote, maximaler Drawdown, Risiko-Ertrags-Verhältnis. Plattformen wie MetaTrader, TradingView oder spezialisierte Software wie Amibroker eignen sich gut für solche Backtests.

Wichtige Kennzahlen beim Backtesting sind:

- Gewinnrate: Prozentsatz der profitablen Trades.
- Profit Factor: Verhältnis von Gewinnen zu Verlusten.
- Maximaler Drawdown: Der größte Verlust, den die Strategie in der Testphase erlitten hat.
- Recovery Ratio: Was die Strategie benötigt, um aus der Drawdown-Phase wieder in die Gewinnzone zu kommen.

Forward Testing: Live-Tests im Demo-Konto

Nach erfolgreichem Backtesting sollte die Strategie in Echtzeit unter realen Marktbedingungen getestet werden – idealerweise in einem Demo-Konto. Das ist die mit Abstand wichtigste Vorbereitungsphase, da sie Ihnen ein wirkliches Gefühl für den Erfolg der Handelsstrategie vermittelt. Das Ziel ist es, zu überprüfen, ob die Strategie in der Praxis genauso funktioniert wie im Backtest. Der Vorteil ist, dass Sie dabei keine finanziellen Risiken eingehen. Außerdem lernen Sie, wie die Strategie im aktuellen Marktumfeld reagiert. Ich empfehle Ihnen, sich strikt an die Strategie zu halten, um Verzerrungen zu vermeiden. Es macht keinen Sinn, sich etwas schönzureden. Später ist es Ihr Geld, das im Feuer steht. Dokumentieren Sie alle Trades, um Abweichungen zu analysieren.

Analyse der Ergebnisse

Nach dem Testen müssen die Ergebnisse ausgewertet werden, um die Stärken und Schwächen der Strategie zu identifizieren. So erkennen Sie einerseits profitable Muster und Bedingungen, unter denen die Strategie gut funktioniert. Andererseits analysieren Sie Trades, die Verluste erzeugt haben. Gab es wiederkehrende Probleme wie zum Beispiel Fehlsignale?

Wichtige Metriken:

- Durchschnittliche Rendite pro Trade
- Trefferquote
- Risiko-Ertrags-Verhältnis (Risk-Reward-Ratio)

Optimierung der Strategie

Basierend auf den Testergebnissen kann die Strategie optimiert werden, um die Rentabilität zu steigern. Hier gilt es besonders behutsam zu sein. Vermeiden Sie auf jeden Fall das Überoptimieren/Overfitting, ansonsten erleben Sie in der weiteren Anwendung noch Ihr blaues Wunder. So können Sie beispielsweise die Ein- und Ausstiegskriterien verfeinern, indem Sie zusätzliche Indikatoren verwenden (zum Beispiel eine Kombination aus RSI und gleitendem Durchschnitt), um Fehlsignale zu reduzieren. Darüber hinaus können Sie Ihr Risikomanagement anpassen. Senken Sie das Risiko pro Trade, wenn die Strategie in bestimmten Marktphasen höhere Verluste anzeigt. Eine weitere Möglichkeit ist das Eingrenzen der Handelszeiten. Testen Sie, ob die Strategie zu bestimmten Tageszeiten oder Marktbedingungen besser arbeitet. Zu guter Letzt sollten Sie sich der Gefahr der Überoptimierung bewusst sein. Vermeiden Sie es, die Strategie zu stark an vergangene Daten anzupassen (Overfitting). Dies kann dazu führen, dass die Strategie in der Zukunft nicht mehr funktioniert.

Implementierung im Echtkonto

Nach erfolgreicher Test- und Optimierungsphase kann die Strategie in einem Echtgeldkonto eingesetzt werden. Starten Sie mit kleinem Kapital, um das Risiko zu minimieren. Überwachen Sie die Performance kontinuierlich und vergleichen Sie diese mit den Backtest- und Forward-Test-Ergebnissen. Mein Tipp: Verwenden Sie ein Trading-Journal, um Ihre Trades zu dokumentieren und die Strategie laufend zu verbessern.

Kontinuierliche Anpassung und Überwachung

Die Märkte ändern sich ständig, daher sollte auch Ihre Strategie flexibel bleiben. Analysieren Sie die Ergebnisse in regelmäßigen Abständen (monatlich, quartalsweise) und testen Sie neue Ideen oder Anpassungen im Demo-Konto, bevor Sie diese in der Praxis anwenden. Darüber hinaus sollten Sie immer auf dem Laufenden bleiben, indem Sie Marktentwicklungen, neue Technologien und Handelsansätze verfolgen, um Ihre Strategie anzupassen. Das Testen und Optimieren einer Handelsstrategie erfordert Geduld, Disziplin und analytisches Denken. Durch sorgfältiges Backtesting, Forward Testing und eine kontinuierliche Überwachung können Trader ihre Strategien verfeinern und langfristig profitabel handeln. Anfänger sollten klein anfangen und ihre Herangehensweise im Laufe der Zeit mit wachsender Erfahrung und immer neuen Erkenntnissen verbessern. Eine durchdachte Strategie ist der Schlüssel zum Erfolg im Trading. Wenn Sie sich einigermaßen an den von mir skizzierten Weg halten, befinden Sie sich auf dem besten Weg, ein erfolgreicher systematischer Trader zu werden.

Trading-Tagebuch: Das Werkzeug für ständiges Lernen und Verbesserung

Für Trading-Anfänger ist es entscheidend, die eigenen Handelsaktivitäten systematisch zu dokumentieren und zu analysieren. Ein gut geführtes Trading-Tagebuch hilft nicht nur, vergangene Entscheidungen nachzuvollziehen, sondern ermöglicht es auch, Muster zu erkennen, Fehler zu vermeiden und die eigene Strategie zu optimieren. Dieser Abschnitt erklärt, warum ein Trading-Tagebuch unverzichtbar ist und wie es effektiv geführt werden kann.

Durch die Führung eines Trading-Tagebuchs oder Trading-Journals werden Sie wichtige Erkenntnisse gewinnen. Es führt Ihnen vor Augen, welche Trades erfolgreich waren und warum. Ebenso hilft es Ihnen, die Ursachen für Verluste zu erkennen. Sie werden sich wesentlich besser selbst reflektieren und es vermeiden, Fehler zu wiederholen. Ein Trading-Tagebuch dient Tradern und Investoren als Grundlage für eine objektive Analyse des eigenen Handelsverhaltens. Ich habe Ihnen bei der psychologischen Betrachtung bereits erklärt, wie wichtig die Kontrolle der eigenen Emotionen ist. Durch das Trading-Journal erkennen Trader emotionale Entscheidungen leichter und lernen, zukünftig besser rationalere Handelsentscheidungen zu treffen.

Sie werden sehen, wie sehr es Ihnen dabei helfen wird, Ihre Handels- und Anlagestrategien zu verbessern. Durch die Dokumentation der Ergebnisse lassen sich Schwächen in der Handelsstrategie identifizieren und gezielt optimieren. Sie können sich die Trades im Nachhinein nicht schönreden und haben die Fakten als Sammlung parat. Vor allem für eine langfristige Entwicklung als erfolgreicher Trader spielt das Trading-Tagebuch eine wesentliche Rolle. Es zeigt den Fortschritt über die Zeit und dient dadurch zusätzlich als Motivationsquelle und Ideenpool.

Der Aufbau eines Trading-Tagebuchs

Ein Trading-Tagebuch sollte grundsätzlich so gestaltet sein, dass es alle relevanten Informationen über Ihre Trades erfasst. Folgende Punkte sind dabei essenziell:

Basisinformationen zum Trade

- Datum und Uhrzeit: Wann wurde der Trade eröffnet und geschlossen?
- Instrument: Welche Aktie, Währung, Option oder welches Derivat wurde gehandelt?
- Richtung des Trades: War es ein Kauf (Long) oder ein Verkauf (Short)?

Die Marktbedingungen

- Marktstimmung: War der Markt bullish, bearish oder bewegte er sich seitwärts?
- Wichtige Ereignisse: Gab es makroökonomische Daten, Unternehmensnachrichten oder andere relevante Informationen?

Die Handelsdetails

- Einstiegspreis: Zu welchem Kurs wurde die Position eröffnet?
- Ausstiegspreis: Zu welchem Kurs wurde die Position geschlossen?
- Positionsgröße: Wie viel Kapital wurde eingesetzt?
- Gewinn/Verlust: Berechnung des Ergebnisses (absolut und in Prozent).

Begründung des Trades

- Handelssignal: Welche Strategie oder welcher Indikator wurde verwendet?
- Ziele: Was war das Kursziel und welches Risiko wurde eingegangen?

Emotionen und Verhalten

Auch wenn sich das etwas esoterisch liest, spielen die Emotionen selbst beim systematischen Trading eine wesentliche Rolle. Es kann vorkommen, dass Sie aus einer „Laune" heraus die Trading-Signale Ihres Handelssystems ignorieren oder vorwegnehmen. Dann ist nicht Ihr Handelssystem schlecht, sondern Ihre Einmischung. Dies kann natürlich auch zu einer Verbesserung des Handelssystems führen, was Sie aber ebenfalls dokumentieren sollten. Folgende Aspekte sollten Sie aufschreiben:

- Emotionen beim Einstieg: Haben Angst, Gier oder Zweifel die Entscheidung beeinflusst?
- Emotionen beim Ausstieg: War der Ausstieg geplant oder spontan?

Bewertung des Trades

- Was lief gut?
- Was lief schlecht?
- Was würde ich beim nächsten Mal anders machen?

Datenanalyse

Nun haben Sie eine Ansammlung von Informationen und Daten, doch deren bloße Dokumentation reicht nicht aus. Der Schlüssel zur Verbesserung Ihrer Handelsstrategie und Ihres Trading-Verhaltens liegt in deren Analyse. Hier sind die wichtigsten Schritte:

Identifizieren Sie Muster

- Gibt es bestimmte Marktbedingungen, unter denen Ihre Strategie besonders gut funktioniert?
- Erkennen Sie wiederkehrende Fehler, wie etwa zu frühes Aussteigen oder das Ignorieren von Stop-Loss-Marken?

Berechnen Sie wichtige Kennzahlen

- Gewinnquote: Anteil der erfolgreichen Trades.
- Durchschnittlicher Gewinn und Verlust: Wie hoch sind die durchschnittlichen Gewinne im Vergleich zu den Verlusten?
- Risiko-Ertrags-Verhältnis (Risk-Reward-Ratio): Ist das Verhältnis mindestens 1:2 oder besser?

Überprüfen Sie Ihre Emotionen

- Waren Emotionen wie Angst oder Gier ein häufiger Grund für Fehlentscheidungen?
- Konnten Sie sich an Ihre Strategie halten, auch in stressigen Situationen?

Optimieren Sie Ihre Strategie

- Basierend auf den gewonnenen Erkenntnissen können Ein- und Ausstiegskriterien angepasst werden.
- Testen Sie Anpassungen in einem Demo-Konto, bevor Sie sie im echten Handel umsetzen.

Digitale Tools zur Unterstützung

Natürlich gibt es zahlreiche Software- und Online-Plattformen, die das Führen eines Trading-Tagebuchs erleichtern. Im Folgenden nenne ich einige Beispiele, ohne den Anspruch auf Vollständigkeit erheben zu wollen.

- Edgewonk: Ein spezialisiertes Tool, das detaillierte Analysen ermöglicht.
- Excel oder Google Sheets: Für Trader, die eine individuelle Lösung bevorzugen. Von einigen Anbietern gibt es bereits Muster-Trading-Tagebücher für die genannten Anwendungen. Es lohnt sich, diese im Internet zu suchen.
- TradingView: Kombiniert Chartanalyse mit der Möglichkeit, Trades zu dokumentieren.

So könnte eine Einteilung Ihres Trading-Journals aussehen:

Abb. 13: Praxisbeispiel eines Eintrags im Trading-Tagebuch

Datum	Instrument	Typ	Einstiegspreis	Ausstiegspreis	Gewinn/Verlust
17.11.2024	Apple (APPL)	Long	150,00 USD	155,00 USD	+5,00 USD
18.11.2024	EUR/USD	Short	1,1000	1,0950	+50 Pips

Begründung	Emotionen	Lernen
RSI unter 30 (überverkauft), Kauf bei Support	Nervös beim Einstieg	Unterstützungsniveau hat gut gehalten.
Breakout unterhalb einer wichtigen Marke	Selbstsicher beim Ausstieg	Breakouts bieten klare Chancen.

Ein Trading-Tagebuch ist das beste Werkzeug, um systematisch aus eigenen Fehlern zu lernen und eine profitable Handelsweise zu entwickeln. Trading-Anfänger profitieren enorm von der konsequenten

Dokumentation und Analyse ihrer Trades. Dies erfordert Disziplin und Zeit, aber die gewonnenen Erkenntnisse zahlen sich langfristig aus – nicht nur finanziell, sondern auch in Form einer besseren Selbstkontrolle und einer stärkeren Handelsstrategie.

23. Risikomanagement im Trading: Die Kunst des Schutzes und der Kontrolle

Das Risikomanagement ist ein zentraler Bestandteil des erfolgreichen Tradings. Während Strategien und Analysen helfen, Chancen zu erkennen, sorgt ein durchdachtes Risikomanagement dafür, dass Verluste begrenzt und Gewinne geschützt werden. Ohne eine klare Risikostrategie riskieren Trader, dass sich durch unkontrollierte Verluste ihre Konten schnell leeren. Dieser Abschnitt erklärt die Bedeutung des Risikomanagements im Trading, beleuchtet die wichtigsten Methoden und zeigt, wie Trader Risiken effizient steuern können.

Das Risikomanagement dient zum Schutz Ihres Kapitals. Das Kapital eines Traders ist sein Arbeitsmittel und seine Lebensader zugleich. Verluste ohne Begrenzung können das Ende der Trading-Karriere bedeuten, und zwar schneller als gedacht. Das Risikomanagement hilft Ihnen dabei, den Teufel auf der Schulter zu ignorieren, der die emotionale Kontrolle übernehmen will. Ein klarer Risikoplan reduziert Stress und emotionale Entscheidungen, die häufig zu impulsivem Verhalten und im Anschluss zu nicht reproduzierbaren Trades oder Anlagen führen. Die Überlebensfähigkeit Ihres Handelssystems steigt mithilfe einer passenden Risikostrategie wesentlich an. Selbst die besten Handelsstrategien haben Verlustphasen. Das Risikomanagement sorgt dafür, dass ein Trader diese Phasen mit seinem Handelssystem übersteht und langfristig am Markt bleibt.

Die zentralen Grundsätze des Risikomanagements

Als Erstes sollten Sie das Risiko pro Trade begrenzen, zum Beispiel nach dem folgenden Schema:

- Regel: Setzen Sie nie mehr als ein bis zwei Prozent Ihres Kapitals auf einen einzelnen Trade.
- Beispiel: Bei einem Konto mit 10.000 Euro sollte das maximale Risiko pro Trade 100 bis 200 Euro betragen.
- Ziel: Begrenzung von Verlusten, um mehrere Fehlschläge hintereinander überstehen zu können.

Als Nächstes müssen Sie die Positionsgrößen berechnen und strikt einhalten. Die richtige Positionsgröße hängt vom Stop-Loss-Abstand und dem akzeptierten Risiko ab. Sie können dabei folgendermaßen vorgehen:

Positionsgröße = Risikobetrag (Stop-Loss-Distanz x Positionsgröße = Risikobetrag / Stop-Loss-Distanz der Positionsgröße)

Beispiel:

- Konto: 10.000 Euro
- Risikobetrag: 1 % (100 Euro)
- Stop-Loss-Distanz: 2 Euro pro Aktie
- Positionsgröße: 50 Aktien

Einsatz von Stop-Loss-Orders

Mittels Stop-Loss-Orders können Sie solche Risikostrategien ideal umsetzen. Sie sind unverzichtbar, um Verluste automatisch zu begrenzen. Dabei gibt es verschiedene Arten von Stop-Losses. In dem vorher beschriebenen Beispiel habe ich einen Fixed Stop-Loss-Wert benutzt, also einen festen Wert wie zum Beispiel fünf Prozent unter dem Einstiegspreis. Es gibt aber auch Trailing-Stops. Bei diesen dynamischen Stops wird das Stop-Limit mit einem steigenden Kurs nachgezogen.

Beispiel:

Kaufpreis: 100 Euro

Stop-Loss: 95 Euro (fix) oder zehn Prozent des Gewinns (trailing).

Steigt die Aktie auf 110 Euro, bleibt die fixe Stop-Loss-Order unverändert bei 95 Euro, während die Trailing-Stop-Order auf das Kursniveau von 101 Euro (weil zehn Prozent von zehn Euro) angepasst wird.

Chance-Risiko-Verhältnis

Zur Messung Ihres Risikos im Verhältnis zur avisierten Rendite können Sie zu Beginn Ihrer Karriere ein einfaches Chance-Risiko-Verhältnis (CRV) nutzen. Es zeigt Ihnen auf, in welchem Verhältnis Ihr eingegangenes Risiko zur angepeilten Rendite steht. Ein positives CRV stellt sicher, dass die Gewinne die Verluste übersteigen, selbst wenn nicht alle Trades erfolgreich sind. Sie sollten mindestens ein CRV von 2:1 haben.

Beispiel:

Risiko: 100 Euro

Ziel: 200 Euro Gewinn (2:1)

Dadurch haben Sie für jeden Gewinntrade zumindest die Chance, zwei Mal danebenzuliegen. Je größer Ihr CRV ist, als desto besser und robuster stellt sich Ihr Handelssystem heraus.

Risikomanagement-Ansätze

Nun stelle ich Ihnen einige grundlegende Methoden des Risikomanagements für Trader vor. Sie werden sehen, dass es dabei zu Wiederholungen kommt, doch diese machen nur deutlich, wie wichtig diese Methoden für Trading-Aktivitäten sind.

Diversifikation

- Prinzip: Nicht alles auf einen Markt, ein Asset oder eine Strategie setzen.
- Vorteil: Verluste in einem Bereich können durch Gewinne in anderen Bereichen ausgeglichen werden.
- Praxis: Mischung aus verschiedenen Märkten (Aktien, Rohstoffe, Devisen).
- Kombination aus Trendfolgestrategien und Mean-Reversion-Ansätzen.

Hebelwirkung kontrollieren

- Gefahr: Der Hebel multipliziert Gewinne und Verluste.
- Strategie: Den Hebel sorgsam einsetzen und sicherstellen, dass das Risiko pro Trade kalkulierbar bleibt.
- Beispiel: Ein Hebel von 10:1 bedeutet, dass ein Verlust von einem Prozent im Markt einen Verlust von zehn Prozent im Konto verursachen kann.

Volatilität berücksichtigen

- Märkte mit hoher Volatilität erfordern größere Stop-Loss-Distanzen und kleinere Positionsgrößen.
- Indikatoren wie die Average True Range (ATR) helfen Ihnen dabei, die Marktvolatilität zu messen und die Positionsgröße anzupassen. Ansonsten greifen Sie auf den VIX oder den VDAX zurück, je nachdem in welchen Finanzmärkten Sie sich gerade bewegen. In manchen Märkten müssen Sie die Volatilität wahrscheinlich auch einmal selbst berechnen. Lassen Sie sich nicht von Ihrer Intuition leiten, das kann sehr schnell danebengehen.

Risikomanagement in besonderen Marktphasen

In volatilen Märkten stehen Sie vor der Herausforderung, dass die schnellen Kursbewegungen entweder Ihre Stop-Loss-Limits auslösen oder aber hohe Verluste verursachen können. An dieser Stelle empfiehlt es sich, die Handelsstrategie anzupassen und die Positionsgröße zu reduzieren oder breitere, angepasste Stop-Losses basierend auf den Volatilitätsindikatoren zu nutzen. Gleichzeitig sollten Sie Ihre Trading-Positionen reduzieren, damit Ihr Risikoprofil gleich bleibt.

Während einer Bärenmarktphase besteht die Herausforderung darin, dass diese Märkte dazu tendieren, sehr schnelle und starke Kursbewegungen zu machen. Der Fokus sollte dann auf Short-Positionen liegen und Ihre Long-Positionen sollten durch Derivate wie Optionen, Optionsscheine oder Zertifikate abgesichert sein. Gleichzeitig ist es ratsam, den Cashbestand hochzufahren, um die grundsätzlichen Verluste zu begrenzen.

In ruhigen Seitwärts-Marktphasen stellt die niedrige Volatilität eine echte Hürde dar. Konzentrieren Sie sich hier vermehrt auf Breakout-Strategien, die auf plötzliche Kursbewegungen setzen. Reduzieren Sie Ihre Trading-Aktivitäten und versuchen Sie nicht, mit Gewalt und durch Overtrading Rendite zu erzwingen. Eine selektive Auswahl von Trades sollte gerade in dieser schwierigen Marktphase das oberste Gebot sein.

Das Risikomanagement im Trading ist unverzichtbar

Das Risikomanagement reduziert nicht nur finanzielle Verluste, sondern filtert auch emotionale Belastungen heraus. Trader, die ihre Risiken klar definieren, handeln mit mehr Vertrauen und bleiben fokussiert. Gewöhnen Sie sich an, nach jedem Verlusttrade den Fokus darauf zu legen, ob der Verlust im Rahmen der Strategie lag – nicht darauf, ihn sofort zurückzugewinnen. Sie können an den Finanzmärkten nichts

„zurückgewinnen". Das Geld ist erst einmal weg. Nur mit neuen erfolgreichen Trades erwirtschaften Sie neues Kapital. Es ist wesentlich, diesen Unterschied zu verstehen und zu verinnerlichen.

Ich gebe Ihnen noch ein praktisches Beispiel für einen potenziellen Risikomanagement-Ansatz. Ein Trader mit einem Konto von 50.000 Euro möchte eine Aktie bei 100 Euro kaufen. Er setzt einen Stop-Loss bei 95 Euro und möchte maximal ein Prozent seines Kapitals riskieren.

Risikobetrag: 1 % von 50.000 Euro = 500 Euro

Stop-Loss-Distanz: 100 Euro - 95 Euro = 5 Euro

Positionsgröße: 100 Aktien

Durch die Berechnung stellt der Trader sicher, dass er nur einen kleinen Teil seines Kapitals riskiert und nicht von einem einzigen Trade abhängig ist. Außerdem kann er mit diesem Ansatz die Anzahl der Aktien bestimmen. Wenn er nun noch den Aktienkurs des Unternehmens miteinbezieht, kommt er sehr schnell darauf, ob sich der Trade grundsätzlich lohnen würde, welche Volatilität er für sein CRV benötigt und ob er vielleicht auch mit geringerem Risiko auskommen kann. Es hängt alles miteinander zusammen. Durch ein ausgeklügeltes Riskomanagement-System können Sie auch einen Großteil des Money-Managements mit abdecken.

Das Risikomanagement ist keine Option, sondern eine Notwendigkeit für jeden Marktteilnehmer. Es bewahrt Trader vor übermäßigen Verlusten und ermöglicht es, auch die schwierigen Marktphasen erfolgreich zu überstehen. Ein disziplinierter Umgang mit Risiken ist der Unterschied zwischen kurzfristigem Glück und langfristigem Erfolg. Wer das Risiko im Griff hat, hat auch die Märkte im Griff. Denken Sie immer daran, dass aktuell etwa 75 bis 85 Prozent der Privatanleger bei ihren Aktivitäten an den Finanzmärkten Geld verlieren.

24. Psychologie des Tradings: Emotionen in den Griff bekommen

Trading ist mehr als nur Zahlen, Charts und Strategien. Der vielleicht wichtigste, aber häufig übersehene Aspekt des Tradings ist die Psychologie. Emotionen wie Angst und Gier, das Bedürfnis nach Bestätigung und die Fähigkeit, rational zu bleiben, spielen eine zentrale Rolle bei der Entscheidungsfindung. Erfolgreiche Trader zeichnen sich nicht nur durch ihre technische Kompetenz aus, sondern auch durch ihre mentale Stärke. Dieser Abschnitt beleuchtet die Bedeutung der Psychologie im Trading, zeigt typische emotionale Fallstricke und erklärt, wie Trader eine mentale Disziplin entwickeln können, um langfristig erfolgreich zu sein.

Und wieder sind wir bei den Emotionen und der Frage: Sind Emotionen im Trading eher Freund oder Feind?

Die Angst ist grundsätzlich keine schlechte Emotion, sondern soll den Menschen vor Gefahren schützen. Im Trading ist sie jedoch meist ein schlechter Berater. Denn Angst entsteht oft aus der Furcht vor Verlusten oder aus Unsicherheit über die Marktbewegungen. Die Auswirkungen sind sehr verschieden und können von Mensch zu Mensch stark variieren. So kann die Angst gerade bei Anfängern dazu führen, dass rationale Entscheidungen verhindert werden. Dadurch werden im Gewinn liegende Positionen zu früh verkauft und der langfristige Kurserfolg wird vermieden. Angst kann aber auch dazu führen, dass ein Trade erst gar nicht eingegangen wird und eine Handelsstrategie nicht zum Einsatz kommt. Risikomanagement-Pläne (zum Beispiel Stop-Loss-Orders) schaffen Sicherheit, reduzieren die Angst vor unkontrollierten Verlusten und erleichtern den Einstieg in den Markt.

Die Gier wurde mal in einer Rede in dem berühmten Film „Wall Street“ als „gut“ bezeichnet, doch kann sie auch ganze Trader-Karrieren schnell zerstören. Sie manifestiert sich, wenn Trader versuchen, maximalen Gewinn aus einer Position oder ihrer Vorgehensweise an den Finanzmärkten herauszuholen – oft ohne Rücksicht auf die Risiken. Die Auswirkungen können ultimativ sein. So kann es zu dem bereits erwähnten Overtrading kommen: zu viele Trades ohne klare Strategie. Gier ignoriert Warnsignale wie etwa überkaufte Märkte und fokussiert den Trader nur noch auf die Gewinnmaximierung. Eine gute Bewältigungsstrategie ist, sich im Vorfeld festgelegte Gewinnziele zu setzen und diszipliniert zu handeln. Dies hilft zu jeder Zeit, die Kontrolle zu behalten.

Eine unschöne Kombination aus beiden Emotionen ist die daraus resultierende Verlustaversion, also die Tendenz, Verluste stärker zu empfinden als Gewinne in gleicher Höhe. Trader tendieren dann dazu, verlustreiche Positionen zu lange zu halten – in der Hoffnung, dass sie sich wieder erholen. Die Angst vor Kursverlusten und die Gier nach dem Einstandskursniveau führen zu den sogenannten Buy-and-Hope-Positionen. Sie müssen einfach akzeptieren, dass Kursverluste ein Teil des Tradings sind und Sie sich auf den langfristigen Erfolg fokussieren sollten.

Das Gegenteil von Verlustaversion ist die Overconfidence (der Übermut). Nach einer Serie erfolgreicher Trades entwickeln Trader häufig übermäßiges Vertrauen in ihre Fähigkeiten. Sie fühlen sich unschlagbar und ich kann Ihnen versichern, dass dies oft der Anfang einer Verlustserie ist. Trader ignorieren die Risiken, was schließlich zu größeren Verlusten führen kann. Die regelmäßige Überprüfung (Selbstreflexion) der eigenen Strategie und deren Ergebnisse hilft dabei, objektiv zu bleiben.

Welche wichtigen mentalen Fähigkeiten sollten Trader haben oder sich aneignen?

Am wichtigsten ist die Selbstdisziplin, also die Fähigkeit, sich an einen Handelsplan zu halten. Das ist entscheidend für den langfristigen und nachhaltigen Erfolg an den Finanzmärkten. Erstellen Sie einen schriftlichen Trading-Plan mit klaren Ein- und Ausstiegskriterien. Vermeiden

Sie impulsive Entscheidungen durch die strikte Umsetzung Ihrer Trading- oder Anlagestrategie. Zudem benötigen Sie Geduld, um auf die besten Handelsmöglichkeiten zu warten und Gewinne laufen zu lassen. Vermeiden Sie unbedingt Overtrading und konzentrieren Sie sich auf Trades mit einem klaren Chance-Risiko-Verhältnis. Das Rüstzeug dafür habe ich Ihnen bereits an die Hand gegeben. Mit der Zeit bekommen Sie die nötige Resilienz, also die Fähigkeit, nach Verlusten weiterzumachen, ohne sich emotional aus dem Gleichgewicht bringen zu lassen. Lernen Sie, Verlusttage als Teil des Lernprozesses zu akzeptieren und aus den gemachten Fehlern zu lernen.

Als Trader und Investor müssen Sie über geistige Flexibilität verfügen. Die Märkte ändern sich ständig. Erfolgreiche Trader überprüfen und analysieren ihre Handelsstrategien regelmäßig und passen sie entsprechend an. Fokussieren Sie sich auf das Trading und Ihre auserkorenen Finanzmärkte. Als Trader müssen Sie sich auf relevante Informationen konzentrieren und Lärm ausblenden. Erstellen und nutzen Sie Checklisten vor jedem Trade, um sicherzustellen, dass alle Kriterien erfüllt sind. Diese kleine, aber feine Arbeitsroutine kann ein sehr wertvoller Helfer sein. Überlegen Sie mal, warum Piloten das vor jedem Start ihres Fluges entsprechend machen. Der Weg zu einem erfolgreichen Trader ist kein leichter. Es gibt jedoch Strategien zur Entwicklung einer erfolgreichen Trading-Psyche, die Sie dabei unterstützen können:

- Journaling: Ein Trading-Tagebuch hilft, emotionale Muster zu erkennen. Beispiel: „Habe ich Angst verspürt, als ich diesen Trade geschlossen habe?“
- Visualisierung: Erfolgreiche Trader visualisieren sich selbst beim disziplinierten Umsetzen ihrer Strategie. Dies stärkt die mentale Vorbereitung und reduziert Stress.
- Achtsamkeit: Achtsamkeitsübungen fördern einen klaren Kopf und helfen, impulsives Verhalten zu minimieren. Nein,

Sie brauchen sich nicht für einen Yogakurs anzumelden; oft reicht es aus, sich 10 bis 15 Minuten Zeit einzuräumen und sich nur auf sich selbst zu konzentrieren. Lassen Sie die Märkte Märkte sein und sein Sie ganz bei sich.
- Weiterbildung: Kontinuierliches Lernen über Märkte und Psychologie gibt Vertrauen in die eigene Kompetenz. Es gibt unzählige Bücher, Foren und Trading-Gruppen, die Ihnen dabei behilflich sein werden.

Die Emotionen wirken aber nicht nur auf Sie, sondern haben auch einen erheblichen Einfluss auf den Gesamtmarkt. Die sogenannte Marktpsychologie sollten Sie daher ebenfalls kennenlernen und verstehen.

Die Psychologie des Einzelnen ist untrennbar mit der Psychologie der Masse verbunden: Daraus entwickelt sich dann der Herdentrieb oder auch FOMO (Fear of missing out). In extrem bullishen oder bearishen Märkten folgen viele Trader der Masse, was Blasen oder Panikverkäufe verstärken kann. Bestes Beispiel dafür waren die Aktien von GameStop. Fortgeschrittene Trader erkennen diese Muster und handeln oft konträr zur Masse oder bleiben von diesen irrationalen Märkten und Aktien fern.

Das bereits bekannte Marktsentiment ist ebenfalls wichtig zu verstehen. Die Stimmung an den Märkten beeinflusst die Emotionen der Trader. Ein optimistisches Sentiment kann zu übermäßiger Gier führen, während pessimistische Stimmungen Angst auslösen können. In diesen Fällen ist die Stimmung an den Märkten und nicht die Aktivität selbst das antreibende Momentum. Die Aktien oder der Markt müssen doch steigen, denn das Sentiment ist gut.

Die Psychologie des Tradings ist genauso wichtig wie die Wahl der richtigen Strategien oder Instrumente. Trader, die lernen, ihre Emotionen zu kontrollieren und rationale Entscheidungen zu treffen, haben einen erheblichen Vorteil. Der Weg zur mentalen Meisterschaft erfordert Geduld, Disziplin und die Bereitschaft, sich selbst ständig zu hinterfragen. Erfolgreiches Trading beginnt im Kopf – und endet mit einem klaren, objektiven Blick auf die Märkte.

Fehlersuche

Seien Sie sich bewusst, dass selbst erfahrene Trader Fehler machen und immer machen werden. Was erfolgreiche Trader jedoch auszeichnet, ist ihre Fähigkeit, aus diesen Fehlern zu lernen und ihre Handelsstrategien kontinuierlich zu optimieren. Dieser Abschnitt beleuchtet, wie Trader wiederkehrende Fehler identifizieren und gezielt daran arbeiten können, sie zu korrigieren.

Dazu muss man die häufigsten Fehler im Trading aber erst einmal lokalisieren. Bevor wir also die Maßnahmen zur Fehlerkorrektur betrachten, müssen wir zunächst die typischen Trading-Fehler kennenlernen:

- Emotionale Entscheidungen: Angst, Gier oder Ungeduld können dazu führen, dass Trader von ihrer Strategie abweichen.
- Fehlendes Risikomanagement: Übermäßige Positionsgrößen oder das Ignorieren von Stop-Loss-Marken.
- Overtrading: Zu viele Trades in kurzer Zeit ohne klare Signale oder Strategie.
- Falsche Markteinschätzungen: Trades, die auf Vermutungen statt auf fundierter Analyse basieren.
- Mangelnde Vorbereitung: Unzureichende Recherche oder das Missachten von Nachrichten und Ereignissen, die den Markt beeinflussen könnten.

Daraus lassen sich die folgenden Maßnahmen zur Fehleridentifikation ableiten:

Führen eines Trading-Tagebuchs

Ein Trading-Tagebuch ist das zentrale Werkzeug, um Fehler zu erkennen. Es sollte detaillierte Informationen über jeden Trade enthalten, darunter:

- Einstieg und Ausstieg
- Begründung des Trades
- Marktbedingungen
- Emotionen während des Handels
- Ergebnisse

Durch die regelmäßige Analyse des Tagebuchs lassen sich Muster und wiederkehrende Probleme leicht erkennen.

Regelmäßige Selbstreflexion

Fragen Sie sich in regelmäßigen zeitlichen Abständen, wie die begangenen Fehler Sie getroffen haben. Wie haben Sie sich gefühlt? Haben diese Fehler vorhandene negative Selbstwahrnehmungen verstärkt? Versuchen Sie, mit jemandem, dem Sie vertrauen, ein Gespräch über Ihre Fehler zu führen. Was denkt Ihr Gesprächspartner darüber? Sie werden überrascht sein, wie stark Menschen in ihrer eigenen Gedankenwelt gefangen sind. Dieses Gespräch wird der Anker dafür sein, dass Sie sich beim nächsten Fehler daran zurückerinnern und sich nicht mehr allein und unverstanden fühlen. Ein kleiner, aber wirksamer mentaler Trick.

Nehmen Sie sich nach jedem Handelstag oder jeder Handelswoche Zeit, um folgende Fragen zu beantworten:

- Habe ich meine Strategie konsequent umgesetzt?
- Welche Emotionen haben meine Entscheidungen beeinflusst?
- Gab es Trades, die ich im Nachhinein anders bewerten würde?

- Welche Fehler mache ich immer wieder und warum?
- Wann habe ich das letzte Reflexionsgespräch mit jemandem geführt?

Nutzung von Performance-Analysen

Viele Broker und Trading-Tools bieten Funktionen zur Analyse Ihrer Handelsperformance. Kennzahlen wie Gewinnquote, durchschnittlicher Gewinn/Verlust und die maximale Drawdown-Phase können Aufschluss über ineffiziente Strategien geben. Machen Sie sich selbst nichts vor und trauen Sie den Fakten.

Einholen von Feedback

Der Austausch mit anderen Tradern oder Mentoren kann helfen, blinde Flecken zu erkennen. In Trading-Communitys oder Foren können Sie Ihre Handelsansätze diskutieren und wertvolle Hinweise erhalten. Dieser Austausch ist nicht mit dem Gespräch aus der Selbstreflexion/Reflexion zu verwechseln.

Fehlerkorrektur

Kommen wir nun zu den Maßnahmen zur Fehlerkorrektur. Ich werde Ihnen an dieser Stelle nicht den Heiligen Gral zeigen, sondern das bereits Erlernte noch einmal im Zusammenhang darstellen. Dieser Abschnitt dient zur Manifestation des Gelesenen und dem Verständnis des Zusammenspiels.

Entwicklung eines klaren Handelsplans

Ein Handelsplan ist die Basis für diszipliniertes Trading. Er sollte enthalten:

- Klare Ein- und Ausstiegskriterien
- Festgelegte Positionsgrößen

- Risikomanagement-Regeln
- Regeln für emotionale Kontrolle, zum Beispiel das Vermeiden von Rache-Trading nach Verlusten

Anpassung der Strategie

Basierend auf der Analyse Ihres Trading-Tagebuchs sollten Sie überprüfen, ob Ihre Strategie unter bestimmten Marktbedingungen unzureichend funktioniert. Testen Sie Änderungen an Ihrer Strategie zunächst in einem Demo-Konto.

Verbesserung des Risikomanagements

Überdenken Sie Ihre Risikomanagement-Strategie. Setzen Sie konsequent Stop-Loss- und Take-Profit-Marken. Begrenzen Sie das Risiko pro Trade auf ein bis zwei Prozent Ihres Kapitals.

Training emotionaler Kontrolle

Machen Sie Bewusstseinsübungen. So lernen Sie, Ihre Emotionen zu erkennen, bevor sie Ihre Entscheidungen beeinflussen. Darüber hinaus sollten Sie Routinen entwickeln. Starten Sie den Handelstag mit einer festen Routine, um sich mental zu fokussieren. Und legen Sie Pausen ein. Nach Verlustserien ist es oft hilfreich, eine Pause einzulegen, um emotionalen Druck abzubauen.

Kontinuierliche Weiterbildung

Bleiben Sie auf dem neuesten Stand, was Markttrends, Handelsstrategien und technische Entwicklungen betrifft. Der Besuch von Webinaren, das Lesen von Büchern oder die Teilnahme an Kursen kann Ihre Fähigkeiten stärken.

Beispiel für Fehleranalyse und Korrektur in der Praxis

Ein Trader bemerkt, dass er häufig zu früh aus Positionen aussteigt, weil er Angst hat, Gewinne wieder zu verlieren. Die Ursache liegt auf der Hand: Er ist emotional unsicher und ihm fehlt das Vertrauen in die eigene Strategie. Zur Korrektur des Fehlers muss er die Strategie überprüfen. Dazu analysiert er historische Daten, um zu bestätigen, dass die Strategie langfristig funktioniert. Er definiert klare und eindeutige Regeln für den Ausstieg, zum Beispiel basierend auf festen Kurszielen oder technischen Indikatoren. Last but not least übt er sich in Geduld und führt eine Checkliste vor jedem Ausstieg durch, um impulsives Handeln zu vermeiden.

Abb. 14: Phasen des Tradings

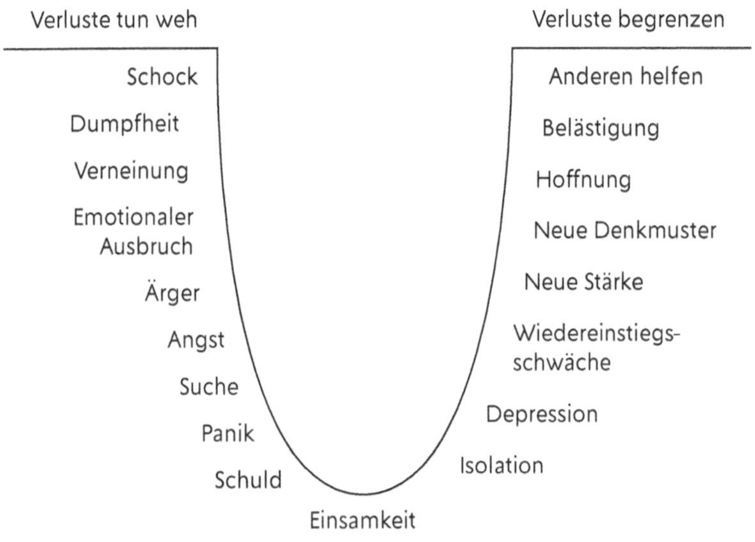

Abb. 15: Der Erfahrungsweg eines Anfängers

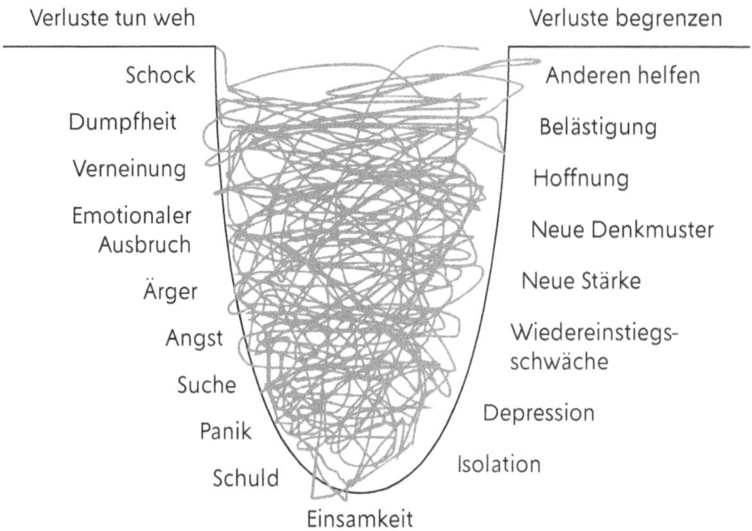

Die langfristigen Vorteile eines daraus entstehenden systematischen Ansatzes sind eindeutig. Trader, die regelmäßig ihre Fehler analysieren und an ihrer Verbesserung arbeiten, profitieren auf lange Sicht, weil sie geringere Verluste haben. Sie vermeiden häufige Fehler und steigern so ihre Erfolgsquote. Ein strukturiertes Vorgehen stärkt die Fähigkeit, emotionalen Impulsen zu widerstehen. Dadurch optimierte Strategien führen zu nachhaltigem und dauerhaftem Trading- und Anlageerfolg.

Fehler gehören zum Trading dazu. Entscheidend ist jedoch, wie Trader mit ihnen umgehen. Ein strukturiertes Vorgehen – basierend auf Dokumentation, Analyse und Optimierung – hilft, Fehler zu minimieren und langfristig erfolgreich zu handeln. Jeder Fehler bietet die Chance, zu wachsen und als Trader stärker zu werden.

Vergessen Sie dabei nicht, dass große Ziele meist in einzelnen Etappen erzielt werden. Trading ist kein 100-Meter-Sprint, sondern ein Marathon. Gerade bei der Fehlerbehebung sind viele kleine Einzelschritte notwendig. Lassen Sie sich davon inspirieren und entwickeln Sie lieber Spaß daran, die Fehler zu beheben, als sich von dem großen Fehlerkomplex erschlagen zu lassen.

Auf Ihrem Weg zur Fehlerbehebung sollten Sie sich immer wieder einer Selbstreflexion unterziehen. Welche Fehler konnten Sie beseitigen und wie hat sich das angefühlt? Wie war das Feedback von anderen Tradern/Freunden/Gesprächspartnern? Dieses positive Gefühl wird Ihnen neue Kraft für den weiteren Weg geben. Glauben Sie mir, Sie werden diese Kraft benötigen, denn die Finanzmärkte verändern sich stetig und Sie werden immer neue Fehler machen.

25. Checkliste

Jetzt kennen Sie:

- Grundlagen des Tradings:
  - Was ist Trading und wie funktioniert es an den internationalen Finanzmärkten?
  - Welche verschiedenen Arten des Tradings gibt es (zum Beispiel Day-Trading, Swing-Trading, Scalping) und wie unterscheiden sie sich?

- Trading-Plattformen und Werkzeuge:
  - Welche Trading-Plattformen stehen zur Verfügung und welche Funktionen bieten sie (zum Beispiel Charts, Orderarten, technische Indikatoren)?
  - Wie können Trader diese Plattformen effektiv nutzen, um Handelsentscheidungen zu treffen und Aufträge zu platzieren?

- Grundlagen der Technischen Analyse:
  - Was ist Technische Analyse und wie können Charts zur Analyse von Preisbewegungen verwendet werden?
  - Welche grundlegenden Chartmuster und Indikatoren sollten Trading-Anfänger kennen und wie werden sie interpretiert?

- Risikomanagement-Systeme im Trading:
  - Warum ist Risikomanagement beim Trading wichtig und wie können Trader ihre Risiken minimieren?
  - Welche Risikomanagement-Techniken können Trading-Anfänger anwenden (zum Beispiel Position Sizing, Stop-Loss-Orders)?

- Psychologie des Tradings:
  - Wie beeinflussen Emotionen wie Angst und Gier das Trading-Verhalten von Anfängern?
  - Welche mentalen Fähigkeiten sind erforderlich, um diszipliniert und rational zu handeln?

- Auswahl von Handelsinstrumenten:
  - Welche Handelsinstrumente stehen zur Verfügung (zum Beispiel Aktien, Devisen, Futures, Optionen) und welche passen am besten zu den persönlichen Zielen und Vorlieben des Traders?
  - Wie können Trader die Liquidität und Volatilität eines Instruments bewerten, bevor sie damit handeln?

- Einführung in die fundamentale Analyse:
  - Was ist fundamentale Analyse und wie können wirtschaftliche Daten und Unternehmensberichte zur Bewertung von Handelsmöglichkeiten verwendet werden?
  - Welche grundlegenden Fundamentaldaten sind für Trading-Anfänger relevant und wie werden sie interpretiert?

- Entwicklung einer Handelsstrategie:
  - Wie können Trading-Anfänger eine Handelsstrategie entwickeln, die zu ihren Zielen, ihrem Risikoprofil und ihrer Persönlichkeit passt?
  - Welche Schritte sind erforderlich, um eine Handelsstrategie zu testen und zu optimieren?

- Analyse von Handelsfehlern:
  - Wie können Trading-Anfänger ihre Handelsaktivitäten nachverfolgen und analysieren, um aus ihren Fehlern zu lernen und sich zu verbessern?
  - Welche Maßnahmen können Trader ergreifen, um wiederkehrende Fehler zu identifizieren und zu korrigieren?

Die Berücksichtigung dieser Fragen kann Trading-Anfängern dabei helfen, ihre Strategien zu entwickeln, ihre Fähigkeiten zu verbessern und ihre Chancen auf langfristigen Erfolg an den internationalen Finanzmärkten zu maximieren.

V

STRATEGIEN FÜR FORTGESCHRITTENE TRADER

26. Scalping: Kleine Gewinne, viele Trades

Durch das Scalping erlenen Sie die Kunst des schnellen Handels. Wie Sie bereits in den vorherigen Kapiteln lesen konnten, ist Scalping eine beliebte Trading-Strategie, bei der Trader versuchen, kleine Kursbewegungen innerhalb sehr kurzer Zeiträume auszunutzen. Diese Methode erfordert schnelle Entscheidungen, Disziplin und ein tiefes Verständnis für den Markt, da Gewinne in der Regel durch eine hohe Anzahl von Trades erzielt werden.

Funktionsweise des Scalpings

Das Scalping basiert auf der Idee, kleine Preisunterschiede zwischen dem Kauf- und Verkaufskurs eines Handelsinstruments zu handeln. Dafür werden die Positionen in Sekunden oder Minuten eröffnet und geschlossen, anstatt auf langfristige Kursbewegungen zu spekulieren. Merkmale :

- Hohes Handelsvolumen: Trader führen viele kleine Trades durch, um kumulative Gewinne zu erzielen.
- Geringe Haltedauer: Positionen werden oft innerhalb weniger Minuten oder sogar Sekunden geschlossen.
- Minimale Kursbewegungen: Gewinne entstehen durch minimale Veränderungen im Kurs, oft nur wenige Ticks oder Pips.

Geeignete Märkte:

- Aktien: Hohe Liquidität und niedrige Spreads machen Aktien ideal.
- Devisen (Forex): Der Forex-Markt bietet hohe Liquidität und häufig günstige Handelskosten.
- Futures: Standardisierte Kontrakte und hohe Volatilität begünstigen Scalping-Strategien.

Wie finden Sie das ideale Underlying für das Scalping?

Folgende Aspekte sollten berücksichtigt werden:

Auswahl des richtigen Marktes

- Liquidität: Bevorzugen Sie Märkte mit hohem Handelsvolumen, um jederzeit kaufen und verkaufen zu können.
- Volatilität: Märkte mit moderaten Kursbewegungen sind ideal. Übermäßige Volatilität kann das Risiko erhöhen.

Technische Voraussetzungen

Scalping erfordert schnelle Entscheidungsfindung und präzises Handeln. Daher sind folgende Werkzeuge unverzichtbar:

- Schnelle Handelsplattform: Verzögerungen können potenzielle Gewinne zunichtemachen.
- Direkter Marktzugang (Direct Market Access): Ermöglicht den schnellstmöglichen Handel.
- Geringe Handelskosten: Hohe Kosten für Gebühren und Spreads können Gewinne schmälern.

Verwendung technischer Indikatoren

Scalper verlassen sich auf Technische Analysen, um Handelsmöglichkeiten zu identifizieren. Wichtige Indikatoren sind:

- Gleitende Durchschnitte (Moving Averages): Zur Bestimmung von Trends und Einstiegspunkten.
- Relative Stärke Index (RSI): Zeigt überkaufte oder überverkaufte Marktbedingungen.
- Bollinger-Bänder: Helfen, Volatilität zu messen und potenzielle Ausstiegszonen zu finden.

Risikomanagement

- Kleine Positionsgrößen: Reduzieren Sie das Risiko bei einzelnen Trades.
- Stop-Loss-Orders: Vermeiden Sie große Verluste durch vorab definierte Ausstiegspunkte.
- Kapitalmanagement: Setzen Sie nur einen kleinen Teil Ihres Kapitals pro Trade ein (zum Beispiel ein bis zwei Prozent).

Disziplin und emotionale Kontrolle

Scalping ist mental anstrengend. Trader müssen in der Lage sein:

- Emotionen zu kontrollieren: Vermeiden Sie impulsive Entscheidungen.
- Verluste schnell zu akzeptieren: Halten Sie sich strikt an Ihre Stop-Loss-Marken.
- Konzentriert zu bleiben: Scalping erfordert ständige Aufmerksamkeit und Fokus.

Beispiel

Hier nun ein Beispiel für eine potenzielle Scalping-Strategie – das Breakout-Scalping:

- Identifikation eines engen Kursbereichs: Suchen Sie nach Seitwärtsbewegungen oder engen Kurskanälen.
- Warten auf einen Ausbruch: Wenn der Kurs den Kanal nach oben oder unten verlässt, ergibt sich ein potenzieller Einstiegspunkt.
- Schneller Einstieg und Ausstieg: Positionen werden sofort bei ersten Anzeichen einer Gegenbewegung geschlossen.

Technische Unterstützung

- Zeitrahmen: Verwenden Sie 1-Minuten- oder 5-Minuten-Charts.
- Indikatoren: Unterstützung durch Bollinger-Bänder oder Pivot-Punkte.

Vor- und Nachteile des Scalpings

Vorteile

- Häufige Gewinnchancen: Durch viele Trades pro Tag entstehen zahlreiche Gelegenheiten.
- Geringe Marktrisiken: Kurze Haltedauern minimieren die Auswirkungen von plötzlichen Marktereignissen.
- Unabhängigkeit von Markttrends: Scalper profitieren von Aufwärts- und Abwärtsbewegungen.

Nachteile

- Hohe Handelskosten: Gebühren und Spreads können Gewinne erheblich verringern.
- Zeitaufwand: Scalping erfordert ständige Marktbeobachtung und schnelle Reaktionen.
- Psychologische Belastung: Ständiges Handeln kann stressig und ermüdend sein.

Das Scalping ist eine anspruchsvolle, aber potenziell lukrative Strategie, die schnelle Entscheidungen, diszipliniertes Risikomanagement und fortgeschrittene technische Fähigkeiten erfordert. Es ist ideal für Trader, die eine aktive Handelsweise bevorzugen und bereit sind, die erforderliche Zeit und Energie zu investieren. Wer die Grundlagen des Scalpings versteht und Best Practices anwendet, kann aus kleinen Kursbewegungen konsistente Gewinne erzielen. Zudem halten Sie keine riskanten Overnight-Positionen und profitieren von einer enormen Hebelwirkung durch die sehr kurzen Haltedauern der Trading-Positionen.

Fortgeschrittene Scalping-Strategien im Trading – ein Überblick

Im Scalping gibt es zahlreiche fortgeschrittene Handelsstrategien, die erfahrenen Tradern helfen, die Marktdynamik besser zu nutzen und potenziell höhere Renditen zu erzielen. Jede Strategie hat ihren eigenen Ansatz, um von Marktbewegungen zu profitieren, und es ist wichtig, die jeweiligen Vorteile und Risiken zu verstehen, bevor man sie einsetzt. In diesem Kapitelabschnitt werde ich Ihnen einige der gängigsten fortgeschrittenen Scalping-Handelsstrategien vorstellen, darunter Orderflow-, Momentum-, Range-, News-, Arbitrage- und Volatilitäts-Scalping, und erläutern, wie sie effektiv eingesetzt werden können.

Orderflow-Strategie

Die Orderflow-Strategie basiert auf der Analyse des jeweiligen Orderbuchs des Underlyings und des zugehörigen Orderflows (die Richtung und Geschwindigkeit der Orders im Markt). Trader beobachten, wie Kauf- und Verkaufsorders in das Orderbuch einfließen, um kurzfristige Ungleichgewichte zwischen Angebot und Nachfrage auszunutzen.

Effektiver Einsatz:

- Die Orderbuch-Analyse kann mit etwas Praxis erlernt werden. Bei diesem Ansatz versuchen Sie, durch Beobachtung oder Messung der Orderbuchseiten (Geld-/Briefseiten beziehungsweise Bid/Ask) einen Überblick über die Orderbuchsituation zu bekommen. Die Erkennung von „Spoofing-Ansätzen“ oder großen Limit-Orders, die den Markt beeinflussen können, ist dabei ein wichtiger Bestandteil.
- Die Time-and-Sales-Auswertung kann Sie dabei unterstützen. Die Beobachtung, wie schnell Orders ausgeführt werden, um Momentum zu identifizieren, ist ebenfalls ein

nützliches Hilfsmittel. Trader sollten darauf achten, dass die Bestätigung des Trends durch das Volumen oder andere technische Indikatoren untermauert wird, um Fehlsignale zu vermeiden. An dieser Stelle ist es ratsam, einen entsprechenden Algorithmus in den Handelsansatz miteinzubeziehen.
- Die Marktauswahl ist dabei von zentraler Bedeutung. Fokussieren Sie sich speziell auf hochliquide Instrumente wie Währungspaare (zum Beispiel EUR/USD) oder Indizes (zum Beispiel DAX, S&P 500). Bei illiquiden Werten kann es zu Manipulationen der Orderbuchlage und korrumpierten Orderbüchern kommen.
- Stop-Loss-Orders und Trailing-Stops können zur Gewinnsicherung verwendet werden, wenn der Trend sich umkehrt.

Momentum-Trading

Das Momentum-Trading will von kurzfristigen Preisschwankungen („Momentis") innerhalb eines größeren Trends profitieren. Während Trendfolger auf die langfristige Bewegung setzen, handelt es sich beim Momentum-Trading um das Ein- und Aussteigen in und aus einem Markt über kürzere Zeiträume (von Sekunden bis Minuten). Diese Strategie handelt wie ein Swing-Trading-Ansatz auf Sekunden- oder Minutenbasis, daher sind die Parameter auch sehr ähnlich.

Effektiver Einsatz:

- Momentum-Scalper nutzen oft Unterstützungs- und Widerstandsniveaus sowie Chartmuster auf Minutenbasis (wie Dreiecke, Flaggen oder Doppeltops), um potenzielle Ein- und Ausstiegspunkte zu finden.
- Indikatoren wie der RSI (Relative Stärke Index) oder der Stochastik-Oszillator helfen dabei, überkaufte oder überverkaufte Bedingungen und mögliche Wendepunkte des

Marktes zu erkennen. Dies ist der Fall, sobald das Momentum in eine Richtung stark zunimmt (zum Beispiel Breakout über einen Widerstand).
- Da es beim Scalp-Trading häufig um schnelle Ein- und Ausstiege geht, sind enge Stop-Losses und Profitziele wichtig, um das Risiko zu minimieren und die Gewinne zu sichern.

Range-Scalping

Beim Range-Scalping werden Kursbewegungen innerhalb eines festgelegten Bereichs (Range) gehandelt. Das ist besonders bei der Bekanntgabe von makroökonomischen Daten wie Arbeitsmarktdaten, Zinsentscheidungen, Inflationsdaten et cetera sehr effektiv. In diesen Handelsphasen schwanken die Kurse stark um einen Mittelwert. Scalper können sich durch die erhöhte Schwankungsfreudigkeit immer wieder kleinere Gewinne aus dem Markt „herausschneiden". Der Ansatz ähnelt dem des Volatilitäts-Scalpings, ist jedoch auf bestimmte Events oder Marktgegebenheiten beschränkt.

Effektiver Einsatz:

- Sie schauen nach Unterstützungen und Widerständen in den betroffenen Märkten und identifizieren dadurch klare Scalping-Zonen, in denen der Preis mehrfach zurückgewiesen wurde.
- Der Trade-Einstieg erfolgt beim Testen der Range-Grenzen (zum Beispiel Kauf an der Unterstützung, Verkauf am Widerstand).
- Als Indikatoren eignen sich zusätzlich die Bollinger-Bänder oder die ATR (Average True Range).

News-Scalping

Das News-Scalping nutzt die erhöhte Volatilität nach der Veröffentlichung von Nachrichten oder Wirtschaftsdaten.

- Verwenden Sie Wirtschaftskalender und notieren Sie sich die Veröffentlichungen von Arbeitsmarktdaten, Zentralbankentscheidungen oder Unternehmensgewinnen.
- Der Einstieg erfolgt durch direkte Käufe oder Verkäufe nach der Nachrichtenveröffentlichung, wenn die Trendrichtung klar ist. In diesem Fall setzen Sie nicht auf eine Schwankung um den Median, sondern auf eine eindeutige Trendrichtung.
- Der Ausstieg erfolgt mittels sofortiger Gewinnmitnahmen, sobald die Volatilität nachlässt. Im Gegensatz zum Range-Scalping setzen Sie explizit auf einen Trend und nicht auf den Iron Condor (siehe Seite 315 ff.)
- Die Handelsspanne umfasst mehrere Handels-Set-ups.

Arbitrage-Scalping

Das Arbitrage-Scalping ist eine Strategie, bei der Trader Preisunterschiede zwischen verschiedenen Märkten oder Instrumenten ausnutzen. Sie beruht auf der Annahme, dass die Preise für denselben Vermögenswert in verschiedenen Märkten variieren können. Arbitrage-Trader kaufen in einem Markt zu einem niedrigeren Preis und verkaufen gleichzeitig in einem anderen Markt zu einem höheren Preis. Sie können im Vorgriff auf einen vorherrschenden Trend an dem einen Handelsplatz auf die Trendfortsetzung an einem anderen Handelsplatz setzen. Es geht also um das Übertragen des Trendmomentums auf die verschiedenen Handelsplätze. Die Strategie geht meist von dem liquidesten Handelsplatz/Börse aus und zieht sich dann über die anderen Handelsplätze der Liquidität nach hin. In den letzten Jahren war diese Strategie insbesondere im Kryptosektor äußerst profitabel.

Effektiver Einsatz:

- Marktübergreifende Arbitrage: Hier werden Preisunterschiede zwischen verschiedenen Börsen oder Märkten ausgenutzt (zum Beispiel zwischen Spot- und Futures-Märkten oder zwischen Märkten in verschiedenen Ländern).
- Statistische Arbitrage: Diese Strategie nutzt komplexe mathematische Modelle, um Preisabweichungen zu erkennen und automatisch Trades zu platzieren. Dies erfordert tiefgehende mathematische Kenntnisse und Zugang zu schnellen Handelsplattformen.
- Währungsarbitrage: In den Devisenmärkten können Arbitrage-Trader von Preisunterschieden zwischen verschiedenen Währungspaaren profitieren.
- Risiken: Die Arbitrage-Strategie ist sehr kapitalintensiv und erfordert extrem niedrige Latenzzeiten, um in Echtzeit von den Preisdifferenzen zu profitieren.

Volatilitätsstrategien

Volatilitätsstrategien konzentrieren sich auf die Nutzung von Preisschwankungen (Volatilität), um mittels schneller, unvorhersehbarer Marktbewegungen Gewinne zu erzielen. Die Volatilität ist ein wichtiger Indikator für Marktunsicherheit und viele fortgeschrittene Trader verwenden Instrumente, die von diesen Schwankungen profitieren. Hierbei nutzen sie die Volatilität direkt aus und setzen die Strategie mit den passenden Options- und Futures-Konstruktionen um. So können sie beispielsweise mit Straddles und Strangles die entsprechende Volatilitätszunahme oder -abnahme handeln und dies mittels Scalping hochskalieren.

Effektiver Einsatz:

- Optionshandel: Der Handel mit Optionen ist eine der häufigsten Methoden zur Nutzung von Volatilität. Volatility Straddles und Strangles sind beliebte Strategien, bei denen Trader sowohl Call- als auch Put-Optionen auf denselben Basiswert kaufen, um von einer starken Preisbewegung in beide Richtungen zu profitieren.
- Volatilitätsindizes: Der VIX, auch als „Angst-Indikator" bekannt, misst die Marktvolatilität und wird von Tradern verwendet, um die Stimmung am Markt zu interpretieren. Wenn der VIX hoch ist, deutet dies auf eine hohe Unsicherheit hin, was häufig zu größeren Marktbewegungen führt.
- Volatilitäts-ETFs: Einige ETFs verfolgen die Volatilität und können als Instrumente genutzt werden, um auf steigende oder fallende Volatilität zu spekulieren.
- Risiken: Volatilitätsstrategien erfordern ein tiefes Verständnis für die Marktbedingungen und können mit erheblichen Risiken verbunden sein, wenn die Marktbewegungen nicht in die erwartete Richtung gehen.

Das Interessante am Scalping ist tatsächlich, dass die wenigsten Privatinvestoren diese Art des Tradings verstehen. Sie haben also einen Wissensvorsprung gegenüber den meisten Tradern und können diesen Handelsansatz effektiv in Ihre Strategien integrieren. Ich zeige Ihnen nun beispielhaft einen fortgeschrittenen Scalping-Ansatz auf.

Als Erstes müssen Sie präzise Risikomanagement-Regeln aufstellen:

- Definieren Sie Ihre Positionsgröße: Pro Trade sollte nur ein kleiner Prozentsatz des Kapitals riskiert werden (zum Beispiel ein bis zwei Prozent).

- Setzen Sie klare Stop-Loss-Limits: Sehr eng gesetzt, um Verluste zu begrenzen (zum Beispiel zwei bis drei Pips bei Forex).
- Definieren Sie Ihr Gewinnziel: Klare Take-Profit-Level, oft im Verhältnis 1,2:1 , 2:1 oder höher zum Risiko.

Zudem sollten Sie ausschließlich in Märkten mit hoher Liquidität handeln:

- Bevorzugte Märkte sind Währungspaare wie EUR/USD oder US-Aktien mit hohem Handelsvolumen.
- Vermeiden Sie illiquide Märkte, da hohe Spreads und Slippage Ihre Gewinne verringern können.
- Achten Sie auf Handelszeiten und -phasen. Nicht alle Finanzmärkte verfügen gleichzeitig über dieselbe Liquidität.

Des Weiteren sollten Sie eine schnelle Handelsplattform verwenden:

- Sie benötigen einen direkten Marktzugang (DMA) oder ECN-Broker für niedrige Latenzen.
- Nutzen und definieren Sie Tools wie Hotkeys für die Eingabe und Schließung von Positionen.

Zu guter Letzt müssen Sie Ihr Mindset und Ihre psychologische Disziplin festigen:

- Emotionale Kontrolle ist essenziell, um impulsive Entscheidungen zu vermeiden.
- Formulieren Sie klare Handelspläne und halten Sie sich strikt daran, ohne von Verlusten oder Gewinnen abgelenkt zu werden.

Beispiel für das Momentum-Scalping

Als konkretes Beispiel für eine fortgeschrittene Scalping-Strategie stelle ich Ihnen nun das Momentum-Scalping auf Basis von Breakouts vor. Diese Strategie nutzt die hohe Volatilität während Markteröffnungen oder nach Wirtschaftsdatenveröffentlichungen:

- Marktauswahl: Forex-Paare (zum Beispiel EUR/USD) oder Indizes (zum Beispiel Nasdaq). Fokus auf Märkte mit engen Spreads und hoher Liquidität.
- Parameter: Zeitrahmen: 1-Minuten- oder 5-Minuten-Chart.
- Indikatoren: EMA (Exponential Moving Average) 9 und EMA 21 für kurzfristige Trends. ATR zur Bestimmung von Volatilitätszonen.
- Einstieg: Breakout über den letzten Widerstand (oder unter die Unterstützung) bei hohem Handelsvolumen. Bestätigung durch einen RSI-Wert über 70 (überkauft) oder unter 30 (überverkauft), wenn ein Momentum fortgesetzt wird.
- Ausstieg: Stop-Loss direkt unterhalb der Breakout-Zone (zum Beispiel drei bis fünf Pips).
- Take-Profit: 1,5-facher ATR-Wert oder beim ersten Anzeichen von Gegenbewegungen.

Beispiel-Trade:

Markt: EUR/USD

Letzter Widerstand: 1,1000

Einstieg: Kauf bei 1,1002, sobald der Kurs den Widerstand durchbricht.

Stop-Loss: 1,0997

Take-Profit: 1,1012 (basierend auf ATR und Marktvolatilität)

Jede der vorgestellten fortgeschrittenen Handelsstrategien hat ihren Platz in einem gut diversifizierten Handelsportfolio. Erfolgreiche Trader haben verschiedene Trading-Ansätze parat, um je nach Marktphase und Finanzmarkt entsprechend agieren zu können. Eine erfolgreiche Handelsstrategie in dem einen Markt wird mit hoher Wahrscheinlichkeit nicht in einem anderen Markt oder bei einem anderen Underlying funktionieren.

Trader sollten jedoch die spezifischen Anforderungen und Risiken jeder Strategie verstehen, bevor sie diese in ihr Portfolio integrieren. Außerdem ist es entscheidend, den eigenen Risikomanagement-Plan festzulegen und zu befolgen, um langfristig erfolgreich zu sein. Egal ob es darum geht, die Marktdynamik mit der Trendfolge zu nutzen, kurzfristige Schwankungen mittels Scalping zu handeln, Arbitrage-Set-ups zu erkennen oder von der Volatilität zu profitieren – fortgeschrittene Strategien können, wenn sie richtig eingesetzt werden, eine wertvolle Ergänzung zu einem gut durchdachten Handelsansatz darstellen.

Vorteile und Risiken von fortgeschrittenen Handelsstrategien im Trading

Fortgeschrittene Handelsstrategien bieten erfahrenen Tradern die Möglichkeit, von verschiedenen Marktentwicklungen zu profitieren, erfordern jedoch auch ein tiefes Verständnis der Märkte und ein gut durchdachtes Risikomanagement. In diesem Abschnitt werde ich die Vorteile und Risiken von fortgeschrittenen Handelsstrategien am Beispiel von Volatilitätsstrategien beleuchten und erläutern, wie Trader ihre Risiken durch fortschrittliche Risikomanagement-Techniken minimieren können.

Die Vorteile von Volatilitätsstrategien:

Volatilitätsstrategien ermöglichen es Tradern, von plötzlichen, oft unvorhersehbaren Marktbewegungen zu profitieren. Sie sind besonders effektiv in Zeiten der Unsicherheit oder während bedeutender Nachrichtenereignisse, die die Märkte stark beeinflussen. Mit Optionen können Trader von solchen Preisschwankungen profitieren, ohne den

Basiswert direkt besitzen zu müssen. Straddles und Strangles sind gängige Strategien, bei denen sowohl Call- als auch Put-Optionen auf denselben Basiswert gekauft werden, um an Bewegungen in beide Richtungen teilzuhaben. Volatilitätsstrategien können aber auch als Absicherungsinstrumente genutzt werden, um bestehende Positionen gegen plötzliche Marktkorrekturen oder unsichere wirtschaftliche Bedingungen abzusichern. Dies ist besonders wichtig in Märkten mit hoher Unsicherheit.

Die Risiken von Volatilitätsstrategien:

Zum einen sind die hohen Kosten zu nennen. Der Handel mit Optionen, insbesondere das Kaufen von Straddles und Strangles, kann teuer werden, da Trader sowohl für Call- als auch für Put-Optionen zahlen müssen. Die Positionen müssen sich deutlich bewegen, um profitabel zu sein und die Kosten zu decken. Zum anderen müssen Sie den Zeitwertverlust beachten, denn Optionen verlieren mit der Zeit an Wert. Dies kann besonders problematisch sein, wenn die Markbewegung nicht schnell genug erfolgt, um den Verlust zu kompensieren. Darüber hinaus ist die Volatilität unvorhersehbar. Sie kann sowohl in ruhigen als auch in turbulenten Zeiten steigen und es ist nicht immer einfach vorherzusagen, wie stark sich die Märkte bewegen werden. Dies kann dazu führen, dass eine Strategie trotz guter Vorbereitung scheitert.

Risikomanagement-Techniken: Minimierung von Verlusten und Maximierung von Chancen

Ein effektives Risikomanagement ist der Schlüssel zum langfristigen Erfolg im Trading, ohne das selbst die besten Strategien zu erheblichen Verlusten führen. Hier sind einige fortgeschrittene Risikomanagement-Techniken, mit denen Sie Ihre Verluste begrenzen und Ihr Risiko minimieren können.

Stop-Loss-Orders

Funktion: Stop-Loss-Orders werden gesetzt, um eine Position automatisch zu schließen, wenn der Markt einen bestimmten Verlustbetrag erreicht. Diese Technik begrenzt die Verluste, indem sie sicherstellt, dass eine Position nicht übermäßig ins Minus läuft.

Vorteil: Sie bieten eine klare Risikobegrenzung und automatisieren den Verkaufsprozess, sodass der Trader nicht emotional reagieren muss.

Risiko: Ein zu enger Stop-Loss kann dazu führen, dass eine Position vorzeitig geschlossen wird, bevor sich der Markt möglicherweise wieder in die gewünschte Richtung bewegt. Ein zu weiter Stop-Loss kann dagegen dazu führen, dass Verluste übermäßig steigen.

Positionsgrößenmanagement

Funktion: Die Positionsgröße ist entscheidend, um das Risiko zu steuern. Durch die Anpassung der Positionsgröße können Trader sicherstellen, dass ein einzelner Verlust nicht das gesamte Konto gefährdet. Ein häufig genutzter Ansatz ist, nur einen bestimmten Prozentsatz des gesamten Kapitals in einer Position zu riskieren (zum Beispiel ein bis zwei Prozent).

Vorteil: Das Positionsgrößenmanagement hilft dabei, das Risiko auf mehrere Positionen zu streuen, und verhindert, dass der Trader durch einen großen Verlust in einer einzigen Position in Schwierigkeiten gerät.

Risiko: Eine zu kleine Positionsgröße kann dazu führen, dass die Rendite nicht ausreicht, um die Handelskosten oder die Mindestgewinne zu decken. Eine zu große Positionsgröße kann jedoch die Gesamtkapitalmenge gefährden.

Trailing-Stop-Orders

Funktion: Mithilfe von Trailing-Stops können Trader Gewinne sichern, während sie gleichzeitig ihre Position offen halten, solange der Markt in die gewünschte Richtung läuft. Der Stop-Loss bewegt sich mit dem

Marktpreis nach oben (bei Long-Positionen) oder nach unten (bei Short-Positionen), sodass der Trader Gewinne schützt, wenn der Markt umkehrt.

Vorteil: Diese Technik bietet Flexibilität und ermöglicht es, Gewinne in einem trendstarken Markt zu maximieren und gleichzeitig das Risiko einer Umkehrbewegung zu minimieren.

Risiko: Wenn der Trailing-Stop zu eng gesetzt ist, kann dies dazu führen, dass die Position bei kleinen Marktschwankungen vorzeitig geschlossen wird, ohne dass der Trader den vollen Trend ausnutzen kann.

Diversifikation

Funktion: Diversifikation ist die Praxis, Kapital auf mehrere Handelsinstrumente oder Märkte zu verteilen, um das Risiko einer einzelnen Position zu verringern. Dies kann durch den Handel mit verschiedenen Anlageklassen (zum Beispiel Aktien, Devisen, Rohstoffe) oder Handelsstrategien erfolgen.

Vorteil: Durch Diversifikation wird das Risiko über mehrere Märkte und Instrumente hinweg verteilt, was dazu beiträgt, den Gesamtverlust zu minimieren, falls ein Markt oder eine Strategie nicht wie erwartet funktioniert.

Risiko: Eine zu breite Diversifikation kann dazu führen, dass der Trader den Fokus verliert und nicht mehr in der Lage ist, die Märkte ausreichend zu überwachen und zu analysieren.

Hedging-Strategien

Funktion: Hedging beinhaltet das Eingehen von Positionen, die den Verlust einer anderen Position absichern. Ein Trader kann beispielsweise Optionen oder Futures verwenden, um das Risiko einer bestehenden Position abzusichern.

Vorteil: Hedging kann dazu beitragen, das Risiko erheblich zu verringern, besonders in volatilen Märkten oder während unvorhersehbarer Ereignisse.

Risiko: Hedging erfordert zusätzliche Kapitalressourcen und kann zu einer Reduzierung der potenziellen Gewinne führen, wenn die Marktbewegungen sich nicht wie erwartet entwickeln.

Mit der Wahl und der effektiven Nutzung fortgeschrittener Handelsstrategien wie Volatilitätsstrategien können Trader von Marktschwankungen profitieren. De mit diesen Strategien einhergehenden erheblichen Risiken können durch fortgeschrittene Risikomanagement-Techniken gemildert werden. Stop-Loss-Orders, Positionsgrößenmanagement, Trailing-Stops, Diversifikation und Hedging-Strategien sind entscheidende Werkzeuge zur Minimierung des Risikos und zur Maximierung der Erfolgschancen. Ein disziplinierter und gut strukturierter Risikomanagement-Ansatz ist für langfristig erfolgreiches Trading unerlässlich.

27. Futures- und Optionshandel für Fortgeschrittene

Der Futures- und Optionshandel für Fortgeschrittene umfasst viele Werkzeuge zur Risikominimierung und Gewinnmaximierung mittels Derivaten. Zudem stellt er fortgeschrittene Trader vor besondere Herausforderungen und Chancen. Während diese Instrumente weit über den klassischen Aktienhandel hinausgehen, bieten sie eine Vielzahl an Strategien, um von Marktbewegungen zu profitieren und gleichzeitig Risiken abzusichern. In diesem Abschnitt werde ich fortgeschrittene Options- und Futures-Strategien erläutern und zeigen, wie diese Instrumente effektiv eingesetzt werden können.

Fortgeschrittene Optionsstrategien

Beim Optionshandel können Sie auf Preisbewegungen von Basiswerten spekulieren, ohne den zugrunde liegenden Vermögenswert zu besitzen. Für fortgeschrittene Trader gibt es viele komplexe Strategien, die mit Optionen umgesetzt werden können.

Straddle und Strangle

- Straddle: Ein Straddle besteht darin, gleichzeitig eine Call-Option und eine Put-Option auf denselben Basiswert mit dem gleichen Ausübungspreis und Ablaufdatum zu kaufen. Diese Strategie wird genutzt, wenn der Trader erwartet, dass der Preis des Basiswerts stark schwankt, sich jedoch unsicher ist, in welche Richtung.
- Strangle: Ähnlich wie der Straddle, jedoch werden hier Call- und Put-Optionen mit unterschiedlichen Ausübungspreisen gekauft, aber mit dem gleichen Ablaufdatum. Diese Strategie ist kostengünstiger als der Straddle, da der Preis der Optionen normalerweise niedriger ist, aber auch das Potenzial für Gewinne verringert wird.

Iron Condor

- Iron Condor: Diese Strategie beinhaltet den gleichzeitigen Kauf und Verkauf von Call- und Put-Optionen mit verschiedenen Strike-Preisen, aber einem gemeinsamen Ablaufdatum. Das Ziel des Iron Condors ist es, von einem engen Handelsbereich zu profitieren, in dem sich der Preis des Basiswerts während der Lebensdauer der Optionen bewegt. Diese Strategie ist besonders effektiv in Seitwärtsmärkten, wo die Volatilität gering ist.
- Vorteil: Der Trader kann die Prämie, die er für den Verkauf der Optionen erhält, einstreichen, während das Risiko begrenzt wird.
- Risiko: Das Risiko besteht in einem plötzlichen, starken Anstieg oder Rückgang des Basiswerts, der zu einem Verlust führen kann, wenn der Preis weit über oder unter die Strike-Preise der gekauften Optionen hinausgeht.

Covered Calls und Protective Puts

- Covered Call: Beim Covered Call handelt der Trader mit einer Call-Option, während er den zugrunde liegenden Basiswert besitzt. Diese Strategie eignet sich, um zusätzliches Einkommen zu generieren, wenn der Trader von einer Seitwärtsbewegung des Marktes ausgeht.
- Vorteil: Die Einnahmen aus den Prämien der verkauften Calls ergänzen das Portfolio und bieten eine zusätzliche Einkommensquelle.
- Risiko: Wenn der Basiswert stark steigt, wird der Gewinn durch den Verkauf der Call-Option begrenzt, da der Trader gezwungen ist, den Basiswert zum Strike-Preis der Option zu verkaufen.
- Protective Put: Diese Strategie wird eingesetzt, wenn der Trader ein Portfolio absichern möchte. Dabei kauft er eine Put-Option auf den Basiswert, den er bereits besitzt. Dies schützt das Portfolio vor einem plötzlichen Preisverfall.
- Vorteil: Der Schutz vor Verlusten ist klar definiert, da der Wert des Puts steigt, wenn der Markt fällt.
- Risiko: Die Kosten für die Put-Option können die potenziellen Gewinne übersteigen, insbesondere bei Seitwärtsbewegungen oder geringen Rückgängen des Marktes.

Butterfly Spread (Call oder Put)

Der Butterfly Spread ist eine fortgeschrittene Optionsstrategie, die von einer geringen Kursvolatilität profitieren will. Diese Strategie ist attraktiv, da sie ein begrenztes Risiko und einen potenziell hohen Gewinn im Vergleich zum Einsatz bietet. Ein Butterfly Spread kann entweder mit Calls oder Puts konstruiert werden, wobei die Logik in beiden Fällen identisch ist. Das Grundprinzip ist relativ einfach erklärt, denn der Butterfly Spread kombiniert lediglich drei Optionen mit unterschiedlichen Strike-Preisen. Es wird ein mittlerer Strike-Preis (At the Money oder in der Nähe davon) gewählt, um den maximalen Gewinn zu erzielen, wenn der Basiswert am Verfallsdatum diesen Strike-Preis erreicht.

Ein Butterfly Spread mit Calls oder Puts besteht aus:

- 1 Long-Option mit niedrigem Strike-Preis (Flügel)
- 2 Short-Optionen mit mittlerem Strike-Preis (Körper)
- 1 Long-Option mit hohem Strike-Preis (Flügel)

Strike-Preise und Kosten:

- Der Abstand zwischen den Strike-Preisen (zum Beispiel fünf US-Dollar) sollte gleichmäßig sein, um eine symmetrische Risiko/Gewinnstruktur zu erzeugen.
- Es wird eine Nettoprämie gezahlt, da die Long-Optionen tendenziell teurer sind als die Short-Optionen.

Konstruktion mit Calls:

- Kauf eines Call-Optionskontrakts mit einem niedrigeren Strike-Preis (zum Beispiel 95 US-Dollar)
- Verkauf von zwei Call-Optionskontrakten mit einem mittleren Strike-Preis (zum Beispiel 100 US-Dollar)
- Kauf eines Call-Optionskontrakts mit einem höheren Strike-Preis (zum Beispiel 105 US-Dollar)

Konstruktion mit Puts:

- Kauf eines Put-Optionskontrakts mit einem höheren Strike-Preis (zum Beispiel 105 US-Dollar)

- Verkauf von zwei Put-Optionskontrakten mit einem mittleren Strike-Preis (zum Beispiel 100 US-Dollar)
- Kauf eines Put-Optionskontrakts mit einem niedrigeren Strike-Preis (zum Beispiel 95 US-Dollar)

Diagramm der Payoff-Struktur:

Gewinnzone: Der maximale Gewinn wird erzielt, wenn der Kurs des Basiswerts am Verfallsdatum genau beim mittleren Strike-Preis liegt. Der Grund dafür ist, dass die Short-Optionen vollständig wertlos auslaufen, während die Long-Optionen (abhängig von der Richtung) noch Restwert besitzen.

Verlustzone: Der maximale Verlust tritt ein, wenn der Basiswert weit außerhalb der Strike-Preise der Long-Optionen liegt.

Risiko-Gewinn-Verhältnis: Das Risiko ist auf die gezahlte Nettoprämie begrenzt. Der maximale Gewinn ist ebenfalls begrenzt und entspricht der Differenz zwischen den Strike-Preisen abzüglich der Nettoprämie.

Beispiel für einen Butterfly Spread mit Calls

Szenario:

- Basiswert: Aktie XYZ, aktueller Kurs: 100 $
- Sie erwarten, dass der Kurs bis zum Verfall des Optionskontrakts um 100 $ bleibt (geringe Volatilität).

Aufbau:

- Kauf eines Calls mit Strike-Preis 95 $: Kosten 7 $
- Verkauf von zwei Calls mit Strike-Preis 100 $: Einnahmen 2 × 4 $ = 8 $
- Kauf eines Calls mit Strike-Preis 105 $: Kosten 2 $
- Nettoprämie: Gesamtkosten = 7 $ - 8 $ + 2 $ = 1 $

Payoff:

Maximaler Gewinn: Tritt ein, wenn der Basiswert am Verfallstag bei 100 $ liegt. Gewinn = Differenz der Strike-Preise (5 $) - Nettoprämie (1 $) = 4 $

Maximaler Verlust: Tritt ein, wenn der Basiswert entweder unter 95 $ oder über 105 $ liegt. Verlust = gezahlte Nettoprämie = 1 $

Break-even-Punkte:

- Unterer Break-even = 95 $ + Nettoprämie = 96 $
- Oberer Break-even = 105 $ - Nettoprämie = 104 $

Beispiel für einen Butterfly Spread mit Puts

Szenario:

- Basiswert: Aktie XYZ, aktueller Kurs: 100 $
- Sie erwarten, dass der Kurs bis zum Verfall nahe 100 $ bleibt.

Aufbau:

- Kauf eines Puts mit Strike-Preis 105 $: Kosten 7 $
- Verkauf von zwei Puts mit Strike-Preis 100 $: Einnahmen 2 × 4 $ = 8 $
- Kauf eines Puts mit Strike-Preis 95 $: Kosten 2 $
- Nettoprämie: Gesamtkosten = 7 $ - 8 $ + 2 $ = 1 $

Payoff: Analog zum Call Butterfly Spread

Vorteile und Nachteile des Butterfly Spreads

Vorteile:

- Geringes Risiko: Das maximale Risiko ist auf die gezahlte Nettoprämie begrenzt.

- Hohes Gewinnpotenzial: Attraktives Risiko-Gewinn-Verhältnis, insbesondere wenn der Basiswert am mittleren Strike-Preis endet.

Flexibilität: Kann auf Calls, Puts oder eine Kombination aus beiden aufgebaut werden.

Nachteile:

- Begrenzter Gewinn: Der maximale Gewinn ist festgelegt und nicht unbegrenzt skalierbar.
- Abhängigkeit von geringer Volatilität: Die Strategie profitiert nur, wenn der Kurs nahe dem mittleren Strike bleibt.
- Komplexität: Erfordert präzises Management von vier Optionspositionen.

Ein Butterfly Spread ist ideal für Anleger, die eine geringe Marktvolatilität erwarten und ein hohes Chance-Risiko-Verhältnis anstreben. Der Aufbau mit symmetrischen Strike-Preisen erleichtert das Management der Strategie und sorgt für eine klare Risikoabschätzung.

Ratio Spread

Ein Ratio Spread ist eine fortgeschrittene Optionsstrategie, die darauf abzielt, von einer erwarteten Kursbewegung oder -stabilität des Basiswerts zu profitieren. Dabei wird eine ungleiche Anzahl von Long- und Short-Optionen kombiniert, was eine asymmetrische Risikostruktur erzeugt. Der Ratio Spread kann mit Calls oder Puts konstruiert werden. Das Grundprinzip:

- Ein Trader kauft eine oder mehrere Optionen und verkauft eine größere Anzahl von Optionen derselben Art (Call oder Put).

- Die verkauften Optionen haben in der Regel denselben Basiswert und Strike-Preis, wobei die Laufzeiten identisch sind.

Das Verhältnis zwischen gekauften und verkauften Optionen (zum Beispiel 1:2, 1:3) definiert den „Ratio“ Spread.

Der Aufbau eines Ratio Spreads

Ratio Call Spread

Ein Ratio Call Spread ist eine bullish orientierte Strategie, die darauf spekuliert, dass der Basiswert moderat steigt, aber nicht zu stark ausbricht.

Konstruktion:

- Kauf einer Call-Option mit einem niedrigeren Strike-Preis
- Verkauf von zwei Call-Optionen mit einem höheren Strike-Preis

Beispiel:

- Basiswert: Aktie XYZ, aktueller Kurs: 100 $
- Kauf eines Calls mit Strike-Preis 95 $ für 7 $
- Verkauf von zwei Calls mit Strike-Preis 105 $ für jeweils 3 $

Nettoprämie:

- Kosten für Long-Call: 7 $
- Einnahmen durch Short-Calls: 2 × 3 $ = 6 $
- Gesamtkosten: 7 $ - 6 $ = 1 $ (Nettokosten)

Mögliche Ergebnisse:

Gewinn: Der Kurs des Basiswerts liegt am Verfallstag moderat über dem Strike-Preis der Short-Calls (zum Beispiel 105 US-Dollar). Der maximale Gewinn ist die Differenz zwischen den Strike-Preisen (zehn US-Dollar) abzüglich der Nettoprämie (ein US-Dollar), also neun US-Dollar pro Aktie.

Verlust: Der Kurs des Basiswerts steigt weit über den oberen Strike-Preis der Short-Calls hinaus. Das Risiko ist theoretisch unbegrenzt, da die verkauften Calls unbegrenzte Verluste verursachen können.

Break-even-Punkte:

- Unterer Break-even: Long-Call Strike + gezahlte Prämie (zum Beispiel 95$ + 1$ = 96$)
- Oberer Break-even: Strike der Short-Calls + Differenz zwischen Short- und Long-Prämien (zum Beispiel 105$ + 5$ = 110$)

Ratio Put Spread

Ein Ratio Put Spread ist eine bearish orientierte Strategie, die darauf spekuliert, dass der Basiswert moderat sinkt, aber nicht stark fällt.

Konstruktion:

- Kauf einer Put-Option mit einem höheren Strike-Preis
- Verkauf von zwei Put-Optionen mit einem niedrigeren Strike-Preis

Beispiel:

- Basiswert: Aktie XYZ, aktueller Kurs: 100$
- Kauf eines Puts mit Strike-Preis 105$ für 7$
- Verkauf von zwei Puts mit Strike-Preis 95$ für jeweils 3$

Nettoprämie:

- Kosten für Long-Put: 7$

- Einnahmen durch Short-Puts: 2 × 3 $ = 6 $
- Gesamtkosten: 7 $ - 6 $ = 1 $ (Nettokosten)

Mögliche Ergebnisse:

Gewinn: Der Kurs des Basiswerts liegt moderat unter dem Strike-Preis der Short-Puts (zum Beispiel 95 US-Dollar). Der maximale Gewinn ist die Differenz zwischen den Strike-Preisen (zehn US-Dollar) abzüglich der Nettoprämie (ein US-Dollar), also neun US-Dollar pro Aktie.

Verlust: Der Kurs des Basiswerts fällt weit unter den unteren Strike-Preis der Short-Puts. Das Risiko ist theoretisch unbegrenzt (bei Cash Settlement ist der Verlust begrenzt auf den Strike).

Break-even-Punkte:

- Oberer Break-even: Strike der Long-Put-Option - gezahlte Prämie (zum Beispiel 105 $ - 1 $ = 104 $)
- Unterer Break-even: Strike der Short-Puts - Differenz zwischen Short- und Long-Prämien (zum Beispiel 95 $ - 5 $ = 90 $)

Vorteile und Nachteile des Ratio Spreads

Vorteile:

- Flexibilität: Kann an unterschiedliche Marktbewegungen angepasst werden (bullish, bearish oder neutral).
- Kosteneffizienz: Der Verkauf von Optionen reduziert die Kosten für den Kauf der Long-Optionen.
- Profitabilität bei moderater Bewegung: Diese Strategie ist am effektivsten, wenn sich der Kurs des Basiswerts in einem engen Bereich bewegt.

Nachteile:

- Unbegrenztes Risiko: Im Gegensatz zu symmetrischen Strategien wie dem Butterfly Spread können große Kursbewegungen in eine Richtung zu erheblichen Verlusten führen.
- Komplexität: Ratio Spreads erfordern ein gutes Verständnis der Kursbewegungen und ein aktives Risikomanagement.
- Zeitwertverlust: Short-Positionen profitieren vom Zeitwertverlust, während Long-Positionen darunter leiden. Ein Missverhältnis kann die Strategie ineffektiv machen.

Best Practice für Ratio Spreads

- Risikomanagement: Setzen Sie enge Stop-Losses oder kombinieren Sie die Strategie mit Absicherungen wie einer zusätzlichen Long-Option (zum Beispiel Ratio Backspread).
- Marktauswahl: Bevorzugen Sie Märkte mit hoher Liquidität und engen Spreads, um die Transaktionskosten zu minimieren.
- Zeitliche Planung: Wählen Sie Optionslaufzeiten, die ein ausgewogenes Verhältnis zwischen Zeitwertverlust und Volatilität bieten.

Ein Ratio Spread ist eine kosteneffiziente Strategie, die moderate Kursbewegungen des Basiswerts belohnt. Mit dem richtigen Einsatz bietet er ein attraktives Chance-Risiko-Verhältnis, erfordert jedoch ein hohes Maß an Disziplin sowie ein aktives Management, vor allem in stark volatilen Märkten.

Calendar Spread (Zeit-Spread)

Ein Calendar Spread ist eine Optionsstrategie, die von der Zeitwertdifferenz zwischen Optionen mit identischen Basiswerten und Strike-Preisen, aber unterschiedlichen Verfallsterminen profitiert. Sie wird in der Regel genutzt, um an moderaten Kursbewegungen und stabilen Marktbedingungen teilzuhaben. Ein Calendar Spread nutzt die Tatsache, dass der Zeitwertverlust (Theta) bei näher am Verfallsdatum liegenden Optionen schneller erfolgt als bei länger laufenden Optionen. Dies führt zu einer Nettogewinnchance, wenn sich der Basiswert nahe am Strike-Preis bewegt.

Der Aufbau eines Calendar Spreads

- Kauf einer länger laufenden Option (Call oder Put): Diese Option profitiert von einem langsameren Zeitwertverlust und potenziellen Kursbewegungen des Basiswerts.
- Verkauf einer kürzer laufenden Option (Call oder Put): Diese Option generiert Prämieneinnahmen und verliert schneller an Zeitwert.
- Strike-Preis: Beide Optionen haben denselben Strike-Preis. Der Strike-Preis wird oft nahe am aktuellen Kurs des Basiswerts gewählt (At the Money – ATM), um die maximale Wirkung der Strategie zu erzielen.
- Laufzeitunterschiede: Die gekaufte Option hat einen Verfallstermin, der nach dem Verfallstermin der verkauften Option liegt. Häufig verwendete Laufzeitkombinationen sind zum Beispiel ein Monat (Short-Option) und drei Monate (Long-Option).

Varianten des Calendar Spreads

Call Calendar Spread

- Kauf eines länger laufenden Calls: Sie profitieren, wenn der Kurs des Basiswerts steigt.
- Verkauf eines kürzer laufenden Calls: Sie erzielen Einnahmen, wenn der Kurs seitwärts bleibt oder moderat steigt.

Put Calendar Spread

- Kauf eines länger laufenden Puts: Sie profitieren, wenn der Kurs des Basiswerts fällt.
- Verkauf eines kürzer laufenden Puts: Sie erzielen Einnahmen, wenn der Kurs seitwärts bleibt oder moderat fällt.

Beispiel für einen Call Calendar Spread
Szenario:

- Basiswert: Aktie XYZ, aktueller Kurs: 100 $
- Erwartung: Der Kurs bleibt in einem engen Bereich um 100 $ bis zum Verfall der Short-Option.

Aufbau:

- Kauf eines Calls mit Strike-Preis 100 $, Verfall in drei Monaten, Kosten 7 $
- Verkauf eines Calls mit Strike-Preis 100 $, Verfall in einem Monat, Einnahmen 3 $
- Nettoprämie: Gesamtkosten = 7 $ - 3 $ = 4 $

Payoff und Risikoprofil:

Gewinn: Der maximale Gewinn wird erzielt, wenn der Basiswert am Verfallstag der kürzer laufenden Option genau beim Strike-Preis liegt (100 US-Dollar). Der Grund ist, dass die Short-Option wertlos ausläuft, während die Long-Option (länger laufend) weiterhin Zeitwert und potenziellen inneren Wert hat.

Verlust: Der maximale Verlust ist auf die gezahlte Nettoprämie begrenzt (in diesem Beispiel vier US-Dollar). Dies tritt ein, wenn der Basiswert weit außerhalb des Strike-Preises liegt, weil dann beide Optionen fast wertlos sind.

Break-even-Punkte:

Es gibt keine festen Break-even-Punkte wie bei vertikalen Spreads. Stattdessen hängt der Gewinn von der Volatilität und dem Verhalten des Basiswerts ab.

Einfluss von Volatilität

- Steigende Volatilität erhöht den Wert der Long-Option, was vorteilhaft ist.
- Sinkende Volatilität verringert den Zeitwert der Optionen, was nachteilig sein kann.

Vorteile und Nachteile des Calendar Spreads

Vorteile:

- Geringer Kapitaleinsatz: Die Strategie erfordert im Vergleich zu anderen Optionsstrategien (zum Beispiel Straddles) oft weniger Kapital.
- Begrenztes Risiko: Der Verlust ist auf die gezahlte Nettoprämie begrenzt.
- Flexibilität: Kann an bullishe, bearishe oder neutrale Markterwartungen angepasst werden.
- Profitieren vom Zeitwert: Die Strategie nutzt den schnelleren Zeitwertverlust der Short-Option.

Nachteile:

- Abhängigkeit von Volatilität: Sinkende Volatilität kann die Rentabilität der Strategie beeinträchtigen.
- Komplexität: Die Strategie erfordert ein gutes Verständnis für Zeitwertverlust und Volatilität.

- Begrenzter Gewinn: Der Gewinn ist begrenzt und hängt stark von den Bewegungen des Basiswerts ab.

Best Practice für Calendar Spreads

- Strike-Preis sorgfältig wählen: Der Strike sollte nahe am erwarteten Kurs des Basiswerts liegen.
- Marktbedingungen beachten: Setzen Sie die Strategie in Märkten mit stabiler oder leicht steigender Volatilität ein.
- Laufzeiten optimieren: Wählen Sie eine kürzer laufende Option, deren Zeitwertverlust in einem günstigen Verhältnis zur länger laufenden Option steht.

Der Calendar Spread ist eine flexible und risikoarme Strategie, die ideal für Trader ist, die von stabilen Marktbedingungen oder moderaten Kursbewegungen ausgehen. Durch die Ausnutzung des schnelleren Zeitwertverlusts der Short-Option kann der Trader bei richtiger Planung attraktive Gewinne erzielen, während das Risiko auf die eingesetzte Prämie begrenzt bleibt.

Diagonal Spread

Ein Diagonal Spread ist eine fortgeschrittene Optionsstrategie, die Elemente eines Calendar Spreads und eines Vertical Spreads (Preisunterschieds-Spreads) kombiniert. Sie wird verwendet, um von Kursbewegungen des Basiswerts sowie von der Zeitwertdifferenz (Theta) zwischen den gehandelten Optionen zu profitieren. Der Diagonal Spread besteht aus dem Kauf einer länger laufenden Option und dem Verkauf einer kürzer laufenden Option mit unterschiedlichen Strike-Preisen und Verfallsterminen. Dies führt zu einer diagonalen Struktur in einem Optionsdiagramm.

Aufbau eines Diagonal Spreads

- Kauf einer länger laufenden Option (Call oder Put): Diese Option hat einen Strike-Preis, der entweder höher (bei Calls) oder niedriger (bei Puts) ist als die verkaufte Option. Sie wird oft in einem Zeitraum von mehreren Monaten oder mehr gewählt.
- Verkauf einer kürzer laufenden Option (Call oder Put): Diese Option hat einen Strike-Preis, der näher am aktuellen Kurs des Basiswerts liegt. Sie generiert Einnahmen, die die Kosten der Long-Option teilweise ausgleichen.
- Strike-Preise: Die Strike-Preise der gekauften und verkauften Optionen unterscheiden sich, was den Spread zu einer Mischung aus Vertical Spread und Calendar Spread macht.
- Laufzeitunterschiede: Die gekaufte Option hat einen Verfallstermin, der weit in der Zukunft liegt (zum Beispiel sechs Monate bis ein Jahr). Die verkaufte Option läuft früher aus, häufig in ein bis zwei Monaten.

Varianten des Diagonal Spreads

Bullish Diagonal Spread (mit Calls)

- Kauf eines länger laufenden Calls mit einem niedrigeren Strike-Preis
- Verkauf eines kürzer laufenden Calls mit einem höheren Strike-Preis

Bearish Diagonal Spread (mit Puts)

- Kauf eines länger laufenden Puts mit einem höheren Strike-Preis

- Verkauf eines kürzer laufenden Puts mit einem niedrigeren Strike-Preis

Beispiel für einen Bullish Diagonal Spread mit Calls
Szenario:

- Basiswert: Aktie XYZ, aktueller Kurs: 100$
- Erwartung: Der Kurs steigt in den nächsten Monaten moderat an.

Aufbau:

- Kauf eines Calls: Strike-Preis 95$, Verfall in sechs Monaten, Kosten 8$
- Verkauf eines Calls: Strike-Preis 105$, Verfall in einem Monat, Einnahmen 3$
- Nettoprämie: Gesamtkosten 8$ - 3$ = 5$

Payoff und Risikoprofil:

Gewinn: Der maximale Gewinn tritt ein, wenn der Basiswert am Verfallstag der Short-Option knapp unter dem Strike-Preis der Short-Option (105 US-Dollar) liegt. Der Gewinn entsteht durch den Zeitwertverlust der Short-Option, während die Long-Option weiterhin Wert besitzt.

Verlust: Der maximale Verlust ist auf die gezahlte Nettoprämie (fünf US-Dollar) begrenzt.

Break-even-Punkte:

- Unterer Break-even: Strike-Preis der Long-Option + gezahlte Prämie (zum Beispiel 95$ + 5$ = 100$)

- Oberer Break-even: Abhängig von der Kursbewegung nach dem Verfall der Short-Option und der Restlaufzeit der Long-Option

Einfluss von Volatilität und Zeitwert

- Steigende Volatilität erhöht den Wert der länger laufenden Option, was vorteilhaft ist.
- Sinkende Volatilität reduziert den Wert der Long-Option und mindert die Wirksamkeit der Strategie.
- Der schnellere Zeitwertverlust der Short-Option begünstigt die Strategie.

Vorteile und Nachteile des Diagonal Spreads
Vorteile:

- Flexibilität: Kann an verschiedene Markterwartungen angepasst werden (bullish, bearish oder neutral).
- Geringeres Risiko: Das Risiko ist auf die gezahlte Nettoprämie begrenzt.
- Zeitwertnutzung: Profitiert vom schnelleren Zeitwertverlust der Short-Option.

Nachteile:

- Komplexität: Erfordert ein gutes Verständnis für Volatilität, Zeitwertverlust und Kursbewegungen.
- Begrenzter Gewinn: Der Gewinn ist begrenzt und tritt nur bei moderaten Kursbewegungen ein.
- Managementaufwand: Die Strategie erfordert aktives Monitoring, insbesondere wenn die Short-Option bald verfällt.

Best Practice für Diagonal Spreads

- Strike-Preise und Laufzeiten sorgfältig wählen: Die Strike-Preise und Laufzeiten sollten so festgelegt werden, dass sie Ihre Markterwartungen widerspiegeln.
- Volatilität berücksichtigen: Setzen Sie die Strategie in Märkten mit stabiler oder leicht steigender Volatilität ein.
- Aktives Management: Rollen Sie die Short-Option vor dem Verfall weiter, um Einnahmen zu generieren und die Strategie anzupassen.

Der Diagonal Spread ist eine vielseitige Strategie, die in Märkten mit moderaten Kursbewegungen oder stabiler Volatilität effektiv sein kann. Durch die Kombination von Laufzeiten und Strike-Preisen bietet sie eine einzigartige Möglichkeit, sowohl vom Zeitwertverlust als auch von Kursbewegungen zu profitieren, während das Risiko begrenzt bleibt. Sie erfordert jedoch ein tiefes Verständnis der Marktbedingungen sowie ein sorgfältiges Management, um erfolgreich eingesetzt zu werden.

Fortgeschrittene Futures-Strategien

Mit Futures-Kontrakten kann der Trader auf künftige Preisbewegungen von Vermögenswerten wie zum Beispiel Rohstoffe, Aktienindizes und Währungen spekulieren. Im Gegensatz zu Optionen sind Futures eine Verpflichtung, den Basiswert zu einem bestimmten Zeitpunkt in der Zukunft zu kaufen oder zu verkaufen, was sie zu einem risikoreicheren Instrument macht. Futures sind allerdings sehr vielseitige Finanzinstrumente, die nicht nur für einfache Long- oder Short-Positionen verwendet werden können. Neben den bekannteren Strategien wie Hedging oder Spread-Trading gibt es eine Vielzahl fortgeschrittener Ansätze, die Futures auf eine kreative Art und Weise nutzen.

Hedging mit Futures

Funktion: Futures-Kontrakte können eingesetzt werden, um bestehende Positionen oder Portfolios gegen unerwartete Marktbewegungen abzusichern. Wenn ein Trader beispielsweise eine Long-Position in Aktien hält und erwartet, dass die Märkte volatil werden, kann er Futures-Kontrakte auf den entsprechenden Aktienindex verkaufen, um seine Position abzusichern.

Vorteil: Der Futures-Kontrakt schützt vor Preisrückgängen und reduziert die Gesamtrisiken eines Portfolios.

Risiko: Das Hedging mit Futures reduziert nicht nur die potenziellen Verluste, sondern auch die möglichen Gewinne, falls der Markt in die erwartete Richtung läuft.

Spread-Trading

Funktion: Das Spread-Trading beinhaltet den gleichzeitigen Kauf und Verkauf von Futures-Kontrakten auf verwandte Basiswerte oder auf verschiedene Ablaufdaten desselben Basiswerts. Dies kann sowohl Inter-Commodity-Spreads (zum Beispiel Long in einem Rohstoff und Short in einem anderen) als auch Intramarket-Spreads (zum Beispiel Kauf eines Futures auf einen Index und Verkauf eines Futures auf einen anderen) umfassen.

Vorteil: Diese Strategie ermöglicht es Tradern, von relativen Preisbewegungen zwischen zwei Basiswerten oder unterschiedlichen Kontrakten innerhalb desselben Marktes zu profitieren, anstatt nur auf den absoluten Preistrend zu setzen.

Risiko: Das Spread-Trading kann zu Verlusten führen, wenn die relative Preisbewegung zwischen den Märkten nicht wie erwartet verläuft.

Long und Short Futures

Funktion: Futures bieten die Möglichkeit, sowohl auf steigende als auch auf fallende Märkte zu spekulieren. Ein Trader kann einen Long-Futures-

Kontrakt kaufen, wenn er auf einen Preisanstieg des Basiswerts hofft, oder einen Short-Futures-Kontrakt verkaufen, wenn er von einem Preisverfall ausgeht.

Vorteil: Mit Futures können Trader in beide Richtungen handeln, was ihnen die Flexibilität gibt, von Marktbewegungen in jede Richtung zu profitieren.

Risiko: Futures sind mit unbegrenztem Risiko verbunden, da die Positionen jederzeit gegen den Trader laufen können. Eine plötzliche Marktbewegung kann zu erheblichen Verlusten führen.

Momentum-Trading mit Futures

Funktion: Diese Strategie basiert auf der Beobachtung, dass starke Kursbewegungen häufig dazu tendieren, sich kurzfristig fortzusetzen. Momentum-Trader nutzen Futures, um von solchen Bewegungen zu profitieren. Bei dieser Vorgehensweise werden Trends identifiziert unter der Verwendung von technischen Indikatoren wie dem Moving Average Convergence Divergence (MACD) oder dem Relative Stärke Index (RSI). Achten Sie auf starke Preisdurchbrüche über Widerstandsniveaus oder unter Unterstützungslinien.

Einstieg: Gehen Sie bei einem positiven Momentum long (zum Beispiel bei einem Aufwärtstrend) oder short bei negativem Momentum. Bestätigungen durch ein hohes Handelsvolumen können den Einstieg zusätzlich absichern.

Ausstieg: Setzen Sie Trailing-Stops, um Gewinne zu sichern. Nutzen Sie klare Exitsignale, zum Beispiel wenn der Momentum-Indikator eine Umkehr anzeigt.

Vorteil: Mit dieser Strategie können Trader durch den konstanten Hebel der Futures-Kontrakte auf ein im Markt vorherrschendes Momentum setzen.

Risiko: Volatilität kann zu plötzlichen Gegenbewegungen führen, sodass die Verluste schnell eskalieren können. Daher sind Stop-Loss-Orders unerlässlich.

Pair-Trading mit Futures

Das Pair-Trading ist eine Marktneutralitätsstrategie, bei der zwei korrelierte Vermögenswerte genutzt werden. Statt direktem Hedging wird auf die Preisdifferenz zwischen zwei Futures-Kontrakten spekuliert. Dabei gehen Sie wie folgt vor:

Korrelationsanalyse: Identifizieren Sie zwei historisch stark korrelierte Märkte oder Assets, etwa Roh- und Brent-Öl oder Gold und Silber.

Einstieg: Wenn die Preisdifferenz von ihrem historischen Durchschnitt abweicht, platzieren Sie eine Long-Position auf den unterbewerteten und eine Short-Position auf den überbewerteten Kontrakt.

Ausstieg: Schließen Sie beide Positionen, wenn die Preisdifferenz wieder zum historischen Durchschnitt zurückkehrt.

Vorteil: Die Strategie profitiert von der Rückkehr zur Normalität (Mean Reversion) unabhängig von der Gesamtmarktrichtung.

Risiko: Wenn die Korrelation plötzlich zusammenbricht, können beide Positionen gleichzeitig Verluste verursachen.

Basis-Trading (Cash-and-Carry-Arbitrage)

Diese Strategie nutzt die Differenz zwischen dem Spot-Preis eines Basiswerts und seinem Futures-Preis aus. Das Basis-Trading ist eine Form der Arbitrage, die durch Preisunterschiede zwischen Kassa- und Terminmarkt Gewinne erzielt. Dabei gehen Sie wie folgt vor:

Analyse der Basis: Die Basis ist die Differenz zwischen dem Spot-Preis und dem Futures-Preis eines Vermögenswerts.

Trade-Set-up: Kaufen Sie den Basiswert am Kassamarkt und verkaufen Sie gleichzeitig einen Futures-Kontrakt, wenn der Futures-Preis höher ist als der Spot-Preis.

Halteperiode: Halten Sie die Position bis zum Verfall des Futures, wenn der Futures-Preis sich an den Spot-Preis angleicht.

Gewinn: Die Differenz zwischen den Transaktionskosten und der ursprünglichen Basis ist Ihr Gewinn.

Risiko: Die Kosten für den Besitz des Basiswerts (zum Beispiel Lagerhaltung bei Rohstoffen) können den Gewinn reduzieren. Unerwartete Preissprünge können die Basis verändern.

Volatilitätsstrategie mit Futures

Die Volatilität ist eine bedeutende Marktvariable, die eigenständig gehandelt werden kann. Mit Futures, insbesondere auf Volatilitätsindizes wie dem VIX (CBOE Volatility Index), können Trader von der Unsicherheit an den Märkten profitieren. Dabei gehen Sie wie folgt vor:

Analyse der Volatilität: Wenn die erwartete Marktvolatilität steigt, kaufen Sie Volatilitäts-Futures. Wenn Sie mit einer sinkenden Volatilität rechnen, verkaufen Sie Volatilitäts-Futures.

Trade-Set-up: Gehen Sie long in VIX-Futures, wenn Sie erwarten, dass Unsicherheiten oder Nachrichtenereignisse den Markt beeinflussen. Verkaufen Sie VIX-Futures, wenn die Märkte stabil bleiben oder die Volatilität überbewertet ist.

Vorteil: Die Strategie ist unkorreliert mit der Richtung des Basiswerts.

Risiko: Volatilität kann sehr schwer vorherzusagen sein und unterliegt abrupten Veränderungen.

Leveraged-Roll-Yield-Strategie

Diese Strategie wird häufig bei Futures auf Rohstoffe oder andere Produkte mit Contango oder Backwardation eingesetzt. Sie nutzt die Preisveränderungen entlang der Futures-Kurve. Dabei gehen Sie wie folgt vor:

Marktanalyse: Identifizieren Sie Rohstoffe mit einer Futures-Kurve in Backwardation (spätere Kontrakte günstiger) oder Contango (spätere Kontrakte teurer).

Strategie bei Backwardation: Kaufen Sie kurz laufende Futures und rollen Sie diese vor dem Verfall in den nächsten Kontrakt. Profitieren Sie vom Roll Yield, da der Futures-Preis auf den Spot-Preis ansteigt.

Strategie bei Contango: Verkaufen Sie kurz laufende Futures und rollen Sie diese vor dem Verfall weiter in längere Kontrakte, um vom Abbau der Contango-Differenz zu profitieren.

Vorteil: Roll Yield kann eine konsistente Einnahmequelle bieten.

Risiko: Unerwartete Marktveränderungen können Roll-Verluste verursachen.

Risikomanagement und Gewinnmaximierung mit Derivaten

Derivate wie Optionen und Futures sind nicht nur zur Spekulation nützlich, sondern auch zur Absicherung. Durch den Einsatz von Optionen können Trader ihre Portfolios gegen Preisrückgänge absichern (zum Beispiel durch Protective Puts), während Futures zur Absicherung gegen die Volatilität von Rohstoffpreisen, Wechselkursen oder anderen Finanzinstrumenten dienen können.

Darüber hinaus bieten Derivate Tradern die Möglichkeit, mit relativ wenig Kapital große Positionen zu kontrollieren. Dies führt zu einer Hebelwirkung, die sowohl Gewinne als auch Verluste erheblich steigern kann. Strategien wie Straddles und Strangles oder Futures-Kontrakte auf verschiedene Märkte können genutzt werden, um von einer starken Marktbewegung zu profitieren, ohne die zugrunde liegenden Vermögenswerte direkt zu besitzen.

Der Handel mit Futures und Optionen stellt fortgeschrittene Trader vor zahlreiche Möglichkeiten zur Risikominimierung und Gewinnmaximierung. Strategien wie Straddles, Iron Condors und Covered Calls im Optionshandel sowie der Einsatz von Futures-Kontrakten zum Hedging und Spread-Trading können Ihre Portfolios absichern und von Marktbewegungen in beide Richtungen profitieren. Es ist jedoch wichtig, sich der Risiken bewusst zu sein, die mit der Hebelwirkung und der Komplexität dieser Instrumente verbunden sind. Aus diesem Grund müssen Sie ein gutes Risikomanagement implementieren, um potenzielle Verluste zu begrenzen und die langfristige Rentabilität zu sichern.

28. Algorithmisches Trading: Automatisieren Sie Ihre Strategien

Das algorithmische Trading und die Automatisierung von Handelsstrategien können Ihren Trading-Alltag wesentlich vereinfachen. Daher hat sich dieser Ansatz zu einem der wichtigsten Instrumente im modernen Finanzhandel entwickelt. Fortgeschrittene Trader und institutionelle Anleger setzen zunehmend auf automatisierte Handelssysteme, um ihre Handelsentscheidungen zu optimieren und effizienter auf Marktbewegungen zu reagieren. In diesem Beitrag werden wir uns mit den grundlegenden Aspekten des algorithmischen Tradings befassen: Wie funktioniert es? Welche Fähigkeiten sind erforderlich, um eigene Algorithmen zu entwickeln? Welche Technologien und Tools stehen für die Automatisierung von Handelsstrategien zur Verfügung?

Was ist algorithmisches Trading?

Algorithmisches Trading, oft auch als Algo-Trading bezeichnet, nutzt mathematische Modelle und Computeralgorithmen, um Handelsentscheidungen zu treffen. Dabei werden vordefinierte Regeln und Strategien auf Basis von Marktdaten, historischen Kursbewegungen und anderen Faktoren automatisch umgesetzt. Der Hauptvorteil des algorithmischen Tradings ist die Geschwindigkeit und Präzision bei der Ausführung von Handelsaufträgen, was manuell nur schwer zu erreichen ist.

Ein Algorithmus im Trading kann dabei so programmiert werden, dass er:

- Kauf- und Verkaufsentscheidungen auf der Basis von festgelegten Parametern trifft.
- Marktdaten in Echtzeit analysiert, um potenzielle Handelsmöglichkeiten zu erkennen.

- Positionen automatisch eröffnet und schließt, ohne dass der Trader manuell eingreifen muss.

Für fortgeschrittene Trader, die eigene algorithmische Handelssysteme entwickeln möchten, sind fundierte Programmierkenntnisse und ein tiefes Verständnis der Märkte unerlässlich. Die Entwicklung eines effektiven Handelssystems umfasst mehrere wichtige Schritte:

Programmierkenntnisse und technische Fähigkeiten
Um eigene Handelsalgorithmen zu erstellen, müssen Trader mit Programmiersprachen und Entwicklungsumgebungen vertraut sein. Die am häufigsten verwendeten Programmiersprachen sind:

- Python: Python ist aufgrund seiner einfachen Syntax und der Verfügbarkeit zahlreicher Bibliotheken wie NumPy, Pandas, Matplotlib und SciPy eine der beliebtesten Programmiersprachen für den algorithmischen Handel. Python eignet sich besonders für Datenanalysen und Backtests von Handelsstrategien.
- C++ und Java: Diese Sprachen werden oft im Hochfrequenzhandel verwendet, da sie eine höhere Ausführungsgeschwindigkeit bieten.
- R: Eine weitere Sprache, die häufig im Bereich der statistischen Analyse verwendet wird. R ist besonders für quantitative Analyse und Backtesting von Handelsstrategien nützlich.

Marktdaten und Analyse-Tools
Für die Entwicklung von Algorithmen benötigen Trader Zugang zu historischen und Echtzeit-Marktdaten sowie zu Tools für die Datenanalyse. Die meisten Trading-Plattformen bieten APIs, mit denen Daten abgerufen und in den Algorithmus integriert werden können.

Backtesting und Optimierung

Bevor ein Algorithmus live eingesetzt wird, muss er durch Backtests auf historischen Marktdaten getestet werden. Beim Backtesting wird die Strategie mit echten historischen Daten simuliert, um ihre Effektivität und Rentabilität zu überprüfen. Hierbei ist es wichtig, den Algorithmus regelmäßig zu optimieren und an neue Marktbedingungen anzupassen.

Was ist Hochfrequenzhandel?

Der Hochfrequenzhandel (High-Frequency Trading – HFT) ist eine spezialisierte Form des algorithmischen Tradings, bei dem Tausende Handelsaufträge in sehr kurzer Zeit durchgeführt werden. HFT-Strategien nutzen extrem schnelle Computeralgorithmen, um von sehr kleinen Preisunterschieden zwischen verschiedenen Märkten oder Marktelementen zu profitieren. Dies ist nur möglich durch die optimierte Ausführungsgeschwindigkeit und Latenzminimierung, die in Hochfrequenzsystemen entscheidend sind. HFT-Strategien können zum Beispiel auf Arbitrage-Möglichkeiten, Marktmustererkennung oder Liquiditätsbereitstellung abzielen. Ein typisches HFT-Set-up umfasst algorithmische Modelle, die auf den schnellen Austausch von Marktinformationen reagieren, und ultrakurze Handelszeiten, mit denen Gewinne aus minimalen Preisschwankungen realisiert werden.

Wie funktioniert Hochfrequenzhandel?

Der Hochfrequenzhandel basiert auf der Fähigkeit, Transaktionen innerhalb von Millisekunden auszuführen. Dies wird durch den Einsatz spezialisierter Hardware (zum Beispiel FPGAs oder GPUs), Co-Location (Platzierung von Servern nahe an den Börsenservern, um die Latenz zu minimieren) und optimierter Netzwerkarchitekturen erreicht. Ein Beispiel für eine HFT-Strategie ist die Marketmaking-Strategie, bei der der Algorithmus kontinuierlich Kauf- und Verkaufsaufträge mit einem geringen Spread setzt, um von der Differenz zwischen Kauf- und Verkaufspreis zu profitieren. Diese Strategie ist besonders profitabel in hoch liquiden Märkten wie Aktien, Devisen oder Futures.

Für fortgeschrittene Trader stehen zahlreiche Tools und Plattformen zur Verfügung, um die eigenen Handelsstrategien zu entwickeln, zu testen und auszuführen:

Handelsplattformen und Broker mit API-Zugang

Interactive Brokers und Alpaca sind Beispiele für Broker mit API-Zugang, mit denen Trader algorithmische Handelssysteme in ihre Handelsstrategien integrieren können.

Backtesting-Tools

QuantConnect und Backtrader sind Plattformen, die es Tradern ermöglichen, Handelsstrategien zu entwickeln, zu testen und zu optimieren, ohne dass sie auf reale Marktdaten zugreifen müssen. Diese Tools bieten eine leistungsstarke Infrastruktur für Backtests und historische Datenanalysen.

Ausführungs- und Ordermanagement-Systeme

- FIX-Protokoll: Das Financial Information eXchange (FIX)-Protokoll wird häufig im algorithmischen Handel eingesetzt, da es eine schnelle und standardisierte Übertragung von Handelsaufträgen ermöglicht.
- Execution Management System (EMS): EMS wie FlexTrade und Trading Technologies bieten fortschrittliche Funktionen zur Orderausführung und Optimierung der Handelsstrategien.

Mit dem algorithmischen Trading können fortgeschrittene Trader ihre Handelsstrategien automatisieren und von Marktbewegungen profitieren, die möglicherweise zu schnell für eine manuelle Ausführung wären. Es erfordert jedoch umfassende Programmierkenntnisse, Technologiekompetenz und ein tiefes Verständnis der Märkte. Durch den Einsatz fortschrittlicher Technologien und die kontinuierliche Optimierung ihrer Systeme können Trader ihre Handelsstrategien maximieren und die Marktbedingungen effizienter nutzen.

In Zukunft wird die zunehmende Integration von künstlicher Intelligenz (KI) und maschinellem Lernen in den algorithmischen Handel das Potenzial haben, die Effektivität und Präzision von Handelsstrategien weiter zu steigern, was den Wettbewerb im Handel weiter anheizen wird.

Algorithmisches Trading: Analyse von Handelsdaten und Performance-Bewertung

Im algorithmischen Trading geht es nicht nur darum, Handelsstrategien automatisch auszuführen, sondern auch um die kontinuierliche Überwachung und Verbesserung der eigenen Performance. Fortgeschrittene Trader nutzen eine Vielzahl von Metriken und Kennzahlen, um ihre Handelsaktivitäten zu analysieren und ihre Strategien zu optimieren. Dieser Abschnitt beleuchtet, wie die Analyse von Handelsdaten und die Bewertung der Performance umgesetzt werden können, um den Erfolg im algorithmischen Trading langfristig zu sichern.

Die Bedeutung der Analyse von Handelsdaten

Im algorithmischen Trading ist die Analyse von Handelsdaten und der Performance ein fortlaufender Prozess, der es Tradern ermöglicht, ihre Strategien zu hinterfragen, anzupassen und zu verbessern. Eine strukturierte Analyse hilft nicht nur dabei, Fehler zu erkennen, sondern auch, die Marktbedingungen besser zu verstehen und künftige Entscheidungen auf fundierte Daten zu stützen.

Handelsdaten, die zur Analyse genutzt werden können, umfassen:

- Transaktionsdaten: Zeitpunkt des Handels, Preis, Volumen, Order-Typ (Limit-Order, Market-Order et cetera)
- Marktdaten: Preisbewegungen, Volumen, Volatilität, Bid-Ask-Spreads
- Renditen: Ergebnisse jeder durchgeführten Transaktion, sowohl in absoluten als auch in relativen Zahlen

Für die vollständige Analyse wird üblicherweise eine Datenbank oder eine spezialisierte Software verwendet, die alle relevanten Handelsdaten speichert und aufbereitet. So können diese Daten später für eine detaillierte Analyse und Optimierung genutzt werden.

Metriken und Kennzahlen für die Performance-Bewertung
Eine der zentralen Aufgaben eines fortgeschrittenen Traders ist es, die Performance seiner Handelsstrategien regelmäßig zu überwachen und zu bewerten. Dabei spielen verschiedene Metriken und Kennzahlen eine entscheidende Rolle, um sowohl den Erfolg als auch die Risiken eines Systems zu verstehen.

Rendite und Kapitalwachstum

- Gesamtrendite: Die Gesamtgewinne oder -verluste einer Handelsstrategie über einen bestimmten Zeitraum, meist gemessen als Prozentsatz des investierten Kapitals.
- Jährliche Rendite: Die durchschnittliche jährliche Rendite einer Strategie, die als Indikator für die langfristige Performance dient.

Volatilität

- Standardabweichung der Renditen: Ein Maß für die Schwankungen der Renditen einer Strategie. Hohe Volatilität zeigt ein hohes Risiko, während eine niedrige Standardabweichung auf eine stabilere Performance hindeutet.
- Drawdown: Der maximale Verlust von einem Höchststand zum Tiefststand während eines bestimmten Zeitraums. Ein Maximum-Drawdown zeigt, wie stark der Verlust während eines Rückschlags im Portfolio war.

Risikokennzahlen

- Sharpe Ratio: Diese Kennzahl misst die Rendite im Verhältnis zum Risiko. Sie gibt an, wie viel Überschussrendite pro Einheit des eingegangenen Risikos erzielt wurde. Eine hohe Sharpe Ratio deutet auf eine gute Risikoanpassung hin.
- Sortino Ratio: Eine weiterentwickelte Version der Sharpe Ratio, die sich ausschließlich mit der negativen Volatilität beschäftigt. Dies ist besonders nützlich, um Strategien zu bewerten, die in volatilem Umfeld nicht nur Gewinne erzielen, sondern auch Verluste minimieren.
- Omega Ratio: Diese Metrik misst das Verhältnis von positiven zu negativen Renditen, wobei der Fokus auf den „Gewinnen“ liegt. Eine hohe Omega Ratio deutet auf eine erfolgreiche Strategie hin, die hohe Gewinne bei relativ niedrigen Verlusten erzielt.

Handelskennzahlen

- Win-Loss-Ratio: Das Verhältnis der gewonnenen zu den verlorenen Trades. Ein hoher Wert bedeutet, dass die Strategie viele profitable Trades generiert.
- Profit Factor: Diese Kennzahl gibt das Verhältnis von Bruttogewinn zu Bruttoverlust an und zeigt, ob eine Strategie mehr gewinnt als verliert. Ein Wert über 1 bedeutet, dass die Strategie insgesamt profitabel ist.
- Average Trade Return: Der durchschnittliche Gewinn oder Verlust pro Trade. Diese Kennzahl hilft dabei, die Rentabilität eines Systems pro einzelnem Handel zu ermitteln.

Tools und Software zur Performance-Analyse

Für fortgeschrittene Trader, die ihre Handelsstrategien kontinuierlich analysieren möchten, gibt es zahlreiche Tools und Softwarelösungen, die eine detaillierte Performance-Analyse ermöglichen:

- TradingView: Eine Plattform, die nicht nur über Charting und Technische Analyse verfügt, sondern auch über umfangreiche Funktionen zur Performance-Verfolgung und Metrikenberechnung.
- MetaTrader 4 und 5 (MT4/5): Diese Plattformen bieten umfangreiche Backtesting- und Analysefunktionen und ermöglichen den Handel von Algorithmen und Expert Advisors.
- NinjaTrader: Eine Handelsplattform mit detaillierten Analysetools, um Performance und Risikomanagement zu überwachen.
- QuantConnect: Eine Open-Source-Plattform für algorithmischen Handel, um Handelsstrategien zu testen, zu optimieren und zu implementieren. Sie stellt umfassende Backtesting-Tools bereit und ermöglicht es, eigene Datenquellen zu integrieren.

- Excel und Python: Für Trader, die eine individuellere Analyse benötigen, bieten Excel und Python (mit Bibliotheken wie Pandas und NumPy) flexible Möglichkeiten zur Datenanalyse und -visualisierung.

Das Feedback-System zur Optimierung der Strategien

Die kontinuierliche Optimierung der Handelsstrategie ist ein entscheidender Schritt im algorithmischen Trading. Dabei ist ein Feedback-System notwendig, um aus den gesammelten Daten und Performance-Kennzahlen zu lernen und zukünftig Fehler zu vermeiden. Trader sollten daher regelmäßig die folgenden Schritte unternehmen:

- Daten auswerten: Verstehen, welche Parameter und Marktbedingungen zu erfolgreichen oder erfolglosen Trades geführt haben.
- Strategie anpassen: Auf Basis der Performance-Kennzahlen die Handelsalgorithmen entsprechend abändern, um die Strategie zu verbessern.
- Optimierung und Backtesting: Neue Parameter testen und kontinuierlich durch Backtests validieren. Nur durch detaillierte Tests auf historischen Daten kann eine Strategie optimiert und auf künftige Marktsituationen vorbereitet werden.

Die kontinuierliche Analyse als Schlüssel zum Erfolg

Die Analyse von Handelsdaten und Performance-Bewertung ist ein wesentlicher Bestandteil des erfolgreichen algorithmischen Tradings. Fortgeschrittene Trader nutzen zahlreiche Metriken und Kennzahlen, um ihre Strategie regelmäßig zu überwachen und zu verbessern. Indem sie Tools zur Datenanalyse, zum Backtesting und zur Performance-Überwachung einsetzen, können sie ihre Handelsentscheidungen rationalisieren, Fehler minimieren und ihre langfristigen Ziele erreichen.

Die fortlaufende Überwachung und Anpassung der eigenen Handelsstrategien ist nicht nur notwendig, um die Performance zu maximieren, sondern auch, um den Risiken des Marktes entgegenzutreten und potenzielle Verluste zu minimieren. Nur durch eine analytische und datengetriebene Herangehensweise können Trader ihr Potenzial im algorithmischen Trading voll ausschöpfen.

29. Trading-Psychologie: Die mentale Seite des fortgeschrittenen Tradings

Im fortgeschrittenen Trading sind der Umgang mit Emotionen und die mentale Stärke genauso entscheidend wie die Technische Analyse oder die Handelsstrategie. Auch wenn ein Trader über die besten Tools, Strategien und Marktzugänge verfügt, können Emotionen wie Angst, Gier oder Übermut die Entscheidungsfindung negativ beeinflussen und zu teuren Fehlern führen. Für fortgeschrittene Trader, die eine langfristige und nachhaltige Performance erzielen möchten, ist es daher unerlässlich, die eigene Trading-Psychologie zu beherrschen. Es gibt nämlich noch zahlreiche weitere mentale Fallstricke, die insbesondere fortgeschrittene Trader betreffen. Diese subtileren Aspekte der Trading-Psychologie sind oft schwerer zu erkennen, können jedoch großen Einfluss auf den langfristigen Erfolg haben.

Im Folgenden werden einige dieser Fallstricke erläutert, zusammen mit praktischen Strategien, um diese zu bewältigen. Außerdem erkläre ich, wie Trader ihre Emotionen kontrollieren können, um rationalere Entscheidungen zu treffen, und welche mentalen Fähigkeiten und Disziplinen für den langfristigen Erfolg erforderlich sind.

Abb. 16: Die emotionalen Phasen eines Traders

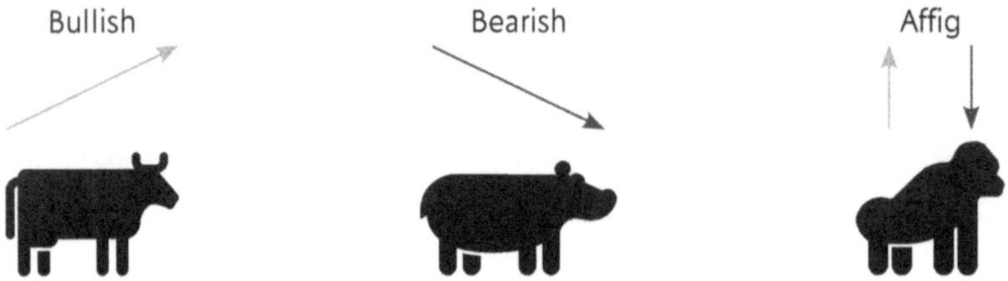

In den bisherigen Kapiteln haben Sie schon viel über Angst und Gier als Schlüsselemotionen im Trading und Investieren gelesen. Es gibt aber auch noch andere tückische psychologische Fallstricke, die gerade auf fortgeschrittene Marktteilnehmer zutreffen. Diese denken nämlich, dass sie ihre Emotionen im Griff haben, und fallen prompt auf andere psychologische Gefahren und Fallen herein.

Overconfidence Bias: Übermäßiges Selbstvertrauen

Fortgeschrittene Trader entwickeln häufig ein übermäßiges Selbstvertrauen in ihre Fähigkeiten, vor allem nach einer Serie von erfolgreichen Trades. Dieses Gefühl kann dazu führen, dass Risiken unterschätzt, größere Positionen eingegangen oder komplexe Strategien gewählt werden, die nicht vollständig verstanden werden. Die entsprechenden Symptome werden oft von der Außenwelt besser wahrgenommen:

- Sie ignorieren Warnsignale im Markt.
- Sie nutzen die Hebelwirkung übermäßig.
- Sie vernachlässigen Stop-Loss-Orders.

Diese drei Hauptsymptome sind Garanten für ein baldiges und hartes Ende einer erfolgreichen Trading-Serie. Es gibt jedoch denkbar einfache Lösungen dafür:

- Risikomanagement-Regeln: Implementieren Sie strikte Regeln für Positionsgrößen und maximale Verlustlimits, unabhängig von der eigenen Einschätzung.
- Feedback-Schleifen: Bitten Sie Kollegen oder Mentoren um Feedback zu Ihren Handelsentscheidungen, um mögliche blinde Flecken zu erkennen.
- Statistische Überprüfung: Analysieren Sie regelmäßig Ihre Handelsstrategie und überprüfen Sie, ob Ihre Erfolge tatsächlich auf Ihre Fähigkeiten oder auf Glück zurückzuführen sind.

Anchoring Bias: Verhaftung an Ankerpunkten

Das ist ebenfalls ein schwerwiegender und fieser psychologischer Fallstrick. Der Anchoring Bias beschreibt die Tendenz, sich zu sehr auf einen bestimmten Referenzpunkt zu fixieren – etwa auf einen historischen Kurs oder einen Einstandspreis. Dies führt dazu, dass Entscheidungen nicht auf aktuellen Marktbedingungen basieren. „Die Aktie war doch schon einmal bei x Euro, dann wird sie dort auch wieder hingehen." Die Symptome sind auch für den betroffenen Trader selbst gut zu erkennen:

- Sie halten an Verlustpositionen fest, weil der Kurs „zurückkommen muss" oder „wieder auf sein früheres Niveau steigen muss".
- Ihre Entscheidungen basieren auf irrelevanten historischen Preisen statt auf aktuellen Marktdaten. Das trifft speziell auf Kurse von Aktien zu, die in der jüngsten Vergangenheit Reverse Splits vollzogen haben. Häufig stehen dann im Kurschart astronomische historische Kurse, die die Aktien aber sehr wahrscheinlich nicht mehr oder nicht mehr so schnell erreichen werden.

Die Lösungswege, um diese Fehler zu vermeiden, sind relativ einfach:

- Objektive Analysen: Verwenden Sie klare, regelbasierte Indikatoren (zum Beispiel technische Chartmuster), die Ihre Entscheidungen von subjektiven Referenzpunkten entkoppeln.
- Backtesting: Überprüfen Sie historische Daten, um zu sehen, wie sich ähnliche Situationen entwickelt haben.
- Framing-Technik: Fragen Sie sich bei jeder Entscheidung: Würde ich diese Position jetzt eröffnen, wenn ich sie noch nicht hätte?

Verlustaversion durch frühzeitiges Schließen von Gewinnen

Viele Trader haben Schwierigkeiten, Gewinne laufen zu lassen. Während sie Verluste oft aussitzen, schließen sie profitable Positionen zu früh, um „sicherzugehen". Dies kann die Profitabilität einer Strategie erheblich verringern. Diese emotionale Sperre ist wesentlich schwieriger zu beseitigen und stellt eine der größten Blockaden für erfolgreiche Trader- und Investorenkarrieren dar. Die zugehörigen Symptome kennt eigentlich jeder:

- Sie zweifeln an sich und Ihrer Strategie.
- Sie realisieren Ihre Gewinne regelmäßig vor Erreichen des ursprünglichen Kursziels.
- Ihre Gesamt-Trade-Bilanz zeigt mehr kleine Gewinne und einige große Verluste.

Der Lösungsweg kann eigentlich nur mithilfe einiger Tricks gefunden werden:

- Rationalisieren Sie Ihre Entscheidungen und geben Sie die Verantwortung aus Ihren Händen, zum Beispiel durch die

Anwendung von Trailing-Stops. Setzen Sie dynamische Stop-Loss-Orders, die den Kursbewegungen folgen und Ihre Gewinne sichern.
- Automatisieren Sie so viel wie möglich bei Ihren Anlage- und Trading-Prozessen. Nutzen Sie dafür automatisierte Handelsplattformen, um Ihre Strategie strikt durchzuführen und emotionale Eingriffe zu vermeiden.
- Ein weiterer guter psychologischer Trick liegt in der Segmentierung von Positionen. Schließen Sie dafür lediglich einen Teil der Position, um Gewinne zu realisieren, und lassen Sie den Rest der Position laufen. Damit befriedigen Sie den Drang nach Gewinnmitnahmen.

Analysis Paralysis: Überanalysieren und Entscheidungsunfähigkeit

Mit zunehmender Erfahrung tendieren viele Trader dazu, immer mehr Informationen und Indikatoren in ihre Analysen einzubeziehen. Dies führt häufig zu Entscheidungsunfähigkeit oder widersprüchlichen Signalen, die wiederum zu verpassten Chancen führen. Wer kennt sie nicht – die Trader, die ihre Bildschirme mit x Parametern und Indikatoren voll haben und nur noch auf ein ganz bestimmtes Signal warten, um den Trade zu eröffnen? Typische Symptome sind:

- Zu viele Indikatoren auf einem Chart.
- Häufiges Umschalten zwischen verschiedenen Strategien.
- Verpasste Trades aufgrund mangelnder Klarheit.

Sollten Sie sich darin wiedererkannt haben, gibt es einfache Lösungen:

- Simplifizierung: Reduzieren Sie Ihre Analyse auf wenige Schlüsselindikatoren, die Sie wirklich verstehen und die Ihrer Strategie entsprechen.

- Checklisten: Erstellen Sie eine einfache Checkliste für die Trade-Entscheidung, um sich auf das Wesentliche zu konzentrieren.
- Handelsplan: Definieren Sie klar, wann Sie handeln und wann nicht, um Unsicherheiten zu reduzieren.

Der Einfluss äußerer Faktoren

- Fortgeschrittene Trader neigen oft dazu, die Auswirkungen von externen Stressoren wie Gesundheit, persönlichen Verpflichtungen oder Marktbedingungen zu unterschätzen. Diese Faktoren können jedoch erhebliche Auswirkungen auf die mentale Klarheit und Entscheidungsfähigkeit haben. Deshalb ist es so wichtig, mit einem klaren Kopf, abgeschieden von Alltagseinflüssen und separiert an das Trading- und Investoren-Handwerk zu gehen. Ansonsten laufen Sie Gefahr, nach stressigen Ereignissen unklare oder impulsive Entscheidungen zu treffen. Zudem vernachlässigen Sie die Handelsstrategie in emotionalen Momenten, weil Sie abgelenkt und nicht voll bei der Sache sind.
- Hektisches Agieren an den Finanzmärkten ohne erkennbare Strategie
- Fehlende Disziplin bei der Trading-Strategie-Umsetzung
- Zu früher Ausstieg aus Gewinnpositionen
- Zu später Ausstieg aus Verlustpositionen

Auch dafür gibt es einfache und gute Lösungswege:

- Tagesprotokoll: Führen Sie ein Protokoll Ihrer physischen und mentalen Verfassung und vergleichen Sie es mit Ihrer Trading-Performance.

- Zeitliche Begrenzung: Handeln Sie nur in Zeitfenstern, in denen Sie sich ausgeruht und konzentriert fühlen.
- Delegation: Nutzen Sie automatisierte Systeme oder Outsourcing-Strategien während stressiger Zeiten, um emotionale Fehler zu vermeiden.

Kontrollillusion

Fortgeschrittene Trader können der Illusion erliegen, dass sie die Märkte durch ihr Wissen und ihre Fähigkeiten vollständig kontrollieren können. Dies kann dazu führen, dass sie zu risikoreiche oder impulsive Entscheidungen treffen, wenn der Markt sich anders entwickelt. Diese Quasi-Allmachtsfantasien können vor allem bei Trading-Aktivitäten in Nebenwerten oder engen Märkten aufkommen. Denken Sie nur an Brian Hunter, die Hunt-Brüder oder andere Hedgefonds-Trader, die sich in speziellen Nischenmärkten aufgehalten haben und dachten, dass sie die betroffenen Märkte kontrollieren würden.

Brian Hunter ist ein kanadischer Rohstoffhändler, der vor allem durch seine zentrale Rolle im Amaranth-Advisors-Skandal im Jahr 2006 bekannt wurde. Er war ein führender Erdgas-Trader und leitete die Energie-Trading-Abteilung des Hedgefonds Amaranth Advisors, der seinen Sitz in Greenwich, Connecticut, hatte. Seine riskanten Handelsstrategien führten zum Verlust von über sechs Milliarden US-Dollar in nur wenigen Wochen, was den Fonds in den Ruin trieb und ihn zu einem der größten Hedgefonds-Verluste der Geschichte machte.

Brian Hunters Handel konzentrierte sich auf Spread-Positionen in Erdgas-Futures. Er wettete insbesondere auf die Differenz zwischen Sommer- und Winter-Erdgaspreisen, basierend auf seiner Annahme, dass die Winterpreise steigen würden. Bei seiner Strategie reihten sich gleich mehrere der beschriebenen Hauptprobleme aneinander:

- Exzessive Hebelwirkung: Hunter setzte enorm große Positionen ein, oft mit erheblichem Fremdkapital, was die Risiken seiner Trades drastisch erhöhte.
- Übermäßige Marktpräsenz: Seine Positionen waren so groß, dass sie erhebliche Teile des Erdgasmarktes beeinflussten. Dies machte es für Amaranth schwierig, Positionen zu schließen, ohne die Preise zu beeinträchtigen.
- Unvorhergesehene Marktbedingungen: 2006 fielen die Erdgaspreise aufgrund eines milden Winters und anderer Marktkräfte. Diese Bewegung war entgegengesetzt zu Hunters Wetten, was in massiven Verlusten endete.

Auch bei diesem Beispiel führte das häufige „Nachjustieren" von Strategien, um Verluste auszugleichen, und das Ignorieren von externen Ereignissen, die nicht im Einflussbereich des Traders liegen, zu den hohen Verlusten des Hedgefonds.

Doch auch für diesen psychologischen Fallstrick sind die Lösungen relativ einfach:

- Akzeptanz der Unsicherheit: Entwickeln Sie ein Bewusstsein dafür, dass die Märkte nicht vollständig kontrollierbar sind, und berücksichtigen Sie dies in Ihrer Risikoplanung.
- Risikopuffer: Setzen Sie konservative Hebel und Risikobudgets ein, um unvorhergesehene Ereignisse abzufedern.
- Stoisches Denken: Arbeiten Sie daran, sich emotional von Ergebnissen zu lösen und Ihre Entscheidungen unabhängig vom Ergebnis zu bewerten.

Überanpassung an vergangene Ereignisse

Ein häufiger Fehler ist das Überanpassen von Handelsstrategien an vergangene Marktbedingungen. Diese sogenannte Overfitting-Mentalität kann zu Strategien führen, die in der Realität nicht mehr funktionieren. Dieses Phänomen kann nicht nur im automatischen algorithmischen Trading vorkommen, sondern auch auf emotionaler Ebene. Dabei passt der Trader seine Strategie regelmäßig nach jedem Verlust an und vertraut auf analoge Backtests, ohne die aktuellen Marktbedingungen zu berücksichtigen. Dieses Verhalten ist sehr häufig zu beobachten und blendet die tatsächlichen Marktgegebenheiten vollends aus.

Dieser Problematik können Sie folgendermaßen entgegentreten:

- Verwendung von robusten Strategien: Entwickeln Sie Regeln, die in verschiedenen Marktbedingungen konsistent sind.
- Benutzung von Live-Tests: Testen Sie Strategien mit kleinen Positionen in Echtzeit, bevor Sie sie vollständig einsetzen.
- Verschiebung des Zeithorizonts auf langfristige Perspektiven: Bewerten Sie Ihre Strategie nicht nach kurzfristigen Ergebnissen, sondern nach ihrer langfristigen Rentabilität.

Emotionen unter Kontrolle halten: Der Schlüssel zu rationalen Entscheidungen

Auch wenn ich Ihnen in diesem Buch bereits etwas über die grundlegenden psychologischen Probleme in Form von Emotionen wie Angst, Gier, Übermut und Frustration erzählt habe, werde ich jetzt noch einmal darauf eingehen. Diese Gefühle sind die größten Feinde eines erfolgreichen Traders und Sie können sie nur kontrollieren, wenn Sie sie verstehen. Emotionen entstehen häufig in volatilen Marktphasen, wenn schnelle Gewinne oder Verluste drohen. Fortgeschrittene Trader wissen, dass deren Erkennen und kontrolliertes Management unerlässlich sind, um langfristig erfolgreich zu bleiben.

Angst tritt häufig auf, wenn ein Trader eine Position öffnet oder hält, ohne die Märkte vollständig zu verstehen oder das Risiko angemessen zu bewerten. Sie kann zu Übervorsicht oder dem Verlassen eines Trades aus Panik führen, bevor das Potenzial eines Gewinns realisiert wird. Um die Angst zu kontrollieren, ist es wichtig, klare Handelsregeln und ein striktes Risikomanagement zu etablieren, das eine objektive Entscheidungsfindung ermöglicht.

Gier manifestiert sich oft, wenn ein Trader zu viel riskiert – in der Hoffnung, schnelle und hohe Gewinne zu erzielen. Sie kann zu übermäßiger Positionserweiterung oder dem Ignorieren von Stop-Loss-Orders führen. Fortgeschrittene Trader müssen lernen, einen langen Atem zu haben und sich von kurzfristigen Gewinnen nicht verleiten zu lassen. Sie müssen verstehen, dass Kontinuität und Konsistenz wichtiger sind als kurzfristige Erfolge.

Der Erfolg eines einzigen Trades kann Übermut und ein falsches Gefühl von Unbesiegbarkeit zur Folge haben. Dies veranlasst den Trader häufig dazu, risikoreichere Entscheidungen zu treffen oder Positionen zu eröffnen, die nicht zur Strategie passen. Hier ist die Fähigkeit zur Selbstreflexion entscheidend: Fortgeschrittene Trader erkennen schnell, wenn Übermut ihre objektive Analyse trübt, und stoppen diese Denkweise, bevor sie zu Verlusten führt.

Mentale Fähigkeiten für fortgeschrittene Trader

Um im Trading langfristig erfolgreich zu sein, sind nicht nur technische Fähigkeiten nötig, sondern auch eine starke mentale Verfassung. Die mentalen Fähigkeiten eines Traders entscheiden häufig darüber, wie er auf Marktveränderungen reagiert und ob er langfristig in der Lage ist, seine Handelsstrategien umzusetzen. Disziplin ist eine der wichtigsten mentalen Fähigkeiten, die ein fortgeschrittener Trader entwickeln muss. Sie bezieht sich nicht nur darauf, sich an eine Strategie zu halten, sondern auch an Handelspläne und Risikomanagement-Regeln. Disziplinierte Trader wissen, wann sie einen Trade schließen müssen und wann es besser ist, die Märkte einfach zu beobachten und auf die richtige Gelegenheit zu warten. Disziplin bedeutet auch, Verluste zu akzeptieren und aus Fehlern zu lernen, anstatt sich von ihnen emotional herunterziehen zu lassen. Jeder Verlust ist eine Gelegenheit zur Weiterentwicklung, aber ohne Disziplin neigen Trader dazu, impulsiv zu handeln und ihre langfristigen Ziele aus den Augen zu verlieren.

Geduld ist ein weiteres Schlüsselmerkmal eines erfolgreichen Traders. Ein Trader muss bereit sein, auf die richtigen Marktbedingungen zu warten und darauf zu vertrauen, dass sich die Strategie im richtigen Moment auszahlt. Geduld hilft dabei, sich nicht von kurzfristigen Schwankungen verunsichern zu lassen und den Blick auf die langfristigen Ziele zu richten. Ein ungeduldiger Trader läuft Gefahr, vorzeitig aus profitablen Positionen herauszutreten oder zu früh zu handeln, was zu Verlusten führen kann. Geduld ist besonders in Märkten wichtig, die sich nicht sofort in die erwartete Richtung bewegen, und ist unerlässlich, um Fehltrades zu vermeiden.

Selbstbewusstsein und emotionales Management

Ein fortgeschrittener Trader muss über das nötige Selbstbewusstsein verfügen, um seine eigenen emotionalen Reaktionen auf den Markt zu verstehen und zu kontrollieren. Dieses Selbstbewusstsein hilft dabei, die eigenen Verhaltensmuster zu erkennen und zu verstehen, wie bestimmte Marktbedingungen die Emotionen beeinflussen können. Ein emotional ausgeglichener Trader ist weniger anfällig für impulsive Entscheidungen. Techniken wie Atemübungen, Meditation oder das Führen eines Trading-Journals können helfen, die emotionale Belastung während des Handels zu reduzieren und Klarheit zu bewahren. Selbstbewusstsein ermöglicht es auch, die eigenen Stärken und Schwächen als Trader zu erkennen und sich auf kontinuierliche Verbesserung zu konzentrieren.

Abb. 17: Ein gesundes Maß an Selbstbewusstsein ist wichtig

Trader, die in Bullenmärkten sagen, dass sie mit der Volatilität in den Märkten zurechtkommen:

Trader, die in Bärenmärkten tatsächlich mit der Volatilität zurechtkommen:

Langfristiger Erfolg durch mentale Disziplin und Routinen

Langfristiger Erfolg im Trading erfordert eine kontinuierliche Optimierung der eigenen mentalen Disziplin. Fortgeschrittene Trader entwickeln klare Handelsroutinen, die ihnen helfen, den Überblick zu behalten und ihre Emotionen zu kontrollieren. Diese Routinen umfassen:

- Tägliche Reflexion: Viele fortgeschrittene Trader führen ein Trading-Journal, in dem sie ihre Trades, Gedanken und Emotionen während des Handels festhalten. Dies hilft dabei, wiederkehrende Fehler zu identifizieren und zu korrigieren.
- Risikomanagement: Trader sollten ihre Positionsgrößen immer im Verhältnis zu ihrem Gesamtportfolio und dem Risiko pro Trade anpassen. Sie sollten einen maximalen Verlustbetrag pro Tag festlegen, den sie bereit sind zu akzeptieren, und sich strikt daran halten.
- Pausen und Auszeiten: Das Trading kann mental sehr belastend sein, insbesondere bei hohen Volatilitäten. Erfolgreiche Trader wissen, wann sie eine Pause einlegen müssen, um sich zu erholen und ihre Gedanken zu sammeln. Pausen helfen, eine klare Perspektive zu behalten und emotionale Entscheidungen zu vermeiden.

Sie müssen sich immer vor Augen halten, dass der Mensch von seiner psychologischen Ausstattung eigentlich nicht als Trader oder Investor geboren wurde. Das wird Ihnen bei Ihren Aktivitäten an den Finanzmärkten immer wieder bewusst werden. Ihre Emotionen werden Sie immer wieder in die übelsten Fallstricke führen.

Abb. 18: Verschiedene Wahrnehmung von Kursgewinnen

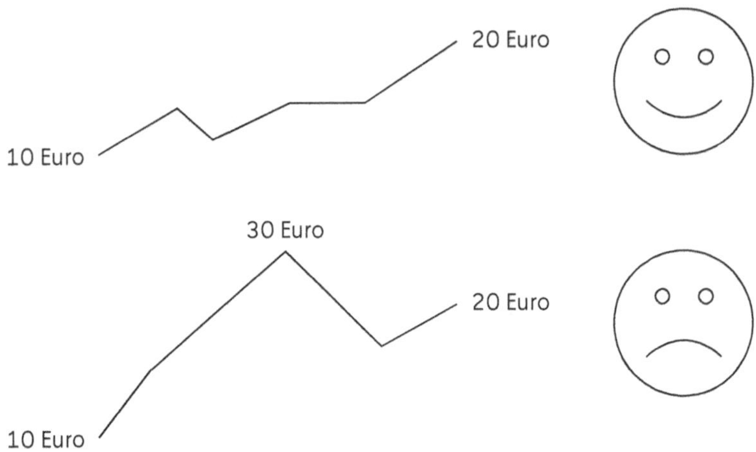

Mentale Stärke als Schlüssel zum Erfolg

Die mentale Seite des Tradings ist oft der entscheidende Faktor für den Erfolg eines fortgeschrittenen Traders. Emotionale Kontrolle, Disziplin, Geduld und Selbstbewusstsein sind unerlässlich, um rationale und langfristig erfolgreiche Handelsentscheidungen zu treffen. Trader müssen lernen, ihre Emotionen zu erkennen und zu kontrollieren, während sie gleichzeitig ihre mentalen Fähigkeiten und ihre Handelsstrategien kontinuierlich verbessern sollten. Nur so können sie die Herausforderungen des Marktes meistern und ihre Handelsziele nachhaltig erreichen.

Wie Sie lesen konnten, geht die mentale Seite des Tradings weit über die grundlegenden Aspekte von Angst, Gier oder Geduld hinaus. Fortgeschrittene Trader müssen sich mit subtileren psychologischen Herausforderungen auseinandersetzen, die ihre Leistung nachhaltig beeinflussen können. Mit klaren Regeln, stetiger Überprüfung und einer bewussten Strategieentwicklung können diese Fallstricke vermieden und der langfristige Erfolg gesichert werden. Der Schlüssel liegt darin, mentale Resilienz aufzubauen und flexibel auf Veränderungen zu reagieren. Ich werde zu diesem Thema sicher noch einmal ein separates Buch herausbringen. Es ist zu spannend, um nur durch ein Kapitel in diesem Buch abgedeckt zu werden. Es würde jedoch an dieser Stelle wesentlich zu weit führen, noch tiefer und breiter in die Materie einzudringen.

30. Risikoarbitrage, News-Trading und Event-Driven-Trading: Profitieren Sie von Marktineffizienzen

Im fortgeschrittenen Trading gibt es zahlreiche Strategien, die darauf abzielen, Marktineffizienzen zu erkennen und auszunutzen. Eine besonders interessante Möglichkeit stellen die Risikoarbitrage sowie das News-Trading und Event-Driven-Trading dar. Diese Ansätze basieren darauf, kurzfristige Marktbewegungen durch besondere Ereignisse oder Informationen zu antizipieren. In diesem Abschnitt wird erläutert, wie fortgeschrittene Trader von diesen Marktineffizienzen profitieren können, welche fortgeschrittenen Chartmuster und Analysetechniken zur Identifikation von Handelsmöglichkeiten verwendet werden und wie komplexe Chartanalysen dazu beitragen, präzise Ein- und Ausstiegspunkte zu bestimmen.

Ein Überblick

Die Risikoarbitrage (auch als „Merger Arbitrage“ bekannt) ist eine Strategie, bei der Trader von Marktineffizienzen profitieren, die im Zusammenhang mit Fusionen und Übernahmen auftreten. Diese Transaktionen führen häufig zu Preisdifferenzen zwischen dem aktuellen Marktpreis einer Aktie und dem Angebotspreis des aufkaufenden Unternehmens.

Funktionsweise: Wenn ein Unternehmen ein anderes übernimmt, handelt es sich in der Regel um eine Fusion oder eine Akquisition, bei der der Kaufpreis zu einem bestimmten Zeitpunkt angeboten wird, und zwar oft zu einem Aufpreis auf den aktuellen Marktpreis. Doch zwischen der Bekanntgabe der Übernahme und der endgültigen Abwicklung gibt es meist Unsicherheiten, etwa politische oder regulatorische Hürden. Diese Unsicherheiten führen zu Preisdifferenzen, die von Tradern ausgenutzt werden können.

Beispiel: Ein Unternehmen wird zu einem Preis von 100 US-Dollar pro Aktie übernommen, doch der Marktpreis liegt nur bei 90 US-Dollar. Die Differenz von zehn US-Dollar ist eine Arbitragemöglichkeit, wenn der Trader davon ausgeht, dass die Übernahme schließlich erfolgreich abgeschlossen wird.

Risiken: Ein Risiko bei der Risikoarbitrage ist, dass die Fusion oder Übernahme nicht wie erwartet abgeschlossen wird, was zu einem Verlust führen kann. Daher ist es wichtig, neben der Marktdatenanalyse auch die Fundamentaldaten der beteiligten Unternehmen zu überprüfen.

Das News-Trading handelt Marktbewegungen aufgrund von Nachrichtenereignissen und deren Einfluss auf den Markt. In einer globalisierten und informationstechnologisch fortgeschrittenen Welt verbreiten sich Nachrichten blitzschnell und können sofortige und dramatische Auswirkungen auf den Markt haben.

Funktionsweise: Bei dieser Strategie analysieren Trader aktuelle Nachrichtenereignisse wie politische Entscheidungen, Unternehmensgewinne, Wirtschaftsdaten, Naturkatastrophen oder geopolitische Ereignisse und reagieren schnell auf die Marktbewegungen, die dadurch ausgelöst werden.

Beispiel: Ein Unternehmen veröffentlicht plötzlich starke Quartalszahlen, die weit über den Markterwartungen liegen. Ein Trader könnte die Gelegenheit ergreifen, die Aktie sofort zu kaufen, um von der positiven Marktreaktion zu profitieren.

Risiken: Die größte Herausforderung beim News-Trading ist die schnelle Reaktion auf Nachrichten. Da sich die Märkte oft innerhalb von Sekunden ändern, ist es entscheidend, Echtzeitinformationen zu haben und sofort auf sie zu reagieren. Zudem kann der Markt manchmal überreagieren, was zu Fake-Bewegungen führen kann.

Das Event-Driven-Trading will von bestimmten Ereignissen profitieren, die den Markt bewegen können. Diese Ereignisse können wirtschaftlicher, politischer oder unternehmensspezifischer Natur sein.

Funktionsweise: Trader beobachten die Entwicklungen und Prognosen zu wichtigen Ereignissen, wie den Abschluss einer Fusion, das Verstreichen eines Optionsdatums oder die Veröffentlichung eines Regierungsberichts, und nehmen dann Positionen ein, die von diesen Ereignissen profitieren.

Beispiel: Ein Unternehmen erwartet einen wichtigen FDA-Approval für ein neues Medikament. Die Trader kaufen Aktien des Unternehmens, wenn sie glauben, dass der Ausgang des Ereignisses die Aktie positiv beeinflussen wird.

Risiken: Wie beim News-Trading können auch beim Event-Driven-Trading Fehleinschätzungen zum Ergebnis eines Ereignisses oder plötzliche Marktänderungen zu Verlusten führen. Diese Art von Trading erfordert daher fundierte Marktkenntnisse und das richtige Timing.

Der Einsatz von Technischer Analyse

Die Analyse von Chartmustern und Indikatoren ist entscheidend für die Identifikation von potenziellen Handelsmöglichkeiten im News-Trading. Fortgeschrittene Trader verwenden eine Vielzahl von Techniken, um präzise Ein- und Ausstiegspunkte zu bestimmen:

Fibonacci-Retracements: Dieses Werkzeug hilft dabei, die Schlüsselbereiche für Korrekturen und potenzielle Rücksetzer zu erkennen, besonders nach markanten Bewegungen, wie sie durch ein Event ausgelöst werden. Bei einem plötzlichen Anstieg nach einer Unternehmensnachricht kann ein Fibonacci-Retracement dabei helfen, Rücksetzer zu erkennen und in den Trade einzutreten.

Candlestick-Muster: Candlestick-Formationen wie Hammer, Engulfing Patterns oder Doji können starke Hinweise auf bevorstehende Kursbewegungen geben, wenn sie in einem bestimmten Kontext auftreten. Im Zusammenhang mit News-Trading oder Event-Driven-Trading sind solche Muster besonders wertvoll, um die wahrscheinliche Richtung einer Reaktion auf eine Nachricht zu beurteilen.

Volume Analysis: Ein häufig verwendeter Indikator im Event-Driven-Trading ist das Handelsvolumen. Ein Anstieg des Volumens kann darauf hinweisen, dass eine wichtige Nachricht oder ein Ereignis die Märkte beeinflusst hat, was eine Gelegenheit für den Trader darstellen kann.

Moving Averages (gleitende Durchschnitte): Die Analyse von kurzfristigen und langfristigen gleitenden Durchschnitten kann helfen, die allgemeine Trendrichtung zu bestimmen und Unterstützungs- oder Widerstandszonen zu finden. Beim Event-Driven-Trading kann der Trader mit diesem Instrument einen Trend frühzeitig erkennen, sobald ein Ereignis den Markt in Bewegung setzt.

Fortgeschrittene Trader nutzen eine Kombination aus Fundamentalanalyse (zum Beispiel durch das Verfolgen von Ereignissen und Nachrichten) und Technischer Analyse, um ihre Ein- und Ausstiegspunkte zu bestimmen. Die Verwendung komplexer Chartmuster und fortgeschrittener Analysetechniken ermöglicht es, die Marktdynamik vor und nach einem Ereignis genau zu beobachten.

Breakout-Strategien: Bei der Analyse von Ereignissen wie der Veröffentlichung von Unternehmensgewinnen oder politischen Nachrichten beobachten Trader den Markt auf mögliche Breakouts, also wenn der Kurs aus einem festgelegten Muster oder einer Unterstützungs- beziehungsweise Widerstandslinie ausbricht. Ein signifikanter Breakout nach einem Ereignis könnte als Signal für eine Handelsgelegenheit dienen.

Divergenzanalyse: Fortgeschrittene Trader verwenden auch die Divergenzanalyse (zum Beispiel mit dem Relative Stärke Index (RSI) oder MACD), um festzustellen, ob sich der Kurs in einem Trend bewegt oder eine Trendwende bevorsteht. Divergenzen zwischen dem Preis und dem Indikator können frühzeitig auf eine bevorstehende Kurskorrektur oder -wende hinweisen.

Durch die Risikoarbitrage, das News-Trading und das Event-Driven-Trading können fortgeschrittene Trader von Marktineffizienzen profitieren, die durch spezifische Ereignisse oder Nachrichten ausgelöst werden. Die präzise Anwendung fortgeschrittener Chartmuster, Indikatoren und Analysetechniken ermöglicht es, optimale Ein- und Ausstiegspunkte zu identifizieren und so das Risiko zu minimieren. Trader müssen jedoch sicherstellen, dass sie die zugrunde liegenden Ereignisse und Nachrichten gründlich verstehen und bereit sind, sich schnell an sich ändernde Marktbedingungen anzupassen. Nur so können sie das Potenzial dieser drei Strategien voll ausschöpfen. Auf das News-Trading bin ich bereits näher eingegangen. Daher widme ich mich nun den beiden anderen Trading-Ansätzen.

Event-Driven Trading

Das Event-Driven Trading ist eine Handelsstrategie, die auf bestimmten Ereignissen oder „Events" basiert, die zu signifikanten Marktbewegungen führen können. Diese Events können Unternehmen, Märkte oder sogar geopolitische Ereignisse betreffen. Trader, die diese Strategie anwenden, wollen von Kursbewegungen profitieren, die nach einem bestimmten Ereignis auftreten – sei es ein Unternehmensereignis, eine politische Entscheidung oder eine unerwartete Marktveränderung. Das Event wird als Katalysator für die Kursveränderung betrachtet und der Trader spekuliert darauf, dass der Markt auf diese Veränderung reagieren wird.

Beispiele für das Event-Driven-Trading

Mergers & Acquisitions (Fusionen und Übernahmen): Ein häufiges Beispiel für das Event-Driven-Trading sind Fusionen und Übernahmen.

Wenn angekündigt wird, dass ein Unternehmen ein anderes zu übernehmen beabsichtigt, steigt in der Regel der Kurs des Zielunternehmens, während der Kurs des kaufenden Unternehmens schwanken kann. Trader spekulieren darauf, dass der Kurs des Zielunternehmens steigt und dass es zu einer Marktkorrektur oder -bereinigung beim Käufer kommt.

Beispiel: Wenn die Übernahme eines Unternehmens durch ein anderes angekündigt wird, könnte ein Trader auf den Anstieg des Aktienkurses des Zielunternehmens spekulieren und eine Long-Position eingehen, während er gleichzeitig den Aktienkurs des übernehmenden Unternehmens beobachtet, um potenziell Short-Positionen zu platzieren.

Earnings Announcements (Gewinnberichte): Unternehmensgewinne sind ein weiteres häufiges Event, das Marktbewegungen auslöst. Investoren und Trader reagieren schnell auf die Veröffentlichung von Quartalsberichten, besonders wenn diese über den Erwartungen liegen oder enttäuschen.

Beispiel: Ein Unternehmen kündigt an, dass seine Gewinne die Analystenerwartungen übertreffen. Ein Trader könnte sofort auf einen Kursanstieg spekulieren und eine Long-Position eingehen. Im Gegensatz dazu könnte ein enttäuschender Bericht zu einem Kursrückgang und damit zu einer Short-Position führen.

Politische Entscheidungen und Gesetzgebung: Geopolitische Ereignisse wie Wahlen, Änderungen in der Fiskalpolitik oder neue gesetzliche Bestimmungen können ebenfalls den Markt beeinflussen. Änderungen in der Regulierung von Branchen wie Technologie oder Finanzwesen haben oft unmittelbare Auswirkungen auf die Aktienkurse der betroffenen Unternehmen.

Beispiel: Nach einer Ankündigung, dass ein Land eine neue Steuer auf Kryptowährungen einführt, könnten Trader auf einen Kursrückgang bei Kryptowährungsunternehmen setzen, da die Märkte auf die Nachricht reagieren.

Best Practice für das Event-Driven Trading

Ein erfolgreicher Event-Driven-Trader muss Informationen schnell und effizient sammeln können. Das bedeutet, dass er stets auf dem Laufenden über bevorstehende Ereignisse wie Fusionen, Übernahmen, Gewinnberichte oder politische Ankündigungen bleiben muss. Quellen wie Finanznachrichten, Unternehmensmitteilungen und Analystenberichte sind entscheidend. Je schneller er auf neue Informationen reagiert, desto besser kann er von der Marktreaktion profitieren.

Das Event-Driven-Trading kann volatil sein. Daher ist ein solides Risikomanagement unerlässlich. Trader sollten immer Stop-Loss-Orders setzen, um Verluste zu begrenzen, wenn sich der Markt anders entwickelt als erwartet. Es ist außerdem ratsam, die Positionsgröße entsprechend dem Risiko zu skalieren. Eine enge Überwachung des Marktes ist erforderlich, um schnell auf Veränderungen zu reagieren.

Der Markt reagiert nicht immer rational auf Nachrichten. Ein Best Practice besteht darin, die Marktpsychologie zu verstehen und mögliche Überreaktionen oder unterbewertete Chancen zu erkennen. Einige Ereignisse könnten zu übertriebenen Kursbewegungen führen, die von kurzfristigen Marktteilnehmern ausgelöst werden. Diese Marktübertreibungen können genutzt werden, um in die richtige Richtung zu handeln.

Beim Event-Driven-Trading sind ausreichende Liquidität und Volumen essenziell. Ereignisse können zu unerwarteten Marktbewegungen führen und in einem illiquiden Markt kann es zu größeren Kursausschlägen und einer breiteren Spanne zwischen Kauf- und Verkaufspreisen kommen. Daher sollten Trader sicherstellen, dass sie in liquiden Märkten handeln, um von den Kursbewegungen zu profitieren, ohne unnötig hohe Transaktionskosten zu zahlen.

Zusammengefasst ist das Event-Driven-Trading eine hoch spezialisierte Strategie, die auf bestimmte Marktereignisse abzielt. Trader müssen über schnelle Informationsbeschaffung, gutes Risikomanagement und ein tiefes Verständnis für die Marktpsychologie verfügen, um von den erwarteten oder unerwarteten Reaktionen auf Ereignisse zu profitieren. Einen Teil dieses Handelssegments macht die Risikoarbitrage aus, auf die ich im folgenden Teil eingehen werde.

Risikoarbitrage: Spekulative Strategien bei Unternehmensereignissen

Die Risikoarbitrage, auch als Merger Arbitrage bekannt, ist eine fortgeschrittene Trading-Strategie, die speziell bei Unternehmensfusionen, Übernahmen, Restrukturierungen oder anderen außergewöhnlichen Unternehmensereignissen zum Einsatz kommt. Im Gegensatz zu klassischen Arbitrage-Strategien, die auf risikofreien Kursdifferenzen basieren, ist die Risikoarbitrage spekulativ, da sie Unsicherheiten und Risiken berücksichtigt, die mit solchen Ereignissen verbunden sind. Dieser Kapitelabschnitt beleuchtet die Grundlagen der Risikoarbitrage, typische Ansätze und Fallstricke sowie Wege zur Risikokontrolle.

Bei der Risikoarbitrage spekuliert der Trader auf den Ausgang von Unternehmensereignissen. Am häufigsten wird sie im Zusammenhang mit Fusionen und Übernahmen eingesetzt. Dabei besteht die Grundidee darin, die Kursdifferenz zwischen dem aktuellen Aktienkurs eines Übernahmeziels und dem Angebotspreis der Übernahme auszunutzen.

Welche Marktmechanik sollte vorherrschen?

Übernahme durch Barzahlung: Bei einer geplanten Übernahme zu einem festen Preis (zum Beispiel 50 Euro pro Aktie) notiert die Aktie des Zielunternehmens oft unterhalb des Angebotspreises (zum Beispiel bei 48 Euro). Diese Differenz reflektiert die Unsicherheit, dass die Übernahme scheitern könnte.

Übernahme durch Aktientausch: Wenn der Kaufpreis in Form von Aktien des Käuferunternehmens erfolgt, hängt die Bewertung von der Preisentwicklung dieser Aktien ab. Das schafft zusätzliche Volatilität und Risiken.

Typische Ansätze in der Risikoarbitrage

Long-Position im Zielunternehmen

Dies ist die Standardstrategie. Der Trader kauft Aktien des Zielunternehmens in der Erwartung, dass die Übernahme erfolgreich abgeschlossen wird und die Aktien zum angekündigten Übernahmepreis steigen.

Beispiel:

Übernahmeangebot: 50 Euro pro Aktie

Aktueller Kurs: 48 Euro

Potenzieller Gewinn: Zwei Euro pro Aktie, falls die Übernahme erfolgreich ist.

Risiko: Scheitert die Übernahme, kann der Kurs des Zielunternehmens stark fallen, da die Übernahmeprämie verschwindet.

Long-Short-Strategie (bei Aktientausch)

Wenn die Übernahme durch Aktien des Käuferunternehmens bezahlt wird, kombiniert der Trader eine Long-Position im Zielunternehmen mit einer Short-Position im Käuferunternehmen. Dies reduziert das Risiko, das durch Kursbewegungen des Käuferunternehmens entsteht.

Beispiel: Der Käufer bietet 0,5 eigene Aktien für jede Aktie des Zielunternehmens. Der Trader kauft 1.000 Aktien des Zielunternehmens und verkauft 500 Aktien des Käuferunternehmens.

Risiko: Wenn die Übernahme scheitert, können sich beide Kurse unabhängig voneinander entwickeln, was Verluste verursachen kann.

Optionen für asymmetrische Chancen

Trader können Optionen einsetzen, um das Risiko zu begrenzen und dennoch von einem erfolgreichen Übernahmeabschluss zu profitieren.

Beispiel: Kauf von Call-Optionen auf das Zielunternehmen, um von einem steigenden Kurs zu profitieren. Verkauf von Put-Optionen auf das Zielunternehmen, um die Übernahmeprämie einzufangen.

Vorteil: Das Risiko ist auf die Prämie der Optionen begrenzt.

Arbitrage auf dem Anleihemarkt

Wenn das Zielunternehmen Anleihen emittiert hat, können diese ebenfalls von der Übernahme betroffen sein. Trader spekulieren auf Kursveränderungen bei Anleihen aufgrund der geänderten Bonität des Unternehmens nach der Übernahme.

Risiko: Änderungen der Marktzinsen oder eine unerwartete Verschlechterung der Bonität des Käufers können Verluste verursachen.

Wesentliche Risiken der Risikoarbitrage

- Blockierungen und Verzögerungen: Übernahmen können durch Regulierungsbehörden blockiert oder verzögert werden, insbesondere wenn kartellrechtliche Bedenken bestehen. Beispiele dafür sind gescheiterte Übernahmen in stark konzentrierten Branchen wie Technologie oder Pharma.
- Finanzierungsrisiken: Der Käufer könnte Schwierigkeiten haben, die Übernahme zu finanzieren, vor allem bei unerwarteten Marktentwicklungen oder Zinserhöhungen.
- Marktrisiken: Schwankungen des Gesamtmarktes können die Aktienkurse sowohl des Ziel- als auch des Käuferunternehmens beeinflussen, unabhängig vom Fortschritt der Übernahme.
- Risiken durch andere Bieter: Wenn ein weiterer Käufer ein höheres Angebot abgibt, kann dies die ursprüngliche Übernahme destabilisieren oder unvorhergesehene Kursbewegungen auslösen.

Risikokontrolle und Best Practice für die Risikoarbitrage

- Recherche und Informationsbeschaffung: Due Diligence: Sorgfältige Analyse der Übernahmedetails, einschließlich rechtlicher und regulatorischer Hürden.

- Marktreaktionen beobachten: Wie bewertet der Markt die Erfolgsaussichten der Übernahme?
- Diversifikation: Konzentrieren Sie sich nicht ausschließlich auf eine Übernahme, sondern streuen Sie das Risiko über mehrere Zielunternehmen.
- Begrenzung der Positionsgröße: Handeln Sie mit moderaten Positionsgrößen, da ein einziger Fehlschlag signifikante Verluste verursachen kann.
- Einsatz von Stop-Loss-Orders: Legen Sie klare Verlustlimits fest, um die Risiken unerwarteter Kursbewegungen zu minimieren.
- Hedging-Strategien: Nutzen Sie Derivate wie Optionen oder Futures, um Risiken bei größeren Positionen abzusichern.

Beispiel für eine Risikoarbitrage: Bayer und Monsanto (2018)
Die Übernahme des US-amerikanischen Agrarunternehmens Monsanto durch Bayer war einer der größten und komplexesten Deals der Geschichte. Trader, die in Monsanto investierten, spekulierten auf den Erfolg des Deals und auf die Auszahlung der Übernahmeprämie.

Anfängliche Unsicherheiten: Regulatorische Bedenken in den USA und der EU verzögerten den Deal.

Arbitrage-Gelegenheit: Monsanto-Aktien notierten lange Zeit unter dem Übernahmepreis von 128 US-Dollar. Trader, die auf den erfolgreichen Abschluss setzten, konnten von dieser Diskrepanz profitieren.

Risiko: Wären Regulierungsbehörden nicht einverstanden gewesen, hätte dies zu erheblichen Kursverlusten bei Monsanto geführt.

Es gibt natürlich noch viele weitere Beispiele, doch eines sollten Sie immer im Hinterkopf behalten: Acht von zehn Übernahmeplänen werden nicht realisiert. Die Risikoarbitrage bietet zwar spannende Möglichkeiten, von besonderen Unternehmensereignissen zu profitieren, jedoch ist sie eine relativ riskante Strategie. Sie erfordert ein tiefes Verständnis für die Risiken, eine sorgfältige Planung und ein diszipliniertes Risikomanagement. Fortgeschrittene Trader können durch eine Kombination aus gründlicher Recherche, Hedging und Diversifikation ihre Erfolgschancen maximieren und gleichzeitig potenzielle Verluste minimieren.

31. Checkliste

Jetzt kennen Sie:

- Fortgeschrittene Handelsstrategien:
  - Welche fortgeschrittenen Handelsstrategien stehen zur Verfügung (zum Beispiel Trendfolge, Swing-Trading, Arbitrage, Volatilitätsstrategien) und wie können sie effektiv eingesetzt werden?
  - Welche Vorteile und Risiken sind mit jeder dieser Strategien verbunden?

- Algorithmisches Trading und automatisierte Systeme:
  - Wie können fortgeschrittene Trader algorithmische Handelssysteme entwickeln und einsetzen, um Handelsentscheidungen zu automatisieren?
  - Welche Programmierkenntnisse und technischen Fähigkeiten sind erforderlich, um eigene Handelsalgorithmen zu erstellen?

- Options- und Derivatestrategien:
  - Welche Options- und Derivatestrategien können fortgeschrittene Trader nutzen (zum Beispiel Spreads, Straddles, Butterfly-Strategien)?
  - Wie können Derivate zur Absicherung von Risiken und zur Gewinnmaximierung eingesetzt werden?

- Fortgeschrittene Technische Analyse:
  - Welche Chartmuster, Indikatoren und Analysetechniken sind für fortgeschrittene Trader relevant und wie können sie zur Identifizierung von Handelsmöglichkeiten verwendet werden?
  - Wie können fortgeschrittene Trader komplexe Chartanalysen durchführen, um Ein- und Ausstiegspunkte präzise zu bestimmen?

- Sentiment-Analyse und Marktstimmung:
  - Wie können fortgeschrittene Trader die Marktstimmung und das Sentiment interpretieren, um Handelsentscheidungen zu treffen?
  - Welche Indikatoren und Werkzeuge stehen zur Verfügung, um das Marktverhalten und die Reaktion der Marktteilnehmer zu analysieren?

- Volatilitätsstrategien und Risikomanagement:
  - Wie können fortgeschrittene Trader Volatilitätsstrategien einsetzen, um von Marktschwankungen zu profitieren?
  - Welche fortgeschrittenen Risikomanagement-Techniken können angewendet werden, um potenzielle Verluste zu begrenzen und das Risiko zu minimieren?

- Hochfrequenzhandel und Orderausführung:
  - Was ist Hochfrequenzhandel und wie funktioniert er?
  - Welche Tools und Technologien stehen fortgeschrittenen Tradern zur Verfügung, um die Ausführungsgeschwindigkeit ihrer Orders zu maximieren?

- Psychologie des fortgeschrittenen Tradings:
    - Wie können fortgeschrittene Trader ihre Emotionen unter Kontrolle halten und rationalere Handelsentscheidungen treffen?
    - Welche mentalen Fähigkeiten und Disziplinen sind für fortgeschrittene Trader erforderlich, um langfristig erfolgreich zu sein?

- Analyse von Handelsdaten und Performance:
    - Wie können fortgeschrittene Trader ihre Handelsaktivitäten nachverfolgen und analysieren, um ihre Performance zu bewerten und zu verbessern?
    - Welche Metriken und Kennzahlen sollten fortgeschrittene Trader verwenden, um ihre Handelsstrategien zu optimieren und ihre Ziele zu erreichen?

Die Berücksichtigung dieser Fragen kann fortgeschrittenen Tradern dabei helfen, ihre Trading-Strategien zu verfeinern, ihre Fähigkeiten zu verbessern und ihre Chancen auf langfristigen Erfolg an den internationalen Finanzmärkten zu maximieren.

VI

DIE ZUKUNFT DES INVESTIERENS UND TRADINGS

Natürlich darf auch in diesem Buch die Vorausschau auf das, was an den internationalen Finanzmärkten kommen und wichtig werden wird, nicht fehlen. Es ist essenziell, sich mit den zukünftigen Anlage- und Trading-Themen auseinanderzusetzen, um diese eventuell in zukünftigen Strategien berücksichtigen zu können. Dafür muss der Trader über das nötige Verständnis verfügen, um die „neuen" Assetklassen integrieren zu können. Interessant sind insbesondere die Marktsystematik und Analogien zu den Aktienmärkten. Viele der alternativen Anlageformen verhalten sich in ihren Handelseigenschaften ähnlich wie Aktien oder Rohstoffe.

32. Kryptowährungen: So können Sie die neue Ära des digitalen Vermögens nutzen

Die Einführung von Kryptowährungen markiert den Beginn einer neuen Ära im Finanzwesen. Mit der Möglichkeit, Peer-to-Peer-Transaktionen ohne die Notwendigkeit zentraler Instanzen wie Banken durchzuführen, bieten Kryptowährungen eine disruptive Technologie, die das traditionelle Finanzsystem herausfordert. Für Trader stellt dies eine neue und spannende Möglichkeit dar, von der enormen Volatilität und den Wachstumschancen dieser digitalen Vermögenswerte zu profitieren. In diesem Abschnitt beleuchte ich, wie Trader Kryptowährungen verstehen, analysieren und nutzen können, um in dieser neuen Ära des digitalen Vermögens erfolgreich zu handeln.

Was sind Kryptowährungen?

Kryptowährungen sind digitale oder virtuelle Währungen, die Kryptografie zur Sicherung von Transaktionen verwenden. Sie basieren auf der Blockchain-Technologie, einer dezentralen und transparenten Datenbank, die alle Transaktionen aufzeichnet. Bitcoin, die erste und bekannteste Kryptowährung, wurde 2009 eingeführt. Mittlerweile gibt es Tausende von verschiedenen Kryptowährungen, die auf unterschiedlichen Blockchains basieren, wie Ethereum, Binance Coin, Cardano und viele mehr. Die wichtigsten Eigenschaften von Kryptowährungen sind:

- Dezentralisierung: Kryptowährungen operieren ohne eine zentrale Behörde, was sie weniger anfällig für Manipulationen und Bankenkrisen macht.
- Anonymität und Sicherheit: Durch den Einsatz von Kryptografie bieten Kryptowährungen eine hohe Sicherheit und in einigen Fällen Anonymität.
- Schnelle und günstige Transaktionen: Im Vergleich zu traditionellen Finanzsystemen ermöglichen Kryptowährungen schnelle und günstige grenzüberschreitende Transaktionen.

Die Vorteile des Kryptowährungshandels

Für Trader bieten Kryptowährungen mehrere entscheidende Vorteile:

- Enorme Volatilität: Kryptowährungen sind bekannt für ihre extreme Volatilität und daher eine attraktive Handelsmöglichkeit. Die Preisschwankungen können signifikante Gewinne bieten, wenn der Trader schnelle und präzise Entscheidungen treffen kann.
- 24/7-Markt: Im Gegensatz zu traditionellen Märkten, die nur an Werktagen und zu festen Zeiten geöffnet sind, sind Kryptowährungsmärkte rund um die Uhr aktiv. Dies ermöglicht es Tradern, jederzeit auf Marktbewegungen zu reagieren.
- Liquidität: Die Märkte für die größten Kryptowährungen wie Bitcoin und Ethereum sind sehr liquide; das bedeutet, dass Trader zu fast jedem Zeitpunkt in ihre Positionen ein- und aussteigen können.

Kryptowährungen als Handelsinstrumente

Trader können auf verschiedene Weise mit Kryptowährungen handeln. Hier sind einige gängige Methoden:

- Spot-Handel: Dies ist der direkte Kauf und Verkauf von Kryptowährungen zu den aktuellen Marktpreisen. Die Mehrheit der Kryptowährungs-Trader nutzt den Spot-Handel, um von Preisbewegungen profitieren zu können.
- Derivate und Futures: Viele Plattformen bieten den Handel mit Kryptowährungs-Futures oder CFDs (Contracts for Difference) an. Mit diesen können Trader auf die künftige Preisentwicklung einer Kryptowährung spekulieren, ohne

den Vermögenswert direkt zu besitzen. Der Handel mit Futures und Derivaten kann besonders für fortgeschrittene Trader nützlich sein, da er die Möglichkeit bietet, mit Hebel zu handeln und Short-Positionen einzunehmen.

- Kryptowährungs-Optionen: Diese Finanzprodukte ermöglichen es Tradern, auf die Preisbewegung von Kryptowährungen zu spekulieren, ohne den zugrunde liegenden Vermögenswert direkt zu besitzen. Optionen bieten die Flexibilität, von steigenden und fallenden Märkten zu profitieren, können aber auch mit hohen Risiken verbunden sein.

Die Rolle der Technischen Analyse im Kryptowährungshandel

Wie bei anderen Finanzinstrumenten auch ist die Technische Analyse ein unverzichtbares Werkzeug für Kryptowährungshändler. Sie hilft, Preisbewegungen und Markttrends zu verstehen und basierend auf historischen Daten fundierte Handelsentscheidungen zu treffen. Zu den am häufigsten genutzten Instrumenten gehören:

- Chartmuster: Trader nutzen verschiedene Chartmuster wie Kopf-Schulter-Formationen, Doppeltops und -böden oder Trendlinien, um künftige Preisbewegungen vorherzusagen.
- Indikatoren und Oszillatoren: Werkzeuge wie gleitende Durchschnitte (MA), Relative Stärke Index (RSI), Moving Average Convergence Divergence (MACD) und Bollinger-Bänder sind essenziell, um überkaufte oder überverkaufte Märkte zu identifizieren und Trends zu bestätigen.
- Volumenanalyse: Das Handelsvolumen ist ein wichtiger Indikator, um die Stärke eines Trends zu überprüfen. Ein Anstieg des Volumens signalisiert oft einen bevorstehenden Preisanstieg oder -rückgang, was Tradern wertvolle Informationen liefert.

Die Bedeutung der Fundamentalanalyse bei Kryptowährungen

Neben der Technischen Analyse ist auch die Fundamentalanalyse wichtig, um langfristige Wert- und Marktentwicklungen von Kryptowährungen zu bewerten. Einige wichtige fundamentale Faktoren umfassen:

- Adoption und Technologie: Die Akzeptanz von Kryptowährungen durch große Unternehmen, Regierungen oder Institutionen kann den Preis erheblich beeinflussen. Die technologische Entwicklung und das Ökosystem einer Kryptowährung spielen ebenfalls eine zentrale Rolle, da Innovationen wie das Ethereum-2.0-Upgrade oder die Einführung von DeFi (Dezentralisierte Finanzsysteme) einen langfristigen Einfluss auf den Markt haben können.
- Marktnachrichten und regulatorische Entwicklungen: Die Nachrichtenlage, insbesondere in Bezug auf regulatorische Maßnahmen von Regierungen, kann erhebliche Auswirkungen auf den Preis von Kryptowährungen haben. Eine positive oder negative Regulierung kann zu starken Preisbewegungen führen, die von informierten Tradern ausgenutzt werden können.
- Hashrate und Mining: Im Fall von Bitcoin und anderen Proof-of-Work-basierten Kryptowährungen ist die Hashrate, die die Rechenleistung des Netzwerks beschreibt, ein wichtiger Indikator für die Sicherheit und Stabilität des Netzwerks.

Risikomanagement im Kryptowährungshandel

Der Handel mit Kryptowährungen kann aufgrund deren Volatilität hohe Gewinne, aber auch ein beträchtliches Risiko mit sich bringen. Daher ist das Risikomanagement von entscheidender Bedeutung. Hier sind einige Strategien:

- Stop-Loss und Take-Profit: Ein Stop-Loss ist ein wichtiges Instrument, um Verluste zu begrenzen, wenn der Markt gegen die Position läuft. Ein Take-Profit wird gesetzt, um automatisch Gewinne zu realisieren, wenn das Zielniveau erreicht ist.
- Positionsgröße: Trader sollten immer darauf achten, wie viel Kapital sie in jede Position investieren, um das Gesamtrisiko zu diversifizieren und Verluste zu minimieren.
- Diversifikation: Eine breitere Diversifikation über mehrere Kryptowährungen oder andere Anlageklassen kann das Risiko im Portfolio verringern.

Auswirkungen der Blockchain-Technologie auf das Investieren und Trading

Die Blockchain-Technologie hat das Finanzwesen durch die Einführung von Kryptowährungen und innovativen Finanzdienstleistungen auf eine neue Ebene gehoben. Wie bereits beschrieben bieten Kryptowährungen wie Bitcoin, Ethereum und viele andere eine dezentrale und transparente Möglichkeit des Investierens und der Wertaufbewahrung. Da sie durch die Blockchain gesichert sind, verfügen sie über eine hohe Sicherheit gegen Betrug und Manipulation. Sie haben das Potenzial, traditionelle Währungen und Finanzsysteme herauszufordern, und liefern Anlegern eine neue Assetklasse, die von traditionellen Märkten entkoppelt ist.

Smart Contracts, also selbst ausführende Verträge, ermöglichen es, Transaktionen und Vereinbarungen ohne Zwischenhändler durchzuführen. Sie sind besonders im Bereich von Finanzderivaten und Immobilieninvestitionen von Bedeutung, da sie die Effizienz steigern und Transaktionskosten reduzieren.

Außerdem entstehen durch die Blockchain-Technologie neue, dezentralisierte Finanzsysteme (DeFi), die den traditionellen Bankenmarkt herausfordern. Mit DeFi-Anwendungen können Anleger und Trader Kredite vergeben, leihen oder Zinsen verdienen, ohne auf Banken oder Finanzinstitute angewiesen zu sein.

Nicht nur beim Trading mit Kryptowährungen müssen Marktteilnehmer auf deren Potenziale und Risiken achten – dieses Segment steht grundsätzlich in einem besonderen Licht an den internationalen Finanzmärkten. Da die Kryptomärkte noch sehr jung sind, kann es immer wieder zu Verwerfungen und Neuregulierungen kommen, die weitreichende Folgen für die entsprechenden Marktteilnehmer haben können.

Potenziale und Risiken von Kryptowährungen

Die Potenziale liegen im zukünftigen Wachstum. Kryptowährungen haben in den letzten Jahren erheblich an Wert gewonnen und viele Analysten glauben, dass sie weiterhin ein attraktives Investitionsziel darstellen. Sie bieten zudem die Möglichkeit zur Diversifikation des Portfolios, da sie wenig oder gar nicht mit traditionellen Finanzmärkten korrelieren. Die Unabhängigkeit von traditionellen Finanzinstitutionen macht Kryptowährungen zu einer echten Anlagealternative, vor allem in Zeiten finanzieller Instabilität.

Die grundlegenden Risiken beziehen sich auf die zeitweise hohe Volatilität der Token und Coins. Die Kurse von Kryptowährungen sind häufig extrem volatil, was sie für konservative Anleger weniger attraktiv macht. Zudem sind Kryptowährungen in vielen Ländern noch nicht vollständig reguliert und mögliche staatliche Maßnahmen könnten den Markt erheblich beeinflussen. Obwohl die Blockchain-Technologie als sicher gilt, gibt es immer noch Risiken, wie etwa Hacks von Börsen und Wallets. Diese Sicherheitsrisiken müssen unbedingt Beachtung finden.

Integration von Kryptowährungen in das traditionelle Portfolio

Kryptowährungen können eine wertvolle Ergänzung zu traditionellen Anlageportfolios sein, aber sie sollten mit Bedacht eingesetzt werden. Aufgrund ihrer hohen Volatilität empfiehlt es sich, nur einen kleinen Teil des Portfolios in digitale Assets zu investieren. Die Diversifikation in verschiedene Kryptowährungen kann helfen, das Risiko weiter zu streuen. Angesichts der noch relativ jungen Natur der Kryptowährungsmärkte sollten Investoren einen langfristigen Anlagehorizont anstreben und sich nicht von kurzfristigen Schwankungen abschrecken lassen. Einige Investoren nutzen Derivate wie Futures oder Optionen, um ihre Positionen in Kryptowährungen abzusichern. Dies bietet eine Möglichkeit, das Risiko zu kontrollieren und potenzielle Verluste zu begrenzen.

Die Zukunft des Kryptowährungshandels

Kryptowährungen sind immer noch ein relativ neuer Markt, der sich rasant weiterentwickelt. Der Handel mit digitalen Währungen könnte in den kommenden Jahren von zunehmender Regulierung, institutionellen Investitionen und der Einführung neuer Blockchain-Technologien profitieren. Trader müssen flexibel und bereit sein, sich schnell an neue Entwicklungen anzupassen, um weiterhin erfolgreich zu handeln. Die zunehmende Integration von Kryptowährungen in traditionelle Finanzmärkte, die fortschreitende Institutionalisierung und die Entwicklung von DeFi-Protokollen werden die Landschaft des Kryptowährungshandels weiter verändern. Ebenso wird die Entwicklung von Zentralbank-Digitalwährungen (CBDCs) einen weiteren großen Einfluss auf den Markt ausüben.

Kryptowährungen bieten eine neue Dimension für Trader, um von der Dynamik eines aufstrebenden Marktes zu profitieren. Die Vielfalt an Handelsmöglichkeiten, von der Technischen Analyse über die Fundamentalanalyse bis hin zu innovativen Derivaten und Tools, macht

Kryptowährungen zu einem faszinierenden Handelsinstrument. Dennoch müssen Trader sich der einzigartigen Risiken bewusst sein, die mit der hohen Volatilität und den noch unsicheren regulatorischen Rahmenbedingungen verbunden sind. Wer jedoch die richtigen Strategien anwendet und ein solides Risikomanagement betreibt, kann von den Chancen dieses markanten Marktes profitieren.

33. Nachhaltiges Investieren: Profitieren Sie von sozialen und ökologischen Trends

Das Thema Nachhaltigkeit hat in den letzten Jahren weltweit an Bedeutung gewonnen – nicht nur in der Gesellschaft, sondern auch in der Finanzwelt. Das Konzept des nachhaltigen Investierens bezieht sich auf die Integration von ökologischen, sozialen und ethischen Überlegungen in Anlageentscheidungen. Für Trader und Investoren bietet der Trend zu mehr Verantwortung und Bewusstsein nicht nur die Möglichkeit, positive gesellschaftliche Veränderungen zu fördern, sondern auch von der Dynamik in wachstumsstarken, zukunftsorientierten Märkten zu profitieren. In diesem Abschnitt werfe ich einen Blick darauf, was nachhaltiges Investieren ist, wie soziale und ökologische Trends die Finanzmärkte beeinflussen und wie Trader und Investoren davon profitieren können.

Was ist nachhaltiges Investieren?

Nachhaltiges Investieren ist eine Anlagestrategie, die sowohl die finanziellen als auch die nicht finanziellen (sozialen, ökologischen und Governance-) Faktoren berücksichtigt. Sie investiert Kapital in Unternehmen, Projekte oder Fonds, die nachhaltige Praktiken fördern, beispielsweise durch den Fokus auf Umweltschutz, soziale Gerechtigkeit und gute Unternehmensführung (ESG: Environmental, Social und

Governance). Bei der Auswahl von Unternehmen wird geprüft, wie sie ökologische Nachhaltigkeit (Umweltschutz), soziale Verantwortung (zum Beispiel Arbeitsrechte, Diversität) und eine ethische Unternehmensführung in ihre Geschäftsstrategien integrieren. Die Form des Impact Investments hat das Ziel, mit Kapital direkt positive soziale oder ökologische Auswirkungen zu erreichen – etwa durch Investitionen in erneuerbare Energien oder Unternehmen, die sich für den Klimaschutz einsetzen.

Eine weitere Kategorie bildet das Socially Responsible Investing (SRI). Dabei entscheiden sich SRI-Investoren für Unternehmen, die ethische Standards einhalten, und vermeiden es, in Unternehmen zu investieren, die in schädliche Industrien wie Tabak, Waffen oder fossile Brennstoffe involviert sind.

Wie soziale und ökologische Trends die Märkte beeinflussen

Der weltweite Fokus auf Nachhaltigkeit wird von verschiedenen gesellschaftlichen und ökologischen Trends angetrieben, die die Finanzmärkte immer mehr beeinflussen. Die wachsende Besorgnis über den Klimawandel und der weltweite Übergang zu einer kohlenstoffneutralen Wirtschaft haben dazu geführt, dass Unternehmen und Investoren vermehrt in grüne Technologien und erneuerbare Energien investieren. Dies hat zu einer Boomphase in Märkten wie Solarenergie, Windkraft, Elektromobilität und nachhaltiger Landwirtschaft geführt. Die Agenda für nachhaltige Entwicklung, unterstützt durch die UN-Nachhaltigkeitsziele (SDGs), hat Unternehmen und Regierungen dazu ermutigt, nachhaltige Praktiken in ihre Geschäftstätigkeit zu integrieren. Investoren suchen immer öfter nach Firmen, die sich aktiv für soziale Gerechtigkeit, Armutsbekämpfung und die Förderung von Bildung und Gesundheitsversorgung einsetzen. Das steigende Bewusstsein und die Nachfrage nach nachhaltig produzierten Produkten und Dienstleistungen treiben Unternehmen dazu, ihre Produktions- und

Lieferketten nachhaltiger zu gestalten. Verbraucher bevorzugen zunehmend umweltfreundliche Produkte und Marken, was Unternehmen dazu zwingt, sich anzupassen, um wettbewerbsfähig zu bleiben. Regierungen weltweit beginnen, striktere Umweltauflagen und CO2-Reduktionsziele umzusetzen. Diese Vorschriften wirken sich direkt auf die Unternehmen aus, die entweder in Technologien investieren müssen, um diese Anforderungen zu erfüllen, oder sich entscheiden, in nachhaltig produzierte Produkte zu investieren.

Wie Trader und Investoren von nachhaltigen Trends profitieren können

Es gibt verschiedene Möglichkeiten, wie Trader und Investoren von den ökologischen und sozialen Trends profitieren können, die die Finanzmärkte immer mehr beeinflussen. Die Nachfrage nach erneuerbaren Energiequellen wie Solar- und Windenergie sowie Elektromobilität und Wasserstofftechnologien wächst rasant. Unternehmen, die in diesen Sektoren tätig sind, bieten langfristige Wachstumschancen. Investoren und Trader können an der Kursentwicklung solcher Unternehmen teilhaben, indem sie gezielt Aktien oder ETFs in diesen Bereichen kaufen. Es gibt heutzutage viele Investmentfonds und ETFs, mit denen sie in Unternehmen investieren können, die nachweislich hohe ESG-Standards einhalten oder Lösungen für globale Herausforderungen bereitstellen. Gerade für langfristige Anleger bieten diese Fonds eine attraktive Chance, auf nachhaltig wirtschaftende Unternehmen zu setzen und gleichzeitig ihre Portfolio-Renditen zu steigern.

Der Markt für grüne Anleihen wächst und ermöglicht es Investoren, in Projekte zu investieren, die eine positive Umweltwirkung haben, etwa durch die Finanzierung von Klimaschutzinitiativen. Trader können in diesen Markt einsteigen, um von der wachsenden Nachfrage nach nachhaltigen Finanzinstrumenten zu profitieren. Für erfahrene Trader können auch Short-Positionen in Unternehmen von Interesse sein, die nicht nachhaltig wirtschaften oder stark auf fossile Brennstoffe angewiesen sind. Die zunehmende Regulierung und das wachsende Konsumbewusstsein könnten dazu führen, dass diese Unternehmen langfristig unter Druck geraten. Unternehmen mit einer starken sozialen und ethischen Governance, die transparent agieren und Arbeits- und Menschenrechte respektieren, haben häufig ein stabileres Wachstum und weniger Risiken. Solche Unternehmen bieten langfristig gesehen eine attraktive Möglichkeit für Investoren, die auf nachhaltige Werte setzen.

Praktische Ansätze für den Einstieg in nachhaltiges Investieren

Für Trader und Investoren, die in den Bereich des nachhaltigen Investierens eintauchen möchten, gibt es verschiedene Schritte, um sich auf die neuen Marktbedingungen vorzubereiten und erfolgreich zu agieren. Es ist wichtig, ein gutes Verständnis für die verschiedenen ESG-Kriterien und die damit verbundenen Bewertungsmethoden zu entwickeln. Eine gründliche Recherche zu den ökologischen und sozialen Aspekten von Unternehmen und deren langfristiger Auswirkungen auf den Markt ist entscheidend. Viele Broker und Fondsanbieter stellen mittlerweile ESG-Ratings und -Berichte zur Verfügung, die eine fundierte Entscheidung über die Investition in nachhaltige Unternehmen ermöglichen. Diese Ratings basieren auf Faktoren wie CO_2-Emissionen, Arbeitspraktiken und Unternehmensführung. Nachhaltiges Investieren ist häufig ein langfristiger Ansatz. Trader und Investoren sollten sich bewusst sein, dass der Profit aus nachhaltigen Investitionen oft langsamer eintritt, aber durch das Wachstum von nachhaltig ausgerichteten Unternehmen auch stetiger sein kann. Um das Risiko zu minimieren, sollten Investoren ein gut diversifiziertes Portfolio aufbauen, das sowohl auf Nachhaltigkeit als auch auf anderen finanziellen Aspekten basiert. Ein Portfolio mit einer Mischung aus traditionellen und nachhaltigen Anlagen kann helfen, das Risiko auszugleichen.

Herausforderungen und Risiken des nachhaltigen Investierens

Obwohl nachhaltiges Investieren eine vielversprechende Strategie ist, gibt es auch Herausforderungen und Risiken, die berücksichtigt werden sollten. Die Definition von Nachhaltigkeit und ESG kann variieren und nicht alle Unternehmen sind transparent in Bezug auf ihre Praktiken. Es ist essenziell, sich gut zu informieren, um sicherzustellen, dass Investitionen tatsächlich den gewünschten positiven Einfluss haben. Obwohl die Nachfrage nach nachhaltigen Investitionen wächst, gibt es noch keine weltweite Standardisierung von ESG-Kriterien. Regulierungen und Standards könnten sich ändern, was Unsicherheiten in Bezug auf die Rentabilität von Investitionen schafft. Wie bei allen Märkten kann auch der Markt für nachhaltige Investitionen von kurzfristiger Volatilität betroffen sein. Daher ist es wichtig, nicht nur auf den aktuellen Hype, sondern auch auf langfristige Trends zu setzen.

Nachhaltiges Investieren bietet sowohl ethische als auch finanzielle Chancen. Für Trader und Investoren eröffnet es eine spannende Möglichkeit, von den sozialen und ökologischen Veränderungen zu profitieren, die die Weltwirtschaft prägen. Durch das Verständnis von ESG-Faktoren und der Analyse nachhaltiger Trends können Investoren und Trader die Entwicklung dieses Sektors nutzen, um langfristige Renditen zu erzielen und gleichzeitig einen positiven Einfluss auf die Welt zu haben.

34. Die Rolle der künstlichen Intelligenz im Finanzwesen

Die Rolle der künstlichen Intelligenz im Finanzwesen und ihre Auswirkungen auf das Trading werden tiefgehend sein. Die fortschreitende Entwicklung der künstlichen Intelligenz (KI) und des maschinellen Lernens (ML) hat das Finanzwesen revolutioniert und verändert die

Art und Weise, wie Anleger und Trader in den Märkten agieren. KI ist in verschiedenen Bereichen der Finanzmärkte bereits stark integriert und bietet enorme Potenziale, die Effizienz und Genauigkeit von Handelsentscheidungen zu verbessern. In diesem Abschnitt beleuchte ich die Einsatzmöglichkeiten von KI, die Auswirkungen auf die Handelswelt und den Einfluss von Blockchain-Technologien und Kryptowährungen auf das traditionelle Investieren und Trading.

Abb. 19: Wo steht die künstliche Intelligenz?

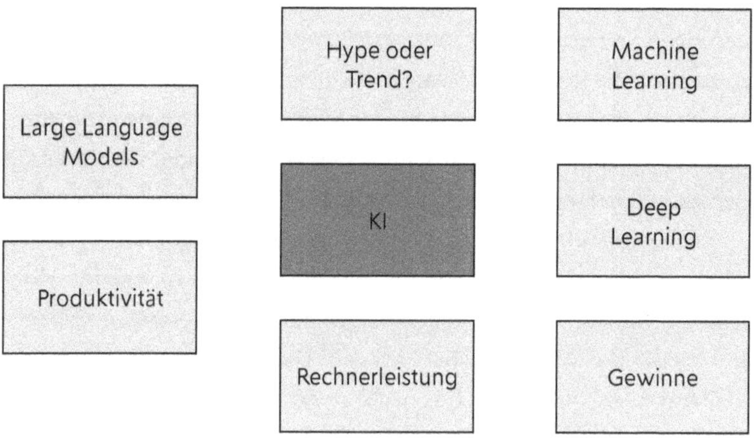

Machine Learning im Bereich künstliche Intelligenz und seine Auswirkungen auf den Finanzsektor

Maschinelles Lernen ist ein Teilbereich der künstlichen Intelligenz, mit dem Computer aus Daten lernen und Muster erkennen können, ohne explizit dafür programmiert zu werden. Statt vorab definierter Regeln nutzt ML Algorithmen, die in der Lage sind, aus großen Datenmengen zu lernen, Vorhersagen zu treffen und Entscheidungen zu optimieren. Der Prozess des maschinellen Lernens erfolgt in mehreren Schritten: Datenvorbereitung, Modelltraining, Validierung und Vorhersage.

Wie funktioniert maschinelles Lernen im Bereich künstliche Intelligenz?
Maschinelles Lernen lässt sich grob in drei Haupttypen unterteilen:

Überwachtes Lernen (Supervised Learning): Bei diesem Ansatz wird das Modell mit einem Datensatz trainiert, der sowohl Eingabedaten (Features) als auch die zugehörigen Zielwerte (Labels) enthält. Ziel ist es, ein Modell zu entwickeln, das die Eingabedaten korrekt den Zielwerten zuordnet, sodass es auf unbekannte Eingabedaten zutreffende Vorhersagen machen kann. Klassische Beispiele für überwachtes Lernen sind die Regression (Vorhersage eines kontinuierlichen Wertes, wie etwa der Aktienkurs) und die Klassifikation (Kategorisierung von Daten, wie etwa Kreditwürdigkeitsprüfungen).

Unüberwachtes Lernen (Unsupervised Learning): Hierbei handelt es sich um Modelle, die auf unmarkierten Daten trainiert werden, ohne explizite Zielwerte. Ziel ist es, Strukturen, Muster oder Gruppen innerhalb der Daten zu erkennen. Ein gängiges Verfahren ist das Clustering, bei dem ähnliche Datenpunkte in Gruppen eingeteilt werden, oder die Dimensionsreduktion, um die Komplexität der Daten zu verringern, ohne wesentliche Informationen zu verlieren. In der Finanzbranche könnte dies verwendet werden, um neue Marktsegmente oder Kundenprofile zu identifizieren.

Verstärkendes Lernen (Reinforcement Learning): Beim verstärkenden Lernen geht es darum, ein Modell zu entwickeln, das durch Interaktionen mit einer Umgebung lernt, Entscheidungen zu treffen. Jedes Mal, wenn eine Aktion eine positive oder negative Rückmeldung (Belohnung oder Bestrafung) erhält, passt das Modell seine Strategie an, um langfristig eine bessere Leistung zu erzielen. Diese Technik wird zunehmend in Bereichen wie Algorithmic Trading eingesetzt, um Handelsstrategien zu optimieren.

Auswirkungen des maschinellen Lernens auf den Finanzsektor
Die Implementierung von maschinellem Lernen in den Finanzsektor hat weitreichende Folgen dafür, wie Finanzdienstleistungen erbracht

werden. Maschinelles Lernen ermöglicht es Finanzinstitutionen, Risiken präziser zu bewerten, indem es große Mengen an Finanzdaten analysiert und Muster erkennt, die für den Menschen schwer identifizierbar sind. Beispielsweise kann ML genutzt werden, um Kreditrisiken besser abzuschätzen. Hierfür werden historische Transaktionsdaten und andere relevante Faktoren wie sozioökonomische Merkmale, Verhalten und Marktbedingungen berücksichtigt. Diese genaueren Modelle könnten zu einer effizienteren und faireren Kreditvergabe führen.

Zudem hat es die Art und Weise revolutioniert, wie Finanzmärkte analysiert und gehandelt werden. Algorithmen, die auf maschinellem Lernen basieren, können Echtzeitdaten analysieren, Muster erkennen und automatisch Handelsentscheidungen treffen. Diese Algorithmen sind in der Lage, Strategien zu entwickeln und zu optimieren, die auf historischen und aktuellen Marktbedingungen gründen. In Kombination mit verstärkendem Lernen können diese Modelle sogar dynamische Handelsstrategien entwickeln, die sich in Echtzeit an die Marktentwicklungen anpassen.

Im Bereich der Betrugsprävention und -erkennung spielt maschinelles Lernen ebenfalls eine entscheidende Rolle. ML-Modelle können Millionen von Transaktionen überwachen und dabei verdächtige Muster oder Unregelmäßigkeiten identifizieren, die auf betrügerische Aktivitäten hindeuten. Zum Beispiel kann ein ML-Modell erkennen, dass ein Kunde plötzlich in einem ungewöhnlichen geografischen Gebiet Transaktionen durchführt oder größere Beträge als üblich überweist. Die Fähigkeit, schnell und präzise auf solche Vorfälle zu reagieren, verbessert die Sicherheitsstandards im Finanzsektor erheblich.

Durch maschinelles Lernen können Banken und andere Finanzinstitute ihre Dienstleistungen stärker personalisieren. ML-Algorithmen können Kundendaten analysieren, um maßgeschneiderte Finanzprodukte und Empfehlungen anzubieten. Dies könnte beispielsweise die Personalisierung von Kreditkartenangeboten, Hypotheken oder Anlageprodukten basierend auf dem individuellen Risikoprofil und den

Präferenzen eines Kunden umfassen. Die Fähigkeit, diese personalisierten Dienste in Echtzeit anzubieten, wird die Kundenzufriedenheit erhöhen und die Kundenbindung stärken.

Darüber hinaus ermöglicht maschinelles Lernen, Marktbewegungen vorherzusagen, indem historische Preisdaten, Wirtschaftsdaten und Nachrichtenquellen analysiert werden. Modelle, die auf ML basieren, können viel schneller auf Marktveränderungen reagieren als Menschen und bieten so eine höhere Effizienz. Obwohl ML-Modelle nicht perfekt sind, können sie dennoch wertvolle Einblicke und Prognosen liefern, die Investoren und institutionellen Händlern helfen, fundierte Entscheidungen zu treffen.

Der Finanzsektor unterliegt weltweit strengen regulatorischen Anforderungen. Die Nutzung von maschinellem Lernen für die Automatisierung von Compliance-Prozessen ist eine der vielversprechendsten Anwendungen. Maschinelles Lernen kann eingesetzt werden, um komplexe regulatorische Anforderungen in Echtzeit zu überwachen, sicherzustellen, dass Finanztransaktionen den gesetzlichen Bestimmungen entsprechen, und Verstöße schnell zu erkennen. Dies hilft dabei, Fehler zu minimieren und Compliance-Kosten zu reduzieren.

Künstliche Intelligenz wird außerdem eingesetzt, um die Kundenbetreuung zu verbessern. KI-gestützte Chatbots bieten schnelle, automatisierte Antworten auf Anfragen und können dabei helfen, den Kundenservice effizienter zu gestalten. Finanzinstitute setzen diese Technologien ein, um ihren Kunden maßgeschneiderte Anlagetipps und Portfolioanalysen zu bieten.

Die Integration von maschinellem Lernen in den Finanzsektor wird weitreichende und tiefgreifende Veränderungen mit sich bringen. Finanzinstitute werden in der Lage sein, effizienter und präziser zu arbeiten, ihre Risiken besser zu steuern und ihren Kunden personalisierte Dienstleistungen bereitzustellen. Die Fähigkeit von ML, große Datenmengen schnell zu verarbeiten und Muster zu erkennen, wird den Sektor in eine neue Ära der datengetriebenen Entscheidungen führen.

Jedoch bringt diese Technologie auch Herausforderungen mit sich wie die Notwendigkeit, Transparenz in den Entscheidungsprozessen zu gewährleisten und mögliche Risiken im Zusammenhang mit der Automatisierung von Prozessen zu minimieren.

Deep Learning im Finanzsektor

Deep Learning ist eine spezialisierte Methode des maschinellen Lernens. Es basiert auf künstlichen neuronalen Netzen und wurde vor allem durch seine Fähigkeit bekannt, sehr komplexe Muster und Beziehungen in großen, hochdimensionalen Datensätzen zu erkennen. Im Gegensatz zu klassischen Algorithmen, die bestimmte Merkmale und Regeln benötigen, um Vorhersagen zu treffen, kann Deep Learning diese Merkmale selbstständig aus den Daten extrahieren. Dies macht es besonders geeignet für unstrukturierte Daten wie Bilder, Audio und Text.

Was ist Deep Learning?

Deep Learning basiert auf künstlichen neuronalen Netzwerken, die mehrere Schichten umfassen (daher „deep"). Jede dieser Schichten lernt, die Eingabedaten auf einer höheren und abstrakteren Ebene zu interpretieren. Das Modell „lernt" durch die Anpassung von Gewichten und Bias, die die Verbindungen zwischen den künstlichen Neuronen darstellen. Deep-Learning-Algorithmen sind in der Lage, Muster und Merkmale zu erkennen, die nicht sofort sichtbar sind, und so tiefere Einblicke in komplexe Daten zu geben.

Deep Learning ist besonders leistungsfähig in Bereichen, in denen traditionelle maschinelle Lerntechniken an ihre Grenzen stoßen, insbesondere bei sehr großen und komplexen Datensätzen. Zu den gängigen Architekturen im Deep Learning gehören Convolutional Neural Networks (CNNs), die oft in der Bild- und Videoverarbeitung eingesetzt werden, und Recurrent Neural Networks (RNNs), die vor allem bei der Analyse von Zeitreihendaten, wie sie im Finanzsektor vorkommen, nützlich sind.

Auswirkungen und Anwendungsbeispiele

Die Auswirkungen von Deep Learning auf den Finanzsektor sind tiefgreifend und eröffnen neue Möglichkeiten in der Analyse, Prognose und Automatisierung. Im Folgenden werde ich einige Schlüsselbereiche nennen, in denen Deep Learning wohl erhebliche Veränderungen herbeiführen wird.

Ein wesentlicher Vorteil von Deep Learning ist die Fähigkeit, unstrukturierte Daten zu analysieren, die in der Finanzwelt oft eine wertvolle Informationsquelle darstellen. Beispielsweise werden große Mengen an Textdaten aus Finanzberichten, Nachrichtenartikeln, Analystenkommentaren oder sozialen Medien häufig nicht genutzt, da sie schwer zu strukturieren sind. Deep-Learning-Modelle, insbesondere natürliche Sprachverarbeitung (Natural Language Processing – NLP), können diese unstrukturierten Textdaten analysieren und relevante Informationen extrahieren. Ein Deep-Learning-Modell könnte automatisch aus Finanznachrichten und Analystenberichten wichtige Ereignisse erkennen, wie zum Beispiel Fusionen, Übernahmen oder geopolitische Ereignisse, und deren potenzielle Auswirkungen auf den Markt prognostizieren. Dies könnte die Entscheidungsfindung von Investoren erheblich verbessern, weil das Modell schnelle und datengestützte Reaktionen auf Marktveränderungen ermöglicht.

Deep Learning eignet sich hervorragend für die Analyse von Zeitreihendaten, die im Finanzsektor allgegenwärtig sind, wie etwa Aktienkurse, Devisenraten und Rohstoffpreise. Durch das Erkennen von Mustern in historischen Preisdaten kann Deep Learning dazu verwendet werden, künftige Marktbewegungen besser vorherzusagen, selbst wenn die Beziehungen zwischen den Variablen komplex und nicht linear sind. Ein Deep-Learning-Modell, das auf Recurrent Neural Networks oder Long Short-Term Memory Networks (LSTMs) basiert, könnte verwendet werden, um historische Aktienkurse zu analysieren und Muster zu erkennen, die auf künftige Preisbewegungen hindeuten. Ein solches Modell könnte zum Beispiel die Kursentwicklung eines Unternehmens auf Basis von saisonalen und zyklischen Mustern oder sogar ungewöhnlichen Marktschwankungen vorhersagen.

Deep Learning ist besonders gut geeignet, um Anomalien oder ungewöhnliche Muster in großen Datensätzen zu erkennen. Im Finanzsektor kann dies zur frühzeitigen Identifikation von betrügerischen Transaktionen oder verdächtigen Aktivitäten genutzt werden. Deep-Learning-Algorithmen können in Echtzeit Transaktionsdaten analysieren und automatisch Anomalien erkennen, die auf Betrug oder fehlerhafte Transaktionen hinweisen. Ein Deep-Learning-Modell könnte Muster in Kreditkartentransaktionen und ungewöhnliche Ausgaben oder Verhaltensweisen identifizieren, die auf betrügerische Aktivitäten hinweisen. Dies könnte die Wahrscheinlichkeit verringern, dass Betrug unentdeckt bleibt, und ermöglichen, sofortige Gegenmaßnahmen zu ergreifen.

Deep Learning hat das Potenzial, das Portfoliomanagement und die Asset Allocation zu revolutionieren. Durch die Verarbeitung großer Mengen an Finanzdaten – sowohl strukturierter als auch unstrukturierter – kann Deep Learning genutzt werden, um Anlageportfolios zu optimieren und risikoadjustierte Renditen zu maximieren. Ein Deep-Learning-Modell könnte das gesamte Marktumfeld analysieren, von makroökonomischen Indikatoren bis hin zu Unternehmensdaten und globalen Nachrichten, um fundierte Entscheidungen darüber zu treffen, welche Anlagen in ein Portfolio aufgenommen werden sollten. Es könnte auch in Echtzeit Anpassungen vornehmen, um das Risiko zu minimieren und die Rendite zu maximieren, basierend auf aktuellen Marktentwicklungen.

Die Anwendung von Deep Learning ermöglicht es, die personalisierte Finanzberatung zu automatisieren, die bisher nur von Menschen bereitgestellt wurde. Robo-Advisor, die auf Deep-Learning-Algorithmen basieren, könnten individuelle Anlageziele, Risikoprofile und Präferenzen besser verstehen und maßgeschneiderte Empfehlungen abgeben.

Ein Robo-Advisor, der Deep Learning einsetzt, könnte die historischen Finanzdaten eines Kunden analysieren, einschließlich seines Transaktionsverhaltens, seiner Risikoneigung und langfristigen Ziele, um individuelle Anlagestrategien zu entwickeln. Durch die kontinuierliche Analyse von Marktbedingungen und Kundendaten könnte der Robo-Advisor die Anlagestrategie dynamisch anpassen, um die finanziellen Ziele des Kunden zu erreichen.

Deep Learning ist in der Lage, den Finanzsektor zu transformieren, da es neue und effizientere Möglichkeiten eröffnet, um komplexe Daten zu verarbeiten, Prognosen zu treffen und personalisierte Dienstleistungen anzubieten. Durch die Fähigkeit, Muster in unstrukturierten Daten zu erkennen, die Prognose von Marktbewegungen zu verbessern und Betrug zu verhindern, wird Deep Learning die Finanzdienstleistungen genauer, schneller und intelligenter machen. Die Auswirkungen auf das Portfoliomanagement, die Kundenberatung und das Risikomanagement werden tiefgreifend sein, was zu einer stärkeren Automatisierung und einer höheren Präzision in der Entscheidungsfindung führen wird.

Dennoch wird es notwendig sein, die Herausforderungen im Zusammenhang mit Transparenz und Erklärbarkeit der Modelle zu adressieren, um das Vertrauen in diese Technologien im Finanzsektor aufrechtzuerhalten. Die fortschreitende Entwicklung von KI und maschinellem Lernen hat weitreichende Folgen für die Effizienz und Genauigkeit von Handelsentscheidungen. Mithilfe von künstlicher Intelligenz können Anleger riesige Mengen an Marktdaten in Sekundenschnelle analysieren. Dabei werden nicht nur historische Daten, sondern auch auf dem Sentiment basierende Daten wie Nachrichtenartikel, Social-Media-Beiträge und Wirtschaftsdaten in die Entscheidungsfindung einbezogen. Dadurch können sie den Markt präziser einschätzen und schneller auf Veränderungen reagieren.

KI-gestützte Systeme können Handelsstrategien ohne menschliches Eingreifen umsetzen und dabei emotionale Verzerrungen oder impulsive Entscheidungen vermeiden. Dies erhöht die Effizienz und ermöglicht eine konsistente, datengetriebene Entscheidungsfindung. Besonders in Hochfrequenzhandelsstrategien (HFT) spielt KI eine Schlüsselrolle, um Tausende Transaktionen pro Sekunde zu verarbeiten. Durch maschinelles Lernen können komplexe Muster im Marktverhalten erkannt werden, die Menschen eventuell übersehen. Dies führt zu einer verbesserten Risikobewertung und ermöglicht es, das Risiko innerhalb eines Portfolios dynamisch anzupassen.

Die Zukunft von KI und Blockchain im globalen Finanzsystem

Die fortschreitende Entwicklung von künstlicher Intelligenz und Blockchain-Technologien hat das Potenzial, das globale Finanzsystem grundlegend zu verändern. KI wird zunehmend in der Risikomanagement-, Handels- und Kundenbetreuungsbranche eingesetzt, um die Effizienz zu steigern, menschliche Fehler zu reduzieren und Handelsentscheidungen präziser zu treffen. Die Blockchain-Technologie ermöglicht es, Finanztransaktionen schneller, sicherer und kostengünstiger durchzuführen, während sie gleichzeitig das Vertrauen in den Markt stärkt.

Für Trader bedeutet das, dass sie ihre Strategien anpassen müssen, um von diesen Technologien zu profitieren – sei es durch die Nutzung von algorithmischen Handelsstrategien, den Handel mit Kryptowährungen oder die Anwendung von Blockchain-basierten Finanzinstrumenten. Es wird erwartet, dass die Kombination dieser Technologien das gesamte Finanzökosystem transparenter, effizienter und zugänglicher macht.

Die Integration von künstlicher Intelligenz und Blockchain-Technologien in die Finanzmärkte verändert die Art und Weise, wie wir investieren und handeln. Von der Entwicklung komplexer Handelsalgorithmen bis hin zu neuen Anlageklassen wie Kryptowährungen eröffnen diese Technologien enorme Chancen für fortgeschrittene

Trader. Es ist jedoch wichtig, die damit verbundenen Risiken und Unsicherheiten zu verstehen und Strategien zu entwickeln, um diese Technologien effektiv zu nutzen.

35. Herausforderungen und Chancen in der globalen Wirtschaft

Die Weltwirtschaft steht vor zahlreichen Herausforderungen, die nicht nur das allgemeine wirtschaftliche Umfeld beeinflussen, sondern auch die Art und Weise, wie Investoren und Trader ihre Strategien gestalten. Diese Herausforderungen bieten jedoch auch eine Vielzahl von Chancen, insbesondere im Bereich der nachhaltigen Investments und langfristigen Anpassung an globale Veränderungen. In diesem Abschnitt gehe ich auf die Rolle von ESG (Environmental, Social, Governance) in den Finanzmärkten ein, die Auswirkungen von wirtschaftlichen Ungleichgewichten und die langfristigen Trends, die die Zukunft des Investierens und Tradings bestimmen könnten.

Die Rolle von ESG an den Finanzmärkten

Die ESG-Investitionsstrategie hat in den letzten Jahren zunehmend an Bedeutung gewonnen und wird inzwischen als eine der wichtigsten Entwicklungen an den Finanzmärkten betrachtet. ESG fokussiert sich auf die Integration von Umwelt-, Sozial- und Governance-Kriterien in die Entscheidungsprozesse von Investoren und Unternehmen. Diese Bewegung hat erhebliche Auswirkungen auf die Finanzmärkte, da immer mehr Anleger, sowohl institutionelle als auch private, nach Investitionen suchen, die nicht nur finanziell attraktiv, sondern auch nachhaltig und ethisch verantwortungsbewusst sind. Für Trader und Investoren bietet ESG eine Gelegenheit, von der steigenden Nachfrage nach grünen Anleihen, nachhaltigen Aktien und ethischen Fonds zu profitieren.

Unternehmen, die ESG-Prinzipien in ihre Geschäftsmodelle integrieren, sind tendenziell besser positioniert, um in einer zunehmend regulierten und nachhaltig orientierten Weltwirtschaft zu bestehen. Langfristig könnten diese Unternehmen höhere Wachstumsraten und geringere Risiken aufweisen, da sie den Anforderungen einer ökologisch und sozial orientierten Gesellschaft gerecht werden. Für Trader bedeutet die Einbeziehung von ESG-Kriterien in ihre Handelsstrategien, dass sie nicht nur die finanziellen Kennzahlen eines Unternehmens betrachten müssen, sondern auch dessen Umwelt- und Sozialpolitik sowie dessen Governance-Strukturen. Dies kann zu einem tieferen Verständnis der langfristigen Stabilität eines Unternehmens und dessen Fähigkeit führen, sich an zukünftige regulatorische und gesellschaftliche Veränderungen anzupassen. ESG-Investoren profitieren von der verstärkten Nachfrage nach verantwortungsbewussten Unternehmen, was einen Preisaufschwung nachhaltiger Aktien zur Folge haben kann.

Auswirkungen der verstärkten Fokussierung auf ESG bei Finanzanlagen und dem Trading

Die wachsende Bedeutung von ESG hat erhebliche Auswirkungen auf die Finanzanlage- und Handelswelt. Regierungen weltweit implementieren immer öfter Vorschriften, die Unternehmen dazu verpflichten, umfassend über ihre ESG-Strategien und -Ergebnisse zu berichten. Diese regulatorischen Änderungen könnten dazu führen, dass Unternehmen, die den ESG-Kriterien nicht entsprechen, weniger attraktiv für Investoren und Trader werden. Für fortgeschrittene Trader bedeutet das, dass es erforderlich wird, ESG-Daten und -Berichte genau zu analysieren und in ihre Handelsstrategien einzubeziehen.

Mit dem Anstieg von ESG-Investitionen steigt auch die Nachfrage nach besserer Transparenz und Aufklärung. Unternehmen müssen ihre ESG-Daten genauer und detaillierter bereitstellen. Dies ermöglicht eine fundierte Entscheidung und verlangt von Tradern und Investoren, dass sie sich mit ESG-Kennzahlen und deren Auswirkungen auf das Unternehmen auseinandersetzen. Dadurch können sie Informationsvorteile erlangen und die Märkte effizienter analysieren.

ESG-Investitionen fördern langfristige Perspektiven, da sie den Fokus auf Unternehmen legen, die verantwortungsbewusst mit Umweltressourcen umgehen, sich sozial verantwortlich zeigen und gute Governance-Strukturen besitzen. Dies kann zu einer geringeren Volatilität und stabileren Renditen führen, was für Trader von Bedeutung ist, die auf langfristige Trends setzen.

Wirtschaftliche Herausforderungen durch Ungleichgewichte zwischen entwickelten und aufstrebenden Märkten

Die globalen Märkte sind durch zunehmende Ungleichgewichte zwischen entwickelten und aufstrebenden Volkswirtschaften geprägt. Diese Disparitäten schaffen sowohl Herausforderungen als auch Chancen. Aufstrebende Märkte sind häufig stärker geopolitischen Risiken ausgesetzt. Instabilität, politische Unsicherheit und unzureichende regulatorische Rahmenbedingungen können das Wachstumspotenzial dieser Märkte erheblich bremsen. Für Trader und Investoren bedeutet das, dass sie ein besonderes Augenmerk auf das Risikomanagement und die Absicherung von Positionen in diesen Märkten legen müssen. Während entwickelte Märkte in der Regel Zugang zu günstigeren Finanzierungsmöglichkeiten haben, haben aufstrebende Märkte oft mit höheren Zinssätzen und Kapitalengpässen zu kämpfen. Dies könnte dazu führen, dass sich die Investitionsströme zwischen den Regionen verschieben und Investoren verstärkt in Unternehmen in entwickelten Märkten investieren, die als stabiler und risikoärmer gelten. Trotz dieser Herausforderungen bieten aufstrebende Märkte langfristige Wachstumschancen. Viele von ihnen zeichnen sich durch eine junge, wachsende Bevölkerung und eine zunehmende Urbanisierung aus, was eine steigende Nachfrage nach Konsumgütern und Infrastruktur zur Folge hat. Trader können an diesen Wachstumsimpulsen teilhaben, indem sie Unternehmen und Märkte identifizieren, die von diesen Trends am meisten profitieren.

Einfluss langfristiger globaler Trends auf Investmentmöglichkeiten und Handelsstrategien

Langfristige globale Trends wie der demografische Wandel und der Klimawandel werden die Märkte und Handelsstrategien erheblich beeinflussen. Die weltweite Alterung der Bevölkerung in entwickelten Ländern und das Wachstum der mittleren Klasse in Schwellenländern werden die Struktur der globalen Nachfrage verändern. Gesundheitswesen, Immobilien, technologische Innovationen und Nachhaltigkeitsinitiativen werden immer mehr an Bedeutung gewinnen. Trader, die diese demografischen Verschiebungen erkennen, können gezielt in diese Sektoren investieren, um an langfristigen Wachstumstrends teilzuhaben. Der Klimawandel und die damit verbundenen Veränderungen in der Umweltpolitik werden zu einer verstärkten Regulierung und Umstellung auf nachhaltige Energien und Technologien führen. Unternehmen, die auf erneuerbare Energien, grüne Infrastruktur und nachhaltige Produktionsmethoden setzen, werden in Zukunft möglicherweise höhere Renditen erzielen. Trader können diese Veränderungen als Einstiegschancen nutzen, um von der Transition zu einer nachhaltigeren Wirtschaft zu profitieren. Innovationen in Bereichen wie künstliche Intelligenz (KI), Blockchain und automatisierte Technologien werden in den kommenden Jahrzehnten die Handelslandschaft und die globalen Märkte tiefgreifend verändern. Diese Technologien bieten Tradern neue Möglichkeiten, um von den disruptiven Veränderungen in der Wirtschaft zu profitieren, sei es durch den Handel mit Krypto-Assets oder die Nutzung von Handelsalgorithmen.

Die Herausforderungen und Chancen, die sich aus den aktuellen globalen Wirtschaftstrends ergeben, bieten sowohl Risiken als auch potenzielle Ertragsmöglichkeiten für Trader und Investoren. Die verstärkte Fokussierung auf ESG und nachhaltiges Investieren eröffnet neue Handelsstrategien, die nicht nur finanzielle, sondern auch ethische und ökologische Kriterien berücksichtigen. Gleichzeitig bieten die demografischen Veränderungen und der Klimawandel langfristige Perspektiven für Investitionen in nachhaltige Sektoren. Aufstrebende Märkte bieten enorme Wachstumschancen, erfordern jedoch eine sorgfältige Risikobewertung. Die Fähigkeit, diese Trends frühzeitig zu erkennen und sich anzupassen, wird für den Erfolg als Trader oder Investor in der Zukunft entscheidend sein.

Zusätzlich wird die globale Wirtschaft in den kommenden Jahren mit einer Vielzahl von Herausforderungen und Chancen konfrontiert sein, die über den demografischen Wandel, ESG und den Klimawandel hinausgehen. Diese Faktoren werden durch technologische Innovationen, geopolitische Verschiebungen und neue wirtschaftliche Dynamiken geprägt. So hat die Covid-19-Pandemie die Anfälligkeit globaler Lieferketten offengelegt. Künftige wirtschaftliche Unsicherheiten wie geopolitische Spannungen (zum Beispiel zwischen den USA und China) oder Naturkatastrophen können weiterhin die Stabilität und Effizienz der Lieferketten beeinträchtigen. Handelsbarrieren, protektionistische Maßnahmen und die zunehmende Verlagerung von Produktionstätigkeiten in bestimmte geografische Regionen könnten die globale Zusammenarbeit und den freien Handel erschweren. Unternehmen müssen ihre Lieferketten diversifizieren und widerstandsfähiger gegen externe Schocks machen. Dadurch könnte es zu höheren Produktionskosten kommen, wenn die Produktion immer öfter in teureren Ländern oder näher am Heimatmarkt stattfindet.

Wie schon gezeigt haben die fortschreitende Automatisierung, Künstliche Intelligenz, Robotik und Digitalisierung das Potenzial, viele Arbeitsplätze in traditionellen Branchen zu ersetzen. Sektoren wie Produktion, Logistik und Einzelhandel sind besonders gefährdet. Es wird erwartet, dass Berufe, die hohe kognitive Fähigkeiten erfordern, weniger betroffen sein werden, während einfache und repetitive Tätigkeiten mehr und mehr automatisiert werden. Regierungen und Unternehmen müssen Lösungen für den Umschulungsbedarf und die soziale Absicherung der von Automatisierung betroffenen Arbeitskräfte finden. Die Einführung von Technologien wird eine digitale Kluft zwischen den verschiedenen Regionen und Bevölkerungsgruppen vertiefen, was zu neuen sozialen Spannungen führen könnte.

Weltweit haben viele Länder, Unternehmen und Haushalte in den letzten Jahren ihre Schuldenlast stark erhöht. Dies kann die Fähigkeit zur Investition in Infrastruktur, soziale Programme oder die Schaffung von Arbeitsplätzen beeinträchtigen. Hohe Schuldenlasten können zu finanziellen Instabilitäten, vor allem in Entwicklungsländern, und zu einer Verschiebung von Ressourcen weg von Wachstumsinitiativen hin zur Schuldentilgung führen.

Die geopolitische Landschaft wird zunehmend von Spannungen und Unsicherheiten geprägt. Kriege, territoriale Streitigkeiten, neue regionale Konflikte und politische Instabilität (zum Beispiel im Nahen Osten, in Asien oder auch im Zusammenhang mit dem Ukraine-Krieg) können negative Auswirkungen auf die globale Wirtschaft haben. Handel, Investitionen und globale Zusammenarbeit könnten erschwert werden, was die wirtschaftliche Entwicklung und Stabilität gefährden könnte. Unternehmen müssen ihre internationalen Geschäftspraktiken anpassen, um sich auf potenzielle Konflikte und Unsicherheiten vorzubereiten. Risikomanagement und Diversifizierung werden noch wichtiger werden, um die Folgen geopolitischer Krisen zu bewältigen.

Trotz des weltweiten wirtschaftlichen Wachstums in den letzten Jahrzehnten sind Einkommensungleichheit und Armut in vielen Teilen der Welt nach wie vor weit verbreitet. Die Schere zwischen Arm und Reich könnte sich weiter öffnen und somit politische und soziale Spannungen verstärken. Besonders in Schwellen- und Entwicklungsländern wird die Armut weiterhin ein bedeutendes Problem sein. Ihre Bekämpfung und die Schaffung von inklusiven Wirtschaftssystemen erfordern umfassende politische Maßnahmen, darunter faire Bildungschancen, Arbeitsmarktintegration und soziale Sicherheitsnetze.

Es gibt jedoch auch viele Chancen, die sich in den kommenden Jahren auftun werden und von aktiven Investoren und Tradern genutzt werden können. Die digitale Revolution bietet enorme Chancen für Unternehmen und Volkswirtschaften, vor allem in Bereichen wie künstliche Intelligenz, Blockchain-Technologie, Internet der Dinge (IoT) und 5G. Die Digitalisierung kann Effizienzgewinne ermöglichen, neue Märkte erschließen und Geschäftsmodelle revolutionieren. Start-ups und Technologieunternehmen werden immer mehr eine treibende Kraft für Innovation und Wachstum sein. Unternehmen, die digitale Geschäftsmodelle adaptieren und neue Technologien integrieren, können die Wettbewerbsfähigkeit steigern und neue Märkte erobern.

Auch für Verbraucher eröffnen sich neue Produkte und Dienstleistungen, die das Leben erleichtern und bereichern können. Angesichts des weltweiten Drangs, die CO_2-Emissionen zu reduzieren und den Klimawandel zu bekämpfen, werden erneuerbare Energien wie Solar-, Wind- und Wasserkraft sowie neue grüne Technologien eine wichtige Rolle spielen. Der Übergang zu einer nachhaltigeren Energieproduktion kann zu einem Anstieg von Investitionen und Arbeitsplätzen im Bereich der erneuerbaren Energien führen. Investitionen in grüne Technologien, nachhaltige Energiequellen und die Entwicklung umweltfreundlicher Infrastruktur bieten Unternehmen und Volkswirtschaften die Möglichkeit, sowohl wirtschaftlich als auch umweltpolitisch von diesem Wandel zu profitieren. Viele Schwellenländer, insbesondere in Asien, Afrika und Lateinamerika, erleben derzeit ein rasches Wirtschaftswachstum. Diese Märkte verleihen Unternehmen enormes Potenzial für Expansion, vor allem im Hinblick auf junge, wachstumsstarke Bevölkerungen und die zunehmende Urbanisierung. Unternehmen, die frühzeitig in Schwellenmärkte investieren und ihre Produkte oder Dienstleistungen an die lokalen Bedürfnisse und Gegebenheiten anpassen, können von der wachsenden Mittelschicht und der steigenden Nachfrage nach Konsumgütern und Dienstleistungen profitieren.

Die Coronapandemie hat gezeigt, dass Remote-Arbeit in vielen Sektoren möglich und effektiv ist. Diese Entwicklung könnte eine dauerhafte Veränderung der Arbeitswelt zur Folge haben, in der flexiblere Arbeitsmodelle wie die Gig-Economy weiter zunehmen. Diese können Unternehmen und Arbeitnehmer nutzen, um Talente global zu gewinnen, Kosten zu reduzieren und die Arbeitszufriedenheit zu steigern. Gleichzeitig entstehen neue Geschäftsmodelle, die die wirtschaftliche Integration von Freiberuflern und Remote-Arbeitern fördern.

Die globalen Gesundheitskrisen der letzten Jahre, insbesondere die Covid-19-Pandemie, haben das Interesse an innovativen Gesundheitslösungen und Technologien stark beschleunigt. Telemedizin, personalisierte Medizin, Gesundheits-Apps und AI-gestützte Diagnosewerkzeuge eröffnen große Wachstumschancen im Gesundheitssektor. Dieser wird durch Investitionen in neue Technologien und innovative Geschäftsmodelle eine weitere Transformation erleben, die zu einer verbesserten Gesundheitsversorgung, effizienteren Systemen und neuen Märkten führen kann.

Die globalen Herausforderungen der kommenden Jahre – wie technologische Disruption, geopolitische Spannungen, wachsende Ungleichheiten und die Notwendigkeit, die Versorgungsketten zu stärken – erfordern ein globales Umdenken und innovative Lösungsansätze. Gleichzeitig ergeben sich durch die digitale Transformation, neue Märkte in Schwellenländern und den Übergang zu nachhaltigen Wirtschaftsmodellen bedeutende Chancen für Unternehmen und Volkswirtschaften, die diese Veränderungen proaktiv annehmen und sich auf künftige Entwicklungen vorbereiten.

36. Regulierung und Compliance im digitalen Zeitalter

Regulierung und Compliance werden im zukünftigen digitalen Zeitalter wesentliche Rollen einnehmen. So werden die Anpassungen der Aufsichtsbehörden den Handel mit und durch die neuen Technologien nachhaltig beeinflussen. Das digitale Zeitalter hat das Investieren und Trading revolutioniert, nicht nur durch neue Handelsmöglichkeiten wie Kryptowährungen und digitale Vermögenswerte, sondern auch durch die Entwicklung neuer Technologien, die die Märkte schneller, transparenter und effizienter machen. Allerdings hat diese technologische Transformation auch erhebliche Herausforderungen für die Regulierung und Compliance mit sich gebracht. Regulierungsbehörden müssen sich ständig anpassen, um mit den rasanten Entwicklungen in den Bereichen Datenschutz, Cybersicherheit und der Regulierung von Kryptowährungen Schritt zu halten. In diesem Abschnitt werfen wir einen Blick auf die aktuellen Herausforderungen der Regulierung im digitalen Zeitalter und erläutern, wie Anleger und Trader sicherstellen können, dass sie regulatorische Anforderungen einhalten.

Anpassung der Regulierungsbehörden an neue Technologien

Mit dem Aufkommen neuer Technologien wie der Blockchain, Kryptowährungen und Algorithmen stehen Regulierungsbehörden weltweit vor der Herausforderung, ihre Vorschriften so zu gestalten, dass sie mit diesen Entwicklungen mithalten. Die Regulierung von Finanzmärkten war vorher auf traditionelle Finanzinstrumente wie Aktien, Anleihen und Derivate ausgerichtet. Doch neue Technologien und digitale Finanzprodukte haben bestehende Vorschriften infrage gestellt.

Datenschutz und Cybersecurity: Eine der wichtigsten Herausforderungen, mit denen die Regulierungsbehörden konfrontiert sind, betrifft den Datenschutz und die Cybersicherheit. Angesichts der zunehmenden Digitalisierung und der Verlagerung von Finanzdienstleistungen in die Cloud müssen Aufsichtsbehörden gewährleisten, dass persönliche und finanzielle Daten von Anlegern sicher gespeichert und verarbeitet werden. Dies umfasst die Einhaltung von Datenschutzgesetzen wie der Europäischen Datenschutz-Grundverordnung (DSGVO) und globaler Vorschriften, die den Umgang mit Daten regeln.

Blockchain und Kryptowährungen: Die Regulierung von Kryptowährungen stellt eine der größten Herausforderungen dar, da diese digitalen Vermögenswerte dezentralisiert sind und damit keine zentrale Instanz für deren Überwachung existiert. Regulierungsbehörden müssen sicherstellen, dass Kryptowährungen nicht für illegale Aktivitäten wie Geldwäsche und Terrorismusfinanzierung missbraucht werden. Hierbei spielen Maßnahmen wie KYC (Know Your Customer) und AML (Anti-Money Laundering) eine entscheidende Rolle. Gleichzeitig gibt es Bestrebungen, Smart Contracts und die Tokenisierung von Vermögenswerten zu regulieren, um Transparenz und Sicherheit zu gewährleisten.

Automatisierter und algorithmischer Handel: Mit dem Aufstieg des algorithmischen Handels und des High-Frequency Tradings (HFT) sehen sich Regulierungsbehörden zunehmend mit der Notwendigkeit konfrontiert, faire Handelspraktiken zu gewährleisten. Die Automatisierung von Handelsstrategien und der Einsatz von künstlicher Intelligenz zur Entscheidungsfindung stellen neue Anforderungen an die Überwachung von Märkten. Die Regulierung muss sicherstellen, dass der Markt nicht durch verzerrte Preismechanismen oder Manipulationen durch Algorithmen destabilisiert wird.

Einhaltung regulatorischer Anforderungen im Bereich digitaler Finanzdienstleistungen

Anleger und Trader im digitalen Zeitalter müssen unbedingt sicherstellen, dass sie alle relevanten regulatorischen Anforderungen einhalten, insbesondere im Bereich der digitalen Finanzdienstleistungen. Die Compliance mit bestehenden und neuen Vorschriften ist von großer

Bedeutung, um sowohl rechtliche Probleme zu vermeiden als auch das Vertrauen in den Markt zu erhalten.

KYC und AML: Bei der Investition in digitale Vermögenswerte und der Nutzung von Kryptowährungsbörsen müssen Trader und Investoren gewährleisten, dass sie Know-Your-Customer- und Anti-Money-Laundering-Protokolle einhalten. Diese Maßnahmen helfen dabei, die Identität von Kunden zu verifizieren und sicherzustellen, dass keine Gelder aus illegalen Quellen in den Finanzkreislauf gelangen. Viele Börsen und Handelsplattformen fordern von ihren Nutzern, dass sie ihre Identität verifizieren und persönliche Dokumente wie Ausweise oder Adressnachweise bereitstellen, bevor sie handeln können.

Steuerliche Anforderungen: Kryptowährungen und andere digitale Vermögenswerte werden je nach Land unterschiedlich besteuert, überall steigen die Anforderungen an die steuerliche Berichterstattung und Dokumentation von Transaktionen. Es ist wichtig, dass Anleger und Trader ihre Gewinne und Verluste aus digitalen Investitionen korrekt verfolgen und gemäß den örtlichen Steuergesetzen deklarieren.

Verwendung von regulierten Plattformen: Eine der besten Möglichkeiten, um sicherzustellen, dass man regulatorische Anforderungen einhält, ist die Nutzung von regulierten Handelsplattformen. Dies gilt sowohl für den Handel mit traditionellen Finanzinstrumenten als auch für den Handel mit Kryptowährungen. Die Regulierungsbehörden in vielen Ländern verlangen von Handelsplattformen, dass sie über eine entsprechende Lizenz und Zulassung verfügen, um zu gewährleisten, dass sie die geltenden Vorschriften einhalten.

Die Rolle von Compliance-Tools und Schulungen

Trader und Investoren müssen sich kontinuierlich über neue Vorschriften und Compliance-Anforderungen informieren, um sicherzugehen, dass sie den sich ständig ändernden rechtlichen Rahmenbedingungen gerecht werden.

Compliance-Tools und Software: Um tatsächlich alle regulatorischen Anforderungen zu erfüllen, können Trader und Investoren auf Compliance-Software und -Tools zurückgreifen. Diese Programme helfen dabei, Transaktionen zu überwachen, potenzielle Verstöße gegen Vorschriften zu identifizieren und zu gewährleisten, dass alle erforderlichen Berichte rechtzeitig eingereicht werden.

Schulung und Weiterbildung: Es ist von entscheidender Bedeutung, dass Anleger und Trader sich regelmäßig über die neuesten regulatorischen Änderungen und Markttrends informieren. Weiterbildung und Schulungen zu Themen wie KYC, Datenschutz, Cybersicherheit und der regulatorischen Behandlung von Kryptowährungen sind unerlässlich, um langfristig erfolgreich und compliant zu handeln.

Die Regulierung und Compliance im digitalen Zeitalter gehören zu den größten Herausforderungen, mit denen sowohl Regulierungsbehörden als auch Anleger und Trader konfrontiert sind. Die rasante Entwicklung neuer Technologien, vor allem in den Bereichen Kryptowährungen, Blockchain, Algorithmen und Cybersicherheit, erfordert eine kontinuierliche Anpassung der bestehenden Vorschriften und die Entwicklung neuer, innovativer Regulierungsansätze. Trader und Investoren können von diesen Entwicklungen profitieren, indem sie sicherstellen, dass sie die geltenden regulatorischen Anforderungen einhalten, sich über neue Technologien und Vorschriften fortlaufend informieren und Compliance-Tools nutzen, um Risiken zu minimieren und erfolgreich zu handeln. Es scheint auf den ersten Blick vielleicht nicht einleuchtend, doch werden Sie im entsprechenden Augenblick schnell verstehen, wie wichtig dieser Aspekt für Trader und Investoren ist. In den letzten Jahren wurden etliche Aktien von Unternehmen einfach delistet, Kryptohandelsplätze haben dichtgemacht und Investoren und Trader haben dadurch sehr viel Geld verloren. Denken Sie zum Beispiel an die ADRs (American Depositary Receipts) von chinesischen und russischen Aktien oder den Untergang des Kryptohandelsplatzes FTX.

37. Ausblick: Ihr Weg zum erfolgreichen Investor und Trader

Die Finanzmärkte befinden sich in einem stetigen Wandel, der durch technologische Innovationen, neue Finanzprodukte und die wachsende Digitalisierung vorangetrieben wird. Ein Schlüsselfaktor für den Erfolg von Investoren und Tradern der Zukunft wird sein, wie sie sich an diese Veränderungen anpassen, um von den neuen Möglichkeiten zu profitieren. In diesem Abschnitt zeige ich den aktuellen Ausblick der Finanzmärkte und beleuchte, wie Robo-Advisor, soziale Medien und die zunehmende Automatisierung den Weg zum erfolgreichen Investor und Trader verändern.

Robo-Advisor und automatisierte Anlageplattformen: Demokratisierung des Investierens

Robo-Advisor und automatisierte Anlageplattformen haben in den letzten Jahren das Investieren revolutioniert. Sie bieten eine kostengünstige, benutzerfreundliche Möglichkeit, in eine Vielzahl von Anlageklassen zu investieren, ohne dass umfangreiche Fachkenntnisse oder ein großes Kapital erforderlich sind.

Demokratisierung des Investierens: Robo-Advisor haben das Investieren zugänglicher gemacht, insbesondere für kleine Anleger, die zuvor aufgrund hoher Gebühren und mangelnder Marktkenntnisse von traditionellen Anlageberatungssystematiken ausgeschlossen waren. Diese Plattformen verwenden Algorithmen, um Portfolios basierend auf den Zielen, der Risikobereitschaft und der Strategie der Anleger zu erstellen. Dies hat dazu beigetragen, dass die Finanzmärkte nicht nur institutionellen Investoren, sondern auch Privatanlegern offenstehen.

Vorteile von Robo-Advisorn: Die wichtigsten Vorteile von Robo-Advisorn sind die niedrigen Gebühren, die geringe Einstiegshürde und das automatische Rebalancing von Portfolios. Sie bieten eine kosteneffiziente Möglichkeit, Diversifikation zu erreichen und das Portfolio langfristig anzupassen, ohne dass eine aktive Überwachung erforderlich ist.

Herausforderungen bei der Nutzung von Robo-Advisorn: Eine der größten Herausforderungen ist die fehlende menschliche Beratung. Robo-Advisor arbeiten nach festgelegten Algorithmen, die nicht immer in der Lage sind, auf unerwartete Marktschwankungen oder individuelle Lebensereignisse eines Anlegers einzugehen. Zudem gibt es Bedenken hinsichtlich des Datenschutzes, da persönliche und finanzielle Daten von Nutzern oft in großem Umfang gesammelt werden.

Einfluss sozialer Medien auf das Investoren- und Trader-Verhalten

Die Bedeutung sozialer Medien hat in den letzten Jahren auch den Finanzsektor erreicht. Plattformen wie Twitter, Reddit, Instagram und YouTube haben die Art und Weise verändert, wie Informationen über den Markt verbreitet werden und wie Konsens über Anlagemöglichkeiten gebildet wird.

Nutzung zur Vorhersage von Marktbewegungen: Social Media kann als wertvolles Werkzeug zur Vorhersage von Marktbewegungen dienen, da sie schnelle Einblicke in die öffentliche Meinung, Anlegerstimmung und Ereignisse liefert, die Märkte beeinflussen können. Beispielsweise können Plattformen wie Reddit (insbesondere Subreddits wie WallStreetBets) oder Twitter/X als barometerhafte Messgrößen für Marktstimmungen dienen. Positive oder negative Kommentare zu bestimmten Aktien können plötzliche Preisschwankungen verursachen, was Tradern und Investoren ermöglicht, auf solche Bewegungen zu reagieren.

Risiken bei der Nutzung von Sentiment-Analyse: Obwohl soziale Medien wertvolle Einblicke geben können, bergen sie auch Risiken. Die Marktmanipulation und Verbreitung von Fehlinformationen sind eine reale Gefahr. Insider-Deals, die auf privaten Foren oder Social-Media-Kanälen geteilt werden, können zu marktverzerrenden Bewegungen führen. Zudem ist es oft schwierig zu überprüfen, ob die Meinungen, die in sozialen Medien geteilt werden, tatsächlich auf fundierten Informationen basieren oder lediglich eine kurzfristige Stimmungswelle widerspiegeln.

Psychologische Falle der Bestätigung: Ein weiteres Risiko der sozialen Medien ist der Bestätigungsfehler. Trader und Investoren neigen dazu, sich Informationen anzusehen, die ihre eigenen Überzeugungen bestätigen, und ignorieren abweichende Meinungen oder Warnungen. Dies kann zu falschen Entscheidungen führen, die auf einer verzerrten Wahrnehmung des Marktes gründen.

Zunehmende Automatisierung und algorithmisches Trading: Vorteile und Herausforderungen

Der zunehmende Einsatz von algorithmischem Trading und automatisierten Handelssystemen hat das Gesicht des Finanzmarktes verändert. Mit diesen Technologien können Trader schneller und effizienter handeln als jemals zuvor.

Vorteile der Automatisierung: Automatisierte Handelssysteme können in Millisekunden auf Marktschwankungen reagieren, was Menschen mit manuellen Systemen nicht möglich ist. Für fortgeschrittene Trader bieten algorithmische Strategien wie High-Frequency Trading (HFT) und Statistical Arbitrage potenziell hohe Gewinne durch die Nutzung von Marktineffizienzen. Dadurch können sie Risiken minimieren und Ihre Handelsentscheidungen rationalisieren.

Komplexität und Risiko: Der Hauptnachteil der Automatisierung ist die Komplexität. Der Aufbau eines erfolgreichen algorithmischen Systems erfordert fortgeschrittene Programmierkenntnisse, ein tiefes Verständnis der Finanzmärkte und eine kontinuierliche Überwachung. Fehler im Code oder der falsche Algorithmus können zu erheblichen Verlusten führen, da automatisierte Systeme schnell und ohne menschliche Intervention agieren.

Neue Finanzprodukte und Anlagemöglichkeiten der Zukunft

Die stetige Innovation im Finanzsektor hat neue Produkte und Anlagemöglichkeiten hervorgebracht, die es den Anlegern ermöglichen, weiter in alternative Märkte zu investieren.

Kryptowährungen und dezentrale Finanzprodukte (DeFi) bieten enorme Chancen für Anleger, die auf der Suche nach hohen Renditen sind. Diese Märkte sind jedoch mit hohen Risiken und Unsicherheiten verbunden, da sie nur spärlich reguliert sind und ihre Technologie sich noch weiterentwickelt.

ESG-Investitionen (Nachhaltigkeit) gewinnen an Bedeutung, da Anleger mehr und mehr in Unternehmen investieren möchten, die nicht nur finanziell profitabel sind, sondern auch positive Auswirkungen auf die Umwelt und Gesellschaft haben. Dies eröffnet neue Märkte und Anlagemöglichkeiten, die sowohl soziale als auch finanzielle Renditen bieten.

Tokenisierte Vermögenswerte und Smart Contracts könnten den Zugang zu traditionellen und alternativen Anlageklassen revolutionieren, indem sie Investitionen in Kunstwerke, Immobilien und private Unternehmen vereinfachen und Liquidität schaffen.

Vorbereitung auf die Zukunft des Tradings

Verfügbarkeit von Finanzdaten: Mit der wachsenden Digitalisierung und der Verfügbarkeit von Echtzeit-Marktdaten können künftige Investoren und Trader präzisere und fundiertere Entscheidungen treffen. Sie sollten sich mit modernen Tools und Datenanalyse-Techniken vertraut machen, um Marktbewegungen frühzeitig zu erkennen.

Kontinuierliche Weiterbildung: Angesichts der rasant fortschreitenden technologischen Entwicklung sollten Trader und Investoren ihre Kenntnisse stets erweitern. Dies umfasst nicht nur das Erlernen neuer Analysemethoden, sondern auch das Verständnis für neue regulatorische Anforderungen, die den Handel und das Investieren betreffen.

Die Zukunft des Investierens und Tradings wird durch technologische Innovationen, Automatisierung und die zunehmende Bedeutung von alternativen Finanzprodukten geprägt sein. Der Zugang zu neuen Technologien und Finanzdaten eröffnet Anlegern und Tradern zahlreiche Chancen, erfordert jedoch auch Disziplin, technisches Wissen und eine sorgfältige Berücksichtigung der Risiken. Wer in der digitalen Finanzwelt erfolgreich sein will, muss sich beständig anpassen, die verfügbaren Technologien und Daten nutzen und eine fundierte Risikomanagement-Strategie verfolgen. Wer zuerst kommt, tradet zuerst und kann dadurch sehr viel Geld verdienen. Vor einigen Jahren konnten viele Privatanleger noch relativ einfach an den Kryptomärkten agieren. In den letzten Handelsmonaten haben die institutionellen Investoren die Oberhand gewonnen und dominieren nun das Marktgeschehen.

38. Checkliste

Jetzt kennen Sie:

- Rolle der künstlichen Intelligenz (KI) und des maschinellen Lernens (ML):
    - Wie werden KI und ML bereits in den Finanzmärkten eingesetzt (zum Beispiel für Handelsalgorithmen, Risikoanalyse, Kundenbetreuung)?
    - Welche Auswirkungen hat die fortschreitende Entwicklung von KI und ML auf die Effizienz und Genauigkeit von Handelsentscheidungen?

- Blockchain-Technologie und Kryptowährungen:
  - Wie hat die Blockchain-Technologie das Investieren und Trading verändert (zum Beispiel durch Kryptowährungen, Smart Contracts, dezentrale Finanzdienstleistungen)?
  - Welche Potenziale und Risiken bieten Kryptowährungen für Anleger und Trader und wie können sie in traditionelle Anlageportfolios integriert werden?

- Nachhaltiges Investieren/ESG:
  - Welche Rolle könnte ESG an den Finanzmärkten einnehmen?
  - Welche Auswirkungen hat die Entwicklung von einer verstärkten Fokussierung auf ESG-Themen bei der Finanzanlage und dem Traden?

- Automatisierung und Robo-Advisor:
  - Wie haben Robo-Advisor und automatisierte Anlageplattformen das Investieren demokratisiert und vereinfacht?
  - Welche Vorteile und Herausforderungen ergeben sich aus der Nutzung von Robo-Advisorn für Anleger und Trader?

- Regulierung und Compliance im digitalen Zeitalter:
  - Wie passen sich Regulierungsbehörden an die neuen Technologien an, die das Investieren und Trading transformieren (zum Beispiel Datenschutz, Cybersecurity, Regulierung von Kryptowährungen)?
  - Wie können Anleger und Trader sicherstellen, dass sie regulatorische Anforderungen einhalten, insbesondere im Bereich der digitalen Finanzdienstleistungen?

- Soziale Medien und Sentiment-Analyse:
  - Wie beeinflussen soziale Medien das Investoren- und Trader-Verhalten und wie können sie zur Vorhersage von Marktbewegungen genutzt werden?
  - Welche Risiken bestehen bei der Verwendung von Sentiment-Analyse aus sozialen Medien für Anleger und Trader?

- Herausforderungen und Chancen in der globalen Wirtschaft:
  - Wie werden technologische Innovationen wie künstliche Intelligenz und Blockchain das globale Finanzsystem und die Handelslandschaft verändern?
  - Welche wirtschaftlichen Herausforderungen könnten sich aus den zunehmenden Ungleichgewichten zwischen entwickelten und aufstrebenden Märkten in der Zukunft ergeben?
  - Wie beeinflussen langfristige globale Trends wie der demografische Wandel und der Klimawandel die Zukunft der Investmentmöglichkeiten und Handelsstrategien?

- Ihren Weg zum erfolgreichen Investor oder Trader:
  - Wie können zukünftige Investoren und Trader von der wachsenden Automatisierung und den Fortschritten im algorithmischen Trading profitieren?
  - Welche neuen Finanzprodukte und Anlagemöglichkeiten könnten in der Zukunft entstehen und wie sollten sich Trader und Investoren darauf vorbereiten?
  - Wie können angehende Trader und Investoren die Digitalisierung des Marktes und die steigende Verfügbarkeit von Finanzdaten für sich nutzen, um langfristig erfolgreich zu sein?

Die Berücksichtigung dieser Fragen kann Anlegern und Tradern dabei helfen, sich auf die Zukunft des Investierens und Tradings vorzubereiten und von den Chancen zu profitieren, die neue Technologien bieten.

EPILOG

Herzlichen Glückwunsch, lieber Leser, liebe Leserin, Sie haben es geschafft! Sie haben jetzt eventuell nicht nur das Buch „Einfach strategisch anlegen“ durchgearbeitet und die Grundlagen des Investierens und Tradings erlernt, sondern auch den Mut gefunden, Ihre Reise in die Welt der Finanzen mit der Lektüre dieses Praxisbuchs weiterzuführen.

Seien Sie sich dessen gewiss: Es ist noch kein Meister vom Himmel gefallen. Und wenn Sie sich wirklich mit dem Thema Geldanlage oder Trading beschäftigen wollen, haben Sie fortan einen neuen Begleiter an Ihrer Seite. Sie werden sich mit vielen Informationen und Neuigkeiten beschäftigen, um die Trends an den Finanzmärkten verstehen zu können und daraus Ihre individuellen Anlageerfolge zu erzielen. In diesem Buch haben wir gemeinsam Ihre Kenntnisse vertieft und Ihre Fähigkeiten erweitert. Ich habe Ihnen Strategien für Anfänger und Profis gleichermaßen vorgestellt, um Ihnen dadurch ein umfassendes Verständnis der Finanzmärkte zu vermitteln und Ihnen zu helfen, Ihre Ziele zu erreichen. Doch egal wie weit Sie auf Ihrem Weg gekommen sind, erinnern Sie sich immer daran, dass Bildung und insbesondere die Weiterentwicklung niemals enden. Die Finanzmärkte sind dynamisch und ständig im Wandel. Daher liegt es an Ihnen, sich diesen Veränderungen zu stellen und Ihre Strategien entsprechend anzupassen.

Nutzen Sie die Werkzeuge und Ressourcen, die Ihnen zur Verfügung stehen, um Ihr Wissen zu erweitern und Ihre Fähigkeiten zu verbessern. Bleiben Sie offen für neue Ideen und Ansätze und seien Sie bereit, aus Ihren Erfolgen und ganz besonders aus Ihren Misserfolgen zu lernen. Und vor allem: Vergessen Sie nie den Zweck Ihrer Reise. Ob Sie nun nach finanzieller Unabhängigkeit streben, für Ihren Ruhestand vorsorgen oder einfach nur Ihr Geld vermehren möchten – behalten Sie Ihre Ziele stets vor Augen und lassen Sie sich von ihnen leiten.

Neben einem herzlichen Dank an den Verlag möchte ich Ihnen, meinen Lesern, dafür danken, dass Sie mich auf dieser Reise begleitet haben. Auch ich wachse mit jedem Buch und jeder Anfrage von Ihnen. Es macht mir sehr viel Freude, Ihnen mein Wissen zu vermitteln und dadurch weitere erfolgreiche Marktteilnehmer zu fördern. Es war mir eine Ehre, mein Wissen und meine Erfahrungen mit Ihnen zu teilen. Möge dieses Buch Ihnen als treuer Gefährte dienen und Ihnen auf Ihrem Weg zum Erfolg in den Finanzmärkten helfen.

Sollten Ihnen Fragen, Anregungen oder Kritik auf der Seele liegen, können Sie mir gerne eine Nachricht an Buch@finanzmarktexperte.com schreiben. Ich lese alle E-Mails, die mir zugeschickt werden, und versuche, diese zeitnah zu beantworten. Die Finanzmärkte befinden sich in einem steten Wandel und somit kann es sein, dass wir uns bereits in naher Zukunft bei meinem nächsten Buch über die Finanzmärkte wieder begegnen.

Alles Gute auf Ihrem weiteren Weg an den internationalen Finanzmärkten!

Ihr
Andreas Lipkow

LITERATURHINWEISE

Benjamin Graham, Intelligent Investieren, FinanzBuch Verlag, München 2005

John J. Murphy, Technische Analyse der Finanzmärkte, FinanzBuch Verlag, München 2014

Larry R. Williams, Besser Traden, FinanzBuch Verlag, München 2000

Nassim Nicholas Taleb, Der Schwarze Schwan, Carl Hanser Verlag, München 2007

Tushar S. Chande, Das große Buch der Tradingkonzepte, Börsenverlag, Rosenheim 1998

Neal T. Weintraub, Die Tricks der Floor-Trader, FinanzBuch Verlag, München 1999

Sheldon Natenberg, Option Volatility & Pricing, McGraw-Hill, USA 1994

William F. Sharpe, Märkte und Investoren, FinanzBuch Verlag, München 2008

Andreas Lipkow, Erfolgreich strategisch anlegen, Börsenbuchverlag, Kulmbach 2024

Harald Gabel, Mehr Börsenerfolg mit Zertifikaten, Börsenbuchverlag, Kulmbach 2024

Edward O. Thorp, A man for all markets, Random House, New York 2017